U0637703

本书是国家社科基金项目
"转型期中国企业人力资源管理变革研究"（项目号：11BGL016）成果

中国社会科学院创新工程学术出版资助项目

转型期中国企业
人力资源管理变革问题研究

周文斌 等著

Human Resource Management Reformation of
Chinese Enterprises during Transitional Period

中国社会科学出版社

图书在版编目（CIP）数据

转型期中国企业人力资源管理变革问题研究/周文斌等著. —北京：
中国社会科学出版社，2016.9
ISBN 978 - 7 - 5161 - 7517 - 0

Ⅰ.①转…　Ⅱ.①周…　Ⅲ.①企业管理—人力资源管理—研究—
中国　Ⅳ.①F279.23

中国版本图书馆 CIP 数据核字（2016）第 018017 号

出 版 人	赵剑英
责任编辑	侯苗苗
特约编辑	沈晓雷
责任校对	周晓东
责任印制	王　超

出　　版	中国社会科学出版社
社　　址	北京鼓楼西大街甲 158 号
邮　　编	100720
网　　址	http://www.csspw.cn
发 行 部	010 - 84083685
门 市 部	010 - 84029450
经　　销	新华书店及其他书店

印　　刷	北京明恒达印务有限公司
装　　订	廊坊市广阳区广增装订厂
版　　次	2016 年 9 月第 1 版
印　　次	2016 年 9 月第 1 次印刷

开　　本	710×1000　1/16
印　　张	17.5
插　　页	2
字　　数	286 千字
定　　价	66.00 元

凡购买中国社会科学出版社图书，如有质量问题请与本社营销中心联系调换
电话：010 - 84083683
版权所有　侵权必究

本书的简明逻辑框架

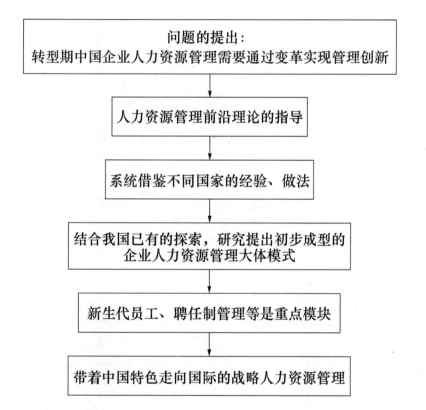

问题的提出：
转型期中国企业人力资源管理需要通过变革实现管理创新

人力资源管理前沿理论的指导

系统借鉴不同国家的经验、做法

结合我国已有的探索，研究提出初步成型的
企业人力资源管理大体模式

新生代员工、聘任制管理等是重点模块

带着中国特色走向国际的战略人力资源管理

各章执笔人

第一章、第九章　　　周文斌
第二章、第七章　　　杨小科
第三章、第十一章　　王　震
第四章、第六章　　　刘湘丽
第五章、第十二章　　刘建丽
第八章　　　　　　　唐华茂
第十章　　　　　　　赵卫星
统　稿　　　　　　　周文斌

前　言

一　研究的目的和意义

　　1978 年改革开放以来，特别是 1992 年党的十四大确定建立社会主义市场经济制度以来，我国的经济社会结构处于全面的转型期，预计到"十三五"末的 2020 年，具有中国特色的社会主义市场经济制度才能够基本成型。

　　在各种经济主体中，企业是推动全社会经济发展、转型升级的主要微观载体。企业的人力资源是企业持续发展的最重要支撑。而反观这一时期我国企业人力资源管理存在的突出问题（当然还有宏观管理层面的问题，但对于诸如企业产权制度性宏观问题，本书不多涉及，也就是说重点研究微观企业边界内的管理问题），远远不能适应转型升级与持续发展的需要，必须进行变革。

　　怎样变革？目标是什么？途径是什么？虽然此前的研究做了不少有益的探索，但仍有需要研究之处：一是对我国企业所处的"转型期"——外部环境研究得不够；二是此前一些研究略显片面和照搬。比如，对人力资源管理的研究多集中在薪酬激励层面，对中国知识型员工（知识分子）的特点少有关注。本书的研究针对现实问题，尽可能借鉴已有成果，学习工业化已完成的国家的成熟经验，结合中国情境，深入研究转型期中国的若干宏观背景性特征，扎根于中国的管理文化。最后试图研究发现与国际先进管理方式对接的，又是中国化的企业人力资源管理成型模式——这就是本书研究的目的。

　　通过企业人力资源管理的变革，更好地支撑企业发展、带动企业管理等全面创新，进而形成中国企业的核心竞争力，这一研究无疑具有重大的理论和现实意义。

二 研究成果的主要内容、
重要观点、对策建议

（一）主要内容

1. 本书比较全面深入地研究了"转型期"，以准确把握变革的外部环境

转型期（Transitional Period）原本是指由非有机农业向有机农业的转变时期。本书主要是指经济方面的转型变迁。包括由计划向市场、由粗放增长向低碳绿色循环发展、由农业大国向工业大国强国、由城乡分割的"二元结构"向城乡统一的"一元结构"等的逐步转型。2007 年党的十七大概括出中国市场化、工业化、城镇化、信息化、国际化的总体发展趋势，2010 年年底中央经济工作会议明确提出转型升级。2015 年 10 月十八届五中全会提出了创新、协调、绿色、开放、共享的五大发展理念。这些都是中国企业人力资源管理变革的重大外部环境。本书同时研究了企业人力资源管理新的法治环境。特别认为，2008 年新的《劳动合同法》实施对企业和个人是一把"双刃剑"，还有许多问题需要细化深入。比如，依法与效率的问题；再比如，需要警惕长期无固定期限劳动合同员工管理可能重患"国企病"的问题。

2. 对当下我国企业人力资源管理存在的突出问题进行比较全面准确的把脉

本书通过对不同区域、多种类型企业进行较长时间的实地调查，对我国当下企业人力资源管理存在的突出问题进行较准确的把脉——有针对性地提出解决突出问题的理论与实践方案。

课题组成员调查了大庆的国有企业，大连的日资企业，中部地区武汉、河南的劳动密集型企业，上海的先进制造业、德资企业，西部地区西安的多个企业人力资源案例，总结提炼出许多共性和个性的问题。比如，我国企业存在老人与新人、体制内人与体制外人的管理矛盾；新员工招聘时市场化程度不高，对与组织匹配性、与岗位匹配性的测评把握不准，进入以后归属感不强、行为短期化等问题；知识型员工的职业忠诚和组织忠诚的统一性差、流动性过大问题；员工的就业能力和组织的创新能力都未得以长期地积累和提高等问题，都是我国企业人力资源管理需要转型变革的一些根本性问题。

3. 对多国企业人力资源管理的经验教训进行梳理研究

全球视野、历史跨度，以及对中国情境的转型背景把握，在此前企业人力资源管理领域的研究中并不很多见。

本书的研究内容，主要针对中国企业组织人力资源管理中雇主、雇员、第三方都感知到的较突出问题，从全球视野，借鉴美国、日本、欧洲等工业化已完成的国家企业人力资源管理比较成熟的做法，吸取俄罗斯等转型国家、印度这样的人口大国的经验及其教训，对比改革开放以来我国企业人力资源管理已经走过的变革历程，从政府、企业、员工自身三大层面研究变革，较好地突出了"企业人力资源"、"中国特色"、"管理变革"三个关键词，形成比较具有普遍性的中国情境的企业人力资源管理转型目标和运行模式——市场化、法治化、柔性化的中国式企业人力资源管理的目标和模式。

4. 以企业为主的人力资源管理三层次变革

人力资源管理变革包括政府立法、执法监督在内的宏观政策变革，企业人力资源管理的战略变革，员工自身的就业能力提升、工作价值观适应性重塑、职业生涯自我管理等多个层次。人力资源管理最终实现从计划型到市场型、从用人分配到人与组织及岗位匹配、从单位人到社会人、从终身制到合同制、从身份管理向岗位管理的转型，形成具有中国特色的企业人力资源管理基本模式——政府、企业、员工和谐而非对立的新型劳动关系。力图探索出一个中国情境中比较综合的企业人力资源管理转型模式框架。

5. 重点研究对象——新生代员工、聘任制员工、知识型员工的管理

本书对新生代员工和聘任制的员工进行了理论和实践两方面较为系统的研究。

本书对知识型员工的前沿研究进行了比较系统的梳理。对知识型员工管理实践的研究此前做过几个专题研究，本书不再重复。对知识型员工和新生代员工的研究比较深入，对于从人力资源管理视角探索企业创新有一定价值。中国知识型员工的思维与行为特点，包括可能有利于创新和制约创新两个方面。这是中国企业知识型员工管理不完全等同于其他国家知识

型员工管理的对象基础，是管理的重要"中国情境"。本书回顾了我国对于古代"士"，近现代"知识分子"管理的经验教训（主要是教训），为知识型员工管理提供宝贵借鉴，这在人力资源管理研究中是少有的，有一定的创新。

本书研究内容之一是对知识型员工的激励如何有长久的效果，延长其创新激情、提升其创新能力。激励效用递减、成本递增是一个大难题。研究知识型员工的特点、研究"80后、90后"青年员工的特点（比如受网络影响大、有些游戏人生等）是做好人力资源管理的基础。

（二）重要观点

一是提出了中国化企业人力资源管理成型模式的三维度：市场化、法治化、柔性化。其中，市场化包括企业外部的人力资源市场化管理，企业内部的模拟市场化管理。法治化包括企业外部的人力资源法治化管理，企业内部的人力资源法治化管理。柔性化指吸收西方的权变管理理论，适应中国情境、尊重东方文化与中国文化特点。适应中国情境，尊重中国文化，而不是简单对照西方进行目标模式设计，是本书的突出研究特色之一。

二是提出管理的依法性和保持人力资源的活力是可以和谐统一的观点。即对特殊资源——人力资源（特别是知识型员工）的管理，不能过度依靠绩效考评，需重视文化因素特别是东方文化因素，既要满足企业效益目标，又要"以人为本"、人"以心为本"，着眼于企业核心资源的长期积累，从而为所在企业创新进而为民族创新做长期积累。

（三）对策建议举例

特别重视员工入口——招聘管理。招聘管理中要特别重视个人和组织的匹配性，即个性（Personality）、价值观（Values）、目标（Goals）的三重匹配维度。解决新增员工市场化招聘中社会资本往往大于其自身人力资本的问题，即入口用市场化保证人力资源管理效率。在日常相对稳定的静态下，组织可以通过模拟内部市场、分类管理、刚柔适度等对之进行管理创新，让员工参与决策，以防范其职业倦怠、激发维护其持久的创新之心之力。按照意愿与有关知识型员工签订发明创新的"知识产权合同"，保证知识型员工的创新收益。研究表明，帮助员工特别是青年知识型员工做好职业生涯规划是至关重要的。使员工提升就业能力、具有身份意识、增强组织忠诚度，才能得出最优解——员工职业发展和所在组织发展"互嵌双赢"。

三　研究成果的学术价值、应用价值，以及可能的社会影响和效益

　　本书研究成果的学术价值在于：一是对工业化国家成熟的企业人力资源管理模式进行了系统借鉴，对俄罗斯这样的转型国家、印度这样的人口大国的企业人力资源管理模式进行了梳理，并对它们之间有一定程度的比较；二是对工业化国家成熟人力资源管理理论、模式进行了中国化的研究，得出了三个关键词——市场化、法治化、柔性化；三是探索了全球化背景下、中国情境下企业组织最多使用的聘用制员工管理的若干理论问题（如，与以前旧体制用人不一样的表现；管理难点在哪里，如何探索解决等），丰富了企业人力资源管理理论。

　　从应用价值和社会影响效益来说，提出了这样的问题：中国应该向美日等成熟工业化国家人力资源管理学习借鉴什么？怎样建构中国情境的现代企业人力资源管理实践模式，甚至是可操作性的管理工具？企业人力资源管理者、员工、政府、第三方都可从中发现应用价值。当然，应用价值和社会效益还需要时间和实践去检验。

　　总之，本书是近年来我国企业人力资源管理变革的最新综合研究之一，也可能成为比较权威可靠的、真正有价值的研究成果之一。

目　　录

第一章　转型期中国企业人力资源
管理变革的宏观环境

人类经济社会的发展，不论东方西方，自古至今总在不断变革中，只不过有时平缓，有时急剧。当代中国正处于快速发展、深刻变革的转型期。第一资源——人力资源的管理也处在快速转型变革中，企业组织的人力资源管理又是这一变革探索的先行者和主力军。

研究"转型期"可以比较准确地把握现在和今后相当长时期我国人力资源管理变革的外部环境。转型期（Transitional Period）原本是生物学上指由非有机农业向有机农业的转变时期，本书中主要是指经济社会等方面向新的目标过渡和变迁时期。在我国，研究的这个转型期恰好基本与工业化进程重合，转型期的结束可能就是工业化完成的时候。

1978年实行改革开放特别是1992年党的十四大确定建立社会主义市场经济制度以来，我国的经济社会结构处于全面的转型期即"十二五"时期，产业和企业转型升级全面加快，预计"十三五"（2016—2020年）末期转型基本到位，各项法律法规制度基本成型，社会主义市场经济体制基本健全、渐趋完善。

一　转型期中国的宏观经济环境

中国当前的宏观经济环境从多方面说都处在转型过程中。包括由计划经济向市场经济、由比较粗放的发展方式向低碳循环绿色的发展方式、由经济的高速增长到中高速增长、由增长到全面发展和持续发展、由城乡"二元结构"向城乡统一的"一元结构"、由农业大国向工业大国等的逐步转型。2007年党的"十七大"对中国经济社会发展的市场化、工业化、城镇化、信息化、国际化的总体趋势概括是全面而准确的，而这"每一化"对包括企业人力资源管理在内的各个方面都影响深远。2008 年年底世界性金融危机以来，也倒逼中国发展方式加快转变，所以，2010 年年底中央经济工作会议就及时明确了转型升级的中国经济发展战略。党的十八大以来，关于中国经济进入新常态的概括和判断也已成为共识。

（一）经济发展方式正在转型

经济转型主要有两个方面：一是体制转型；二是发展转型。厉以宁先生在他的《中国经济双重转型之路》（中国人民大学出版社 2013 年 11 月出版）一书中做了较权威的论述。他以产权改革为核心，讨论了农村土地确权、国有企业的进一步改革、民营企业的产权维护、收入分配制度改革、城镇化、自主创新、产业升级、社会资本的创造等问题，总结了改革开放 30 多年来中国由计划经济向市场经济的体制转型，由传统的以农业经济为主向以工业经济为主的发展转型的双重转型过程中的经验，对中国未来的改革和发展做出了前瞻性的分析和研究，并认为中国的发展经济学实质上就是从计划经济体制向市场经济体制转型的发展经济学。

企业改革的重点是国有企业，国有企业改革的重点是大型国有企业特别是大型垄断性的国有企业。大型国有企业进一步改革在人力资源管理方面遇到的最大问题是如何全面真正市场化。主要表现是大型国企的产权改革未到位。厉以宁先生极为赞成用混合所有制来改革大型国有企业。2015 年 9 月中共中央国务院发出《关于深化国有企业改革的指导意见》又有新的推进。

改革开放 30 多年来，理论界和实践部门甚至普通民众都强烈地感受到中国经济社会的发展，宏观经济形势的变化，各种变革真正进行并将会接踵而至。一些有创新意识的企业经营者和人力资源管理者勇做变革的推动者和领头人，并从中已找到自己的生存空间和发展壮大的机会。2010 年的《政府工作报告》指出："转变经济发展方式刻不容缓。要大力推动经济进入创新驱动、内生增长的发展轨道。……国际金融危机正在催生新的科技革命和产业革命。发展战略性新兴产业，抢占经济科技制高点，决定国家的未来。"转变经济发展方式对于企业来说，就是从简单的加工制造转向核心技术竞争和新产品的研发，从贴牌生产转向品牌营销，从劳动密集型转向技术密集型，从资源消耗型转向低碳经济型，从传统低端产业转向高端产业或战略性新兴产业等。而要实现这样的转变，关键点在于创新，创新的支撑点在于人力资源。2010 年的《政府工作报告》同时指出：

"人才是第一资源。……努力营造人才辈出、人尽其才的制度环境，建设人力资源强国。……强国必先强教育。只有一流的教育，才能培养一流人才，建设一流国家。"整个国家如此，作为企业更是如此，要转变经济发展方式，要进行转型升级，必须要考虑的是人才。

（二）经济全球化加深，管理背景呈现多元文化特征

进入新世纪以来，全球经济"合纵连横"的步伐明显加快。在全球化整体趋势下，区域性经济组织之间的关系越来越显得紧密，同时，面向其他组织越来越开放。区域性合作组织如欧盟、北美自由贸易区、亚太经合组织等产生，区域组织内部国与国之间的界限开始变得越来越模糊。国际上各地区经济甚至全球经济都相互影响，从经济的视角看地球也成为一个不可分割的整体。作为经济一体化自然结果的跨国公司，一方面，面对不同的政治体制、法律规范和风俗习惯；另一方面，又不断推动着各种文化的相互了解与不断融合。

管理者们经常会遇到类似国籍、语言等背景都不相同的员工如何共同完成工作，以及管理制度与工作价值观迥然不同的组织之间如何沟通等问题。

企业并购特别是跨国公司的并购活动非常活跃并且势头向好。在未来相当长的时期内，人力资源管理将会在公司并购活动中有更加关键的作用；有研究甚至认为，为了买入其他公司的人力资源而发起的收购行动，将上升到所有收购行动数量的一半左右。

全球化把边界打破了，生产方式的变化，就业组织的变化，他国主导的跨国公司在我国的本土化可能使我国企业人才流失，全球价值链重组中我国企业人力资源管理变革创新有很大的外来压力。

（三）劳动力价格水平上升较快，"人口红利"时代逐步结束

长期以来我国劳动报酬总额占 GDP 比重不大，一些劳动者没有公平分享到经济高速发展的应有收益。换句话说，中国经济多年来的发展多是收获了人口红利，较低的劳动力成本，推动着中国企业和中国经济的发展。美国《时代》周刊 2009 年度人物评选中，"中国工人"作为当年榜单上唯一群体入选。这个在年初曾抛出"中国崩溃论"的媒体在年末却这样评价道："中国有这么一个词：'保 8'，意思是保持每年 8% 的经济增长率，中国政府认为这对确保社会稳定至关重要。尽管一年前许多人认为这是一个梦想，但是中国做到了，并且中国在今年仍旧是世界上发展最快的大国。这一切都应归功于数以百万计背井离乡的中国工人。"这也许是对"中国工人"的一个写照。但他们有一个错误,不是"数以百万计"而是"数以千万计"。

2010年的"两会"确定调整分配格局,标志着享受"人口红利"的时代正在逐步结束。

随着我国新增劳动力总量减小,预计"十三五"期间劳动年龄人口平均每年减少200万。许多发展中国家劳动力价格已低于我国,如印度、印度尼西亚是我国的1/2,越南是我国的1/3,柬埔寨是我国的1/4。劳动力价格水平上升较快,工资占企业成本比重较大。

(四) 劳动力供需结构不平衡,招工难与就业难并存

从打工者难找工作,到用人者招工难,是近年来的新变化。中国总体上已进入中等收入阶段以后,劳动力市场的整体供求变化了。反映劳动力价格的工资涨了不少,但企业招工用工困难的情况却不减反增。特别是在劳动关系重新组合的密集期——每年的春节过后,随处都可能有"用工荒"。不但在珠三角、长三角出现大面积的用工荒,甚至连过去的劳务输出大省河南、四川、安徽等在本地也出现"用工荒"。过去许多内地省份曾给予劳务输出很多的支持和优惠政策,而2010年第一次看到了河南等一些地方出现了限制劳动力流出的措施。据报道,当年仅珠三角地区缺工就超过200万人,许多企业由于招工难,已经严重影响到生产和经营,企业的人力资源部更是成了"招聘部",工作人员成了"空中飞人",赶赴全国各地招募员工,有的甚至是老板亲自出马。珠三角、长三角出现大面积的"用工荒",曾经的打工天堂为什么失去了诱惑力,原因可能是多方面的,除了工资较低、待遇较差、缺乏保障等因素外,不容置疑的是,劳动力供需结构变化是第一因素。一定的社会保障水平在一定程度上也降低了必需性劳动参与意愿。企业曾经赖以生存的人力资源的低成本优势逐步丧失,作为企业和人力资源管理者应该思考怎么办。

值得注意的是,劳动力素质提高与产业升级是互动辩证的关系。招工难其实不少是产业未升级之前的现象,是企业维持再生产的惯性使之需要招工。劳动力是结构性的短缺和过剩并存。企业转型升级倒逼劳动力素质提高与之相适应,劳动力素质提高可以提高企业产品和服务的科技含量,促进转型升级。企业转型升级之后,资本有机构成提高,劳动力需求总体会减少。

二 转型期中国的社会与法治环境

转型期中国的社会与法治环境发生了巨大变化，与人力资源管理密切相关的有以下一些特别明显的变化。

（一）收入分配差距变化

收入分配差距变化是社会转型的一个重要标志。收入分配不公、差距过大，调整收入分配格局是社会的热议话题，成为多年"两会"的热点之一。2010 年九三学社的一项"两会"提案称，中国收入最高的 10% 群体和最低的 10% 群体的差距，已从 1988 年的 7.3 倍上升到 2007 年的 23 倍。根据国家发改委社会发展研究所社会管理研究室主任常兴华的研究，在 1992—2007 年，政府、企业和居民收入分别增长了 9.83 倍、19.35 倍和 7.52 倍。在经济高速增长过程中，居民可支配收入占 GDP 的比重不断下滑，从劳方和资方角度看，劳动报酬占比持续下降。1996—2007 年，我国劳动报酬总额占 GDP 的比重从 53.4% 下降到 39.7%。因此，在调整收入分配格局过程中，如何增加劳动者工资报酬，协调劳资关系，同时又化解企业成本上涨压力，是我国宏观管理和微观企业经营者、人力资源管理者不得不面对的一个难题。

现在有一种观点认为，刘易斯劳动力供求曲线拐点与库兹涅茨倒"U"形曲线经历底部后回升会合，全社会需从重视效率向重视公平转变，异常呼吁政府的力量。我们认为，收入分配差距较大、劳动力供求变化大、人口老龄化，这些都需要市场、政府、社会三者共同努力，而不能仅依靠政府行为。

（二）独生子女为主的新生代员工逐步进入职场

以独生子女为主的新生代员工逐步进入职场并正在成为一些领域的主体。独生子女对就业和劳动条件要求更高甚至比较苛刻，对就业组织和雇主比较挑剔。从小康走向富裕的过程中，生存有了基本保障之后，会有更多精力关注公共事务，要求知情、参与，不仅要过得去还要好。新生代员工尤其如此。

国外所称的"Y 代"不完全等同于国内的"新生代"。Zemke 和 Raines 等（2000）认为，"Y 代"通常指出生于 1980—2001 年的群体，生活在电子网络时代，信息灵通、与外界联系紧密；Hansford（2002）也将"Y代"定义为1980—2000年出生的群体；Piktialis（2006）认为，"Y代"是1979年以后出生的，占美国劳动力的15%；Bassett（2008）认为，"Y代"出生于1980—1995年，完全通过信息技术进行交流，成长伴随着互联网的发展历程；Jenna、Ioni、Herbert（2013）把"Y代"定义为出生在1977—1994年的个体，包括了目前最年轻以及正在寻找工作的大学生[1]；Gale（2007）认为，"Y代"具有以下特征：多种族、全球性、自信独立、适应力强，然而忠诚度低，喜欢冒险，跳槽频繁。可见，国外学者主要是从出生时间段进行区分来定义"Y代"的。

国内一般将"新生代"称为"80后"，也包括正走入职场的"90后"。贺志刚（2006）认为，"80后"中大多数是独生子女；谢蓓（2007）认为，"80后"员工主要指的是这个年龄段受过教育的知识员工；强国民（2008）也认为，主要是其中受过教育的知识员工；刘维政（2009）认为，新生代员工的成长环境与年长的员工有巨大的不同，他们有着不同的生活方式，独立的思想意识以及多变的职业观念等特征；宋超、陈建成（2011）认为，"80后"、"90后"因与传统社会的理念、意识和个性不同，而被人们称为"新生代"。

综合国内外学者的观点，本书将新生代员工定义为出生于20世纪80年代及以后，逐步走上社会、进入工作岗位并正成长为企业主力军的从业群体。他们总体上民主化诉求增强——大多数人个性张扬、思想开放、崇尚自由独立，具有多元化价值取向，注重自我价值实现。但与上一代相比，又可能缺乏团队合作精神、抗压能力较差、责任感不强等。

以独生子女为主的新生代员工给管理带来许多新问题，需要研究。

（三）转型期中国的体制、法治环境

确定建立社会主义市场经济的目标和依法治国的路径是转型变革的先决性制度条件。执政党、权力机关、政府允许而且鼓励并推动变革，这是一切变革的最佳选择和必要条件。目前正是全面深化改革、更趋接近转轨目标的绝佳机遇期（到2020年）。

发达国家的人力资源管理是在成熟的市场经济环境中进行的，不需要中国现在这样大的转型变革，发达国家目前的人力资源管理研究能够面对

---

[1] Luscombe J, Lewis I, Biggs H. C., "Essential Elements for Recruitment and Retention: Generation Y", *Education Training*, 2013, 55（3）.

动态的活生生的微观管理实践，特别重视不同的成功案例研究。我国人力资源管理的研究面临不同的宏观环境和企业制度等，在市场化制度未真正建立起来之前，甚至用市场的方法都很难调查到企业的一些真实情况。中国的转型期具有双重甚至多重转型的特点，特别表现在体制转型和发展转型的双重叠加。

经济体制转型经过 30 多年政府主导的渐进式改革，已取得了阶段性的成功，同时也面临诸多深层次矛盾和问题。为此，党的十八大强调，要加快完善社会主义市场经济体制，全面深化经济体制改革。推动经济体制转型本身是一件重要而又棘手的任务，继续深化经济体制改革面临新的风险和成本，应纳入到系统考虑之中。

改革开放 30 多年来，政府部门的职能和行为不断地进行适应性调整。但是，政府部门转型的进程一直滞后于经济体制改革的进程，这是导致实践中政府职能越位、缺位以及错位的主要原因。我国政府尤其是地方政府仍然承担着双重管理者的职能，即生产管理职能和公共服务职能。生产管理职能是从计划经济体制下继承而来的，按常理来说，随着市场经济的发展和改革进程的深入，这一职能会出现弱化和收缩态势，但是，实际情况并非如此。政府在大力推动国有企业发展和国有资本增长的形势下，保持和强化了自己参与社会生产的能力，强化了管理社会生产的职能。各级政府实际参与经济活动的力度明显增强，政府直接配置资源的功能在另一种形式上出现强化趋势。

与此同时，为满足民众公共服务的迫切要求，不断增大基本公共服务的投入力度。自 1978 年以来，公共事业发展支出比重和社会保障支出比重不断地呈扩大趋势，而且这两项支出的规模和比例仍会扩大。维护政权支出比重呈高位运行，在相当长的时期内，此项支出比重还是居高难降。因此，政府背负着双重职能，若长期持续下去，要么财政终将不堪重负而演变为财政危机，要么财政职能陷入缺位、越位的僵局，不能自拔。政府转型必须从一般竞争性领域退出来，减少直接参与市场活动和资源配置活动，将主要职能和资源转移到社会公共服务领域。但大家都注意到，2008年发生国际金融危机以来，政府转型的进程遭遇到严重的阻碍，在应对危机冲击的过程中，政府再一次拥有了强大的干预能力，以及控制社会经济生活的能力，各种凸显的经济社会矛盾已迫切要求政府必须改革。

推进法治社会建设，依法治理公司。企业人力资源管理研究和实践面临新的法治环境。1995 年 1 月 1 日《中华人民共和国劳动法》实施以后，对于建立和维护适应社会主义市场经济的劳动制度，促进就业，保护劳动者的合法权益，调整劳动关系等宏观层面起到了一定的作用。但劳动者的总体地位没有根本改变，如劳动卫生安全方面，职业病的滞后效应明显，典型的如煤矿、水泥、石灰等粉尘污染严重的企业，职工职业病（尘肺病——矽肺）高发。

2008 年新的《劳动合同法》《就业促进法》《劳动争议调解仲裁法》相继实施。但这些法律对企业和个人都是一把"双刃剑"，有许多问题需要细化研究，如依法与效率的问题，特别要警惕员工管理方面重现"国企病"问题等。

经常不断的假期特别是所谓的小长假、长假也为企业人力资源管理带来了新的挑战。劳动关系面临新的法治环境。

三　转型期中国新的技术环境

新的技术环境特别是以移动互联网为代表的信息技术革命，"互联网＋"以及"＋互联网"，智能制造对企业人力资源管理的冲击和影响都很大，企业组织形态变化了，自己创业的增多了，知识型员工增多了，无边界员工增多了，轻雇佣等形式增加了。

（一）新的工业革命来临

德国"工业 4.0"、美国"工业互联网"等国家战略的相继推出，我国也发布《中国制造 2025》作为实施制造强国战略，以适应新的工业革命。这些对企业人力资源管理的变革都影响巨大。

从 20 世纪 80 年代至今，人力资源管理已经历了 30 多年的发展。全球的技术环境发生了深刻而巨大的变化，先是以计算机技术和现代通信技术为代表的信息科技改变着包括人力资源管理在内的生活和工作的方方面面，如不需要到某一固定办公室来统一办公的"远程职工"（在英文中称为 Tele Staff），相互不见面而只靠电脑和互联网联系的虚拟组织（Virtual Organization）。社会正在从后工业社会迈入知识经济社会。组织赖以生存的外部环境和组织的竞争方式也正进行着悄无声息但却深入持久的变革，组织的各种管理职能也必须顺应潮流，不断地改变自身以应对正在改变着的世界。在这种形势下，人力资源管理将怎样发展呢？"后人力资源管理"将是什么样的一种面目呢？

近年来，科技发展特别是互联网技术的迅猛发展，以 3D 打印技术等为特征的第三次工业革命的悄然来临，是我国企业和企业人力资源管理必须面对的新的技术环境。人力资源管理面临现实的挑战，必须对于未来可能发生的变迁有所准备。

（二）信息化技术影响深远

信息技术正不断渗透到人力资源管理的每一个领域，对人力资源管理的影响主要表现在三个方面：①信息技术使人力资源管理从烦琐的日常性工作中解脱出来，大大提高了事务性、程序性工作的效率，使人力资源管理者的精力能够集中于更重要的工作之中，以便发挥战略性作用；②信息化可以使企业实现人力资源与财务、物流、供应链、客户关系管理等系统的关联和一体化，整合了企业内外人力资源的信息和资源，使人力资源管理真正成为企业的战略性工作；③员工将更加方便有效地获取信息，做出新的决策和提出新的要求，更加自主地把握自己的前途。

据预测，在未来，远程管理和人工智能等因素将会改变人力资源管理。互联网和电子邮件系统功能的完善为远程管理带来了便利。到 2010年，美国的工薪阶层有一半以上的人每星期有超过两天的时间在办公室以外工作。就目前而言，有数量巨大的人群（1990 年只有 400 万人）根据公司的规定进行远程工作，还有数百万人非正式地在办公室以外每周工作一天或多天。随着廉价的宽带互联网接入和移动无线互联接入的普及，远程工作者还会进一步增加。

（三）人工智能技术特别是机器人的影响初现

人工智能的威力在于它能在堆积如山的数据中发现问题，如它可能被用于在数以十亿计的交易记录中发现金融舞弊行为。由于人工智能技术变得越来越先进，用电脑网络对公司进进出出的人员进行监视的能力也会大幅提高。公司还会利用复杂的数据挖掘技术，通过分析模式来发现潜在的问题和危险。数据加密技术已被正式使用。

工业机器人技术及其产业化应用，是人力资源管理必须关注的重要动态。2013—2014 年，我国使用工业机器人 3.7 万台，预计 2017 年将达到10 万台。机器人应用的利弊，对劳动力的替代，以及对劳动力市场供求关系的影响，都是应当超前准备的。

第二章　转型期中国企业人力资源管理的现状与突出问题

　　本章主要是从现状和问题出发，作为研究的起点和基础，以增强针对性。

　　自从 1954 年彼得·德鲁克在《管理的实践》中提出"人力资源"概念以来，人力资源管理理论和实践一直是各国学者和实践领域关注的前沿和热点话题。20 世纪 80 年代，随着以波特竞争战略和竞争优势理论为代表的企业战略理论研究的不断成熟，人力资源管理开始转向战略人力资源管理研究。20 世纪 80 年代中后期，以资源为基础的企业观在经济管理研究中的广泛影响，这一企业观也成为人力资源管理研究尤其是战略人力资源管理研究的常用理论工具。

　　在有关战略管理理论研究的前期，学者和企业单位更多强调对企业组织外部环境的重视，主要通过对企业进行 SWOT 分析，使企业认识到自身在市场中所处的竞争环境，进一步明确自身的定位，从而制定出相应的竞争战略。在这个阶段，在人力资源管理领域研究方面，学者们也更多关注外部环境对企业人力资源管理的影响。如劳动力市场状况决定了企业员工的薪酬水平，而工会力量又决定了劳动关系管理的方式。Fombrum、Tichy 和 Devanna 所提出的密歇根模式是这种观念的代表。该模式认为，企业的需求和权益是第一位的，对于管理者而言，人力资源管理需要和企业的组织架构以及企业的使命和战略相互联系，才能使企业更好地面对外部经济压力、政治压力和文化压力，从而实现生存和发展。而在以资源为基础的战略管理研究中，学者更加关注能够给企业带来竞争优势的内部资源。这个时期的人力资源管理研究，更多的是研究企业的竞争策略选择、组织结构、企业文化、生产技术水平以及企业的财务实力等因素。一般而言，企业的竞争策略选择决定了人力资源管理的策略，组织结构决定了人力资源管理中沟通和命令的信息传递，企业文化影响着企业薪酬的差距、绩效考核的方式以及员工培训等方面，生产技术水平则深刻影响人力资源的需求，企业的财务实力决定了薪酬水平的策略。

但是，无论是以 SCP 为范式的环境基础观还是以内部资源和能力为侧重点的资源基础观，都认为在研究人力资源管理时，外部环境因素是无法忽视的。即便是在强调内部资源重要性的研究中，也认为环境对于企业战略，对于人力资源策略具有重要的影响。

一　转型期中国人力资源管理的现状

我国经济体制处于计划经济向市场经济的转型期，企业将从传统的制度向现代企业制度转型，市场对资源配置以及企业发展将起到越来越重要的作用。在转型期，人力资源管理在企业发展中的作用也将日益重要，人力资源部门也从之前强调简单的人事管理向能够给企业带来效益和持续竞争优势的、强调员工人力资本的管理转变。人力资源管理的内容从简单的员工招募选拔等工作转向员工激励、员工沟通等方面，从强调组织利益至上到将员工等作为重要的利益相关方来考虑。

企业人力资源管理正在经历从计划经济体制下的劳动人事管理向现代人力资源管理的转变。进入 21 世纪之后，在全球化的背景下，在互联网技术的影响下，企业的外部环境发生着巨大的变化，使得企业的人力资源管理不断深化，朝着国际化、市场化、职业化、知识化的方面不断发展。我国企业的人力资源管理从理论上有探索，实践上有改革，有了新的发展，也取得了巨大的成就。但是，在前进的过程中也存在问题。本书通过分析转型经济下人力资源管理的特点，尝试较为深入地了解和发现当前我国企业人力资源管理现存的突出问题。只有问题明确了，才有可能进一步解决问题，才有可能促进我国企业人力资源管理的快速健康有序发展。

在转型的过程中，随着全球化影响的不断加大和企业改革的深入，我国企业的人力资源管理的内容、模式、侧重点以及在企业发展战略中的地位和作用都发生了明显的变化，人力资源管理呈现出管理视角全面化、资源配置市场化、管理活动规范化、管理理念国际化、管理系统信息化等特点。此外，不同性质企业的人力资源管理模式还呈现出比较明显的路径依赖性。随着外部环境的不断变化，尤其是互联网时代和大数据时代的到来，企业组织结构发生了明显的变化，也对人力资源管理提出了新的挑战。一方面，为了更好地实现人力资源的充分利用，虚拟人力资源管理的理念和模式也在不断探索；另一方面，企业商业伦理和社会责任在现代社会发挥着越来越重要的作用，职业道德准则和利益相关方诉求成为企业人力资源管理专员需要更加重视的问题。

（一）视角全面化

视角全面化，即从劳动人事管理向全面的现代人力资源管理转变。

从计划经济体制到市场经济体制的转型过程中，中国企业所面对的外部环境发生了深刻的变化。经济体制改革不仅对企业的外部经营环境产生了明显的影响，也改变着企业的内部经营管理体制和治理结构，同时也必然会对传统的人力资源管理产生冲击。在转型期，我国实行的是渐进式变革，制定和实施的政策更多的也是为了保证在平稳过渡中实现企业和社会的发展。从这个角度而言，企业的人力资源管理更多的是对中国转型期相关秩序和政策的一种反映。

中国企业人力资源管理经历了从传统计划经济体制下的劳动人事管理向现代市场经济体制下人力资源管理的转变；从员工的终身雇佣制向劳动合同制的转变；从薪酬的平均主义向按劳分配的转变；从终身保障向建立社会保险制度的转变。这些重要的改革重塑了人力资源管理的内涵和外延，人才测评、绩效评估和薪资激励制度为核心的人力资源管理模型已经确立（赵曙明，2009），初步适应了转型期市场竞争的需要。

首先，从人力资源管理对员工的态度来看，传统的劳动人事管理是以"事"为核心。强调企业和组织的利益至上，忽略员工自身的需要，将员工视为完成一项工作或任务的"工具"，更多的是要求员工适应、执行、服从企业和组织的需要，而不是希望员工发挥自身的创造性。但是，人是企业和社会最具活力、能力和想象创造力的稀缺资源，是能够给企业带来巨大价值和效益的独特资源，人力资源作用发挥得好坏，在某种程度上是一家企业能否得以生存和持续发展的关键。因此，现代企业人力资源管理更加强调以人为本，强调员工自身的能动性，强调员工与企业组织目标的一致性，从传统的劳动人事管理遏制员工个人兴趣，向现代人力资源管理重视员工激励和沟通，更加强调人力资源开发乃至人才开发转变。在这种情况下，对于现代企业而言，就需要打破以往不公平、遏制创新的制度和环境约束，打造有利于员工激励和创新的条件。要形成尊重员工、关心员工的工作环境，为员工创造可以充分发挥其优秀才能的机会，使得每个员工都能在受到关注和认可的环境中尽其所能，发挥各自优势。需更加认识到知识尤其是员工所具备的隐性知识的重要性。隐性知识的管理是员工乃至企业获得核心竞争优势的关键。这就需要企业积极营造公平公正的分配和激励机制，充分调动员工的积极性和创造性，做到能上能下，促使人才脱颖而出。将员工自身成长纳入企业战略的发展和运营中。人力资源管理不仅要招到能够与工作岗位匹配的合适员工，同时，还要考虑到员工的个性发展，加大对员工的培训力度，帮助员工制定实施职业生涯规划。越来越多的员工在选择就职单位时，除了考虑薪酬等待遇之外，更加重视雇主品牌，更加强调员工自身在企业能够获得的培训以及自身能力的提高。对于企业而言，这就意味着在制定战略目标以及绩效考核时，改变之前员工为事情服务的观念，形成以人为本，以人为核心，强化人力资源管理的战略和核心作用。

其次，从人力资源管理的内容模块来看，传统的劳动人事管理更加强调的是对当前的人事工作，而且更多的是一种行政性的业务，如招聘、发放工资福利以及档案管理等工作。而现代人力资源管理则更加强调的是人力资源的规划，强调人力资源战略的重要性，强调人力资源管理给企业价值链带来的增值。传统劳动人事管理在企业发展中更多的是一种被动的反应，人事部门更多的是执行上级战略和决策的部门；现代人力资源管理则更加强调战略性、主动性、前瞻性，人力资源管理部门积极参与企业战略的制定。与传统劳动人事管理相比，现代人力资源管理更加强调与企业战略的结合，强调员工需求与企业长期发展相结合，不仅包括了执行性的职能，还包括了诸如规划、组织、领导和控制等在内的管理性职能。战略性人力资源管理理论认为，人力资源不仅是企业重要的资源，更是一种战略资产，人力资源不仅是企业战略的关键参与者、制定者，同时也是变革推动者和执行者，人力资源与企业战略规划是一体化的关系。

最后，传统的劳动人事管理认为员工是成本因素。管理的手段单一，功能分散，内容较为简单，而现代人力资源管理则认为员工是能够带来价值的资源，不仅承担着人力资源配置以及薪酬设计等功能，还担负着人力资源规划、员工沟通、绩效考核、跨文化管理以及工作协调等任务。现代人力资源管理的范围和视野有了很大的拓展，重点和着力点也不一样。相应地，对人力资源管理部门的岗位要求也提出了更高的标准，不仅需要掌握人力资源管理的专业知识，还需要具备一定的企业管理经验；不仅需要与企业高层进行沟通，还需要和各职能部门做好沟通合作工作；不仅需要了解把握政策法规，还需要具备分析政策信息从而提出解决问题办法的能力；不仅要重视企业长期利益，还要满足员工自我发展的需要。从这方面而言，提高人力资源管理者的素质，招募合格的人力资源管理专员是摆在转型期中国企业面前的迫切任务。

（二）配置正在市场化

党的十四届三中全会做出了《关于建立社会主义市场经济体制若干问题的决议》，提出要进一步转换国有企业经营体制，建立适应市场经济要求，产权清晰、权责明确、政企分开、管理科学的现代企业制度。该决定同时呼吁要在中国建立包括社会保险、社会救济、社会福利等全面多层次的社会保障制度。随着中国经济体制改革的不断深入，我国的劳动力市场不断成熟和发展，市场供求关系调节着劳动力在不同地区、不同部门以及不同企业之间的合理配置。

人力资源管理的市场化，就是要按照市场规律，打破原有体制下员工与企业之间、企业与企业之间单纯的行政隶属关系，充分发挥价格在市场中的杠杆作用，最大限度地发挥员工以及企业的自主性和创造性，提高企业的价值。

在劳动人事改革方面，中国企业先后推出考勤惩罚制度，实行全员劳动合同制，建立社会保障制度，实行"下岗分流"等一系列的改革，以配合中国经济体制改革的进程。随着中国经济体制改革的不断深化，出台了一系列法律法规以规范用人制度，保障了员工和企业的合法权益。1994年出台的《中华人民共和国劳动法》标志着中国劳动法制进入了一个新的历史阶段。2008年1月1日开始实施《中华人民共和国劳动合同法》，对劳动合同制度做了进一步完善。劳动法律法规使得企业的人力资源管理活动有法可依，人力资源管理更加规范化。2013年7月1日开始实施修订后的《中华人民共和国劳动合同法》，进一步明确规定了临时工享有与用工单位正式工同工同酬的权利，并赋予人力资源和社会保障部门依法开展经营劳务派遣业务行政许可的权利。法制化是规范化的最高形态，同时，也是我国人力资源管理走向规范化的刚性约束力和推动力。

（三）逐步国际化

在这一时期，全球化对于企业尤其是跨国公司人力资源管理的影响更加明显，使得不同企业的人力资源管理模式可能是不一样的。既有强调母国模式的民族中心主义，又有强调本土化的多中心主义模式，既有按照不同地区进行分类安排的地区中心模式，还有强调在全球范围内配置人力资源的全球中心主义模式。

中国人力资源管理的国际化主要包括两个方面的含义：一方面是中国企业在国际化的市场环境下，如何更好地学习国外先进人力资源管理理念和方法；另一方面是中国企业走出去和国际化的过程中，在海外设立分公司时所遇到的人力资源管理问题。如果前者指的是中国企业吸收国际先进的人力资源管理理念，实现人力资源管理国际化的本土化的话，后者更多的是指中国企业人力资源管理向国际先进的人力资源管理方向发展，实现人力资源管理本土化的国际化。

1. 中国企业实现人力资源国际化的本土化管理

中国企业实现人力资源国际化的本土化主要通过三种途径：人力资源管理理念的国际化；人力资源管理中人才知识和能力的国际化；企业人力资源管理实践的国际化。

不同国家的工业关系模式不一样，有强调自决主义的英国模式，也有强调工会地位和作用的美国模式，更有强调仲裁的澳大利亚和新西兰模式。不同国家和地区的文化内涵也是不一样的，霍夫斯特德（1980）以IBM 员工的调查为基础，提出文化环境四维度：个人主义与集体主义；权力距离；不确定性避免；男性气质。并在随后增加了第五维度——长期性和短期性。克拉克洪（Kluckhohn）、斯乔贝克（Strodtbeck）通过考察不同国家和地区"人性的看法、人与自然的关系、责任中心（等级观念）、行动取向、人们的空间观念、人们的时间观念"六个方面，提出了六大价值取向理论。中国一些机构也在 1987 年以 22 个国家作为研究调查对象，以东方文化构面为基础，发展出基于东方文化的四个文化维度，即长期导向、合作性、仁爱心和道德纪律。

但是，无论何种工业关系模式，也无论何种文化维度，对于这些地区和国家的企业来说，都在积极主动地推进自身人力资源管理的改革，通过广泛地吸收国际上先进的管理和实践理念，并通过与企业现实的情景匹配，从而为企业组织目标和战略目标的实现提供强有力的智力支持。

在全球化背景下，越来越多的企业开始将员工作为最为宝贵的财富，将人力资源的管理作为企业在市场上获得竞争优势的核心。这就要求：企业一方面要真正落实以人为本的理念和精髓，由传统的监督和控制转向组织学习，从完善制度的约束到强调管理的人性化和柔性化，从强调物质激励到重视精神激励以及员工自身的发展；另一方面要将先进的技术等工具应用到人力资源管理中，从强调员工满意度的全面质量管理到重视员工自身发展的绩效管理变革，从传统的绩效考核方式到目前引入平衡计分卡、目标管理法等多种形式的考核工具，从强调人力资源管理的电子化到强调互联网技术对人力资源管理的各种影响。

2. 中国企业实现人力资源本土化的国际化管理

中国企业实现人力资源本土化的国际化管理，主要指的是中国企业外派国内的员工去企业在国外的分公司，从而涉及的人力资源管理。国际环境的变化也要求我国企业在招聘国外（海外）员工时面临着不一样的挑战，这也对人力资源管理工作的复杂性提出了新的要求。尽管人力资源管理的基本内容是一样的，但是，国际人力资源管理却涉及更多内容。

第一，中国企业外派人员的薪酬管理中会涉及国际税务筹划。中国企业应该采取何种方式给外派员工发放薪酬。不同形式的薪酬组合不仅会影响到员工自身的激励效果，同时也涉及减免企业和员工个人税务负担的问题。第二，中国企业需要有更加全局性视野来考虑人力资源管理的问题，尤其是不同区域文化的整合等问题。第三，中国企业外派员工时，还面临为这些员工职业发展的考虑。外派员工回国后是否还有其相应的位置，以及升迁的渠道，这些都需要让员工形成明确的预期。第四，外派员工自身的培训也是特殊的，不仅考虑自身工作素质方面的培训，更需要考虑个人信念体系的包容，对不同文化的接受、对不确定状况的高度容忍。此外，还需要抗压能力、语言能力等方面的培训。第五，外派员工的家庭管理。当中国企业外派员工时，不仅需要考虑外派员工配偶的工作和孩子的上学等问题，还需要考虑外派员工父母的身体状况、居住状况以及家庭成员对于可能出现的迁移的看法等种种问题。

随着中国政府"走出去"战略的不断推进，中国企业不断地走向国际市场，迫使中国企业的人力资源管理要与国际上先进的人力资源管理接轨。在国际化进程加快的背景下，如何建立国际化的人力资源管理，仍然是转型期我国人力资源管理面对的重要问题。

（四）管理系统的电子化与虚拟化

科技的迅速发展为全球化的不断深入以及互联网时代的到来提供了基

础，当这些新的技术用于企业人力资源管理时，更是极大地提高了管理的效率，促进了相关理论的发展，也开辟了新的人力资源管理领域。通过科技的应用，人力资源管理得以将日常性、行政性的活动尽量减少，以便集中更多的时间和精力进行战略性的活动。科技的发展可以在自主服务、电话服务中心、提高生产力、方便外包作业的进行四个方面提升企业人力资源管理的功能。人力资源管理的作业可以使用一些电子科技，这也意味着人力资源管理已经逐步进入电子化时代。电子化人力资源管理经历了薪酬计算系统时代、薪资人事管理系统时代、人力资源管理信息系统时代、人力资源管理信息化时代、人力资源管理的互联化时代。

在传统的劳动人事管理阶段，信息化人力资源管理更多的是服务于薪酬发放和薪酬管理。在现代化人力资源管理阶段，随着 IT 技术的发展，信息化人力资源管理逐步将日常人力资源管理的内容都纳入到了数据库管理中，通过数据分析和共享，使得人力资源管理人员能够从烦琐的日常工作中解放出来，集中精力考虑企业人力资源规划等内容。在人力资源管理信息化时代，更多的是强调人与人之间的互动，强调员工与人力资源管理人员、其他职能部门与人力资源管理部门之间的沟通，将企业人力资源管理的日常业务模块纳入统一的系统，形成可以共享的集成系统，使得人力资源管理不再简单的是人力资源管理部门以及人力资源管理专员的工作，提高了人力资源管理在整个企业中的战略地位。在人力资源管理的互联网时代，大数据也吸引了越来越多的关注。但是，人力资源管理关注的并不是大数据的技术，而是通过这些大数据的挖掘和分析，如何能提高企业的价值，如何能够给企业带来真正的现金流。此外，大数据时代的到来，彻底改变了人力资源管理部门的战略地位，通过数据分析，人力资源管理部门可以更加广泛地了解员工和团队组织的真正需求，解决日常工作中遇到的信息不对称问题，并能提出正确的见解，指导人力资源管理部门制定正确的战略决策。

管理的虚拟化是指随着互联网技术的发展以及虚拟组织等的出现，虚拟人力资源管理逐步成为企业讨论和实施的焦点。所谓虚拟人力资源管理，就是"一切人力资源服务将能根据要求即时地在最便利的场合——全世界的任何时候得到"。在虚拟人力资源管理中，传统的层级观念发生了很大的改变，企业与企业之间、员工与企业之间的关系更多的是一种基于信任的合作伙伴关系，通过充分利用信息技术和互联网技术，帮助企业获取和提高人力资本。

全球化和互联网时代的到来，使得企业虚拟人力资源管理成为必要。企业为了应对不断变化的外部环境，一方面，需要考虑竞争对手以及价值链上的合作伙伴，通过获取资源，建立基于信任和契约的新型伙伴关系；另一方面，企业又需要考虑组织内部层级的扁平化和员工沟通的网络化，通过灵活的人力资源管理制度，更大限度地降低人力成本，提高人力资源的价值。为此，企业就需要借助现代化的信息技术手段，使得员工在无须人力资源管理专员的帮助下，可以在任何时间、任何地点提供自我服务。

与传统劳动人事管理相比，人力资源管理的重点和焦点是激励员工，但是，虚拟人力资源管理的焦点则不再是简单地激励员工，而是考虑如何将员工个人目标与企业组织目标进行充分结合，从而使得人力资源管理提高到战略层面，真正成为企业的核心竞争优势所在。因此，虚拟人力资源管理的目标是：①明确企业的战略目标，以及明确人力资源对企业核心业务的支撑作用并做出迅速反应；②分配、平衡企业的资源，迅速捕捉市场机会；③建立科学合理的考核机制，评价企业的核心竞争力。通过虚拟人力资源管理，对于企业来说，可以集中优势资源聚焦于自身的定位，提高自身在核心业务方面的核心能力和核心竞争力。同时，还可以通过良好合作伙伴关系的建立和维护，在将非核心人力资源业务外包的同时，得到良好的服务。

（五）企业伦理因素的影响增大

知识经济就是人才经济，21世纪最大的竞争实际上就是人才的竞争，知识管理与人力资本管理是21世纪管理的重点。随着知识经济的到来，随着转型期市场经济的深入发展，企业伦理文化的作用日益重要。对于转型期的中国企业，在谋求自身发展的同时，必须要考虑其他利益相关方的诉求，必须要高度重视伦理和社会责任对于企业管理尤其是人力资源管理的影响。

正如福山所说的"经济无法脱离文化的背景"，社会文化背景在很大程度上规定了社会的企业伦理，或企业经营管理的道德价值观。英籍美国学者查尔斯·汉普登—特纳（Charles Hampden – Turner）和阿尔方斯·特龙佩纳斯（Alfons Trompenaars），通过对美国、英国、意大利、瑞典等12个国家15000名企业经理人的调查，发现各国企业在其财富的创造过程中都各有"独特的价值观"，"然而，在人们背后推动财富创造的道德价值观又从何而来呢？来自那个社会的文化"。谢晋宇（2001）认为，当前的人力资源管理模式更多地反映了很强的美国价值观，这在很大意义上也削弱了其世界意义；赵曙明（2006）从员工招聘、员工激励、绩效考核、员工培训、选拔用人等方面分析了企业伦理文化对人力资源管理实践的影响，他认为，为了提升人力资源管理效率，人力资源管理研究应该更关注组织能力的建设、员工管理理念和价值观的转变，重视传统伦理文化对于人力资源管理的影响和作用。

（六）与企业所有制特征密切相关

中国转型经济，其特点是所有制改革不断形成了以公有制为主体、多种经济成分并存的结构。改革开放以来，中国经济迅速发展，人力资源管理越来越向市场化方向发展，但是根据路径依赖理论，企业的行为在一定周期内有一定的内在惯性（Walton，1985）。国有企业、合（外）资企业、民营企业的人力资源管理是不同的（Warner，1996）。采用什么样的人力资源管理，与企业的特征密切相关（张一弛，2004）。Jackson、Schuler 和 Rivero（1989）研究了企业所在的行业、企业竞争战略中的创新意识、生产技术的水平、组织结构和企业的规模以及工会等因素对企业所采用的人力资源管理模式的影响。

我国正处于经济制度转型时期，企业的特征都与企业的所有制形式密切相关。我国传统的国有企业仍然坚持之前的人事管理的做法，尽管国有企业进行了改革，治理结构也进行了优化，但是在路径依赖情境下，我国大量的国有企业的人力资源管理与外资企业和民营企业之间，还存在着明显的差距，国有企业的人力资源管理主要是采取以成本控制为主的控制型人力资源管理模式，而更强调差异化战略的外资企业和民营企业，都需要能够迅速调整组织资源来应对市场环境和顾客需要的变化。因此，对员工的技能水平要求较高，企业为员工提供的培训较多，这有助于完成企业不断变化的工作任务的要求（Arthur，1992）。外资企业与民营企业的人力资源管理方式也有不同。与民营企业相比，外资企业在资金、技术以及在一个相当长的历史时期中的国家政策扶持等方面具有优势。因此，外资企业在创新意识、创新能力以及人力资源素质等方面都优于民营企业。这也使得外资企业所采用的人力资源管理模式与民营企业相比呈现出显著的差异。张一弛（2004）认为，外资企业将倾向于采用提高员工承诺导向的承诺型人力资源管理模式，而民营企业在人力资源管理模式的特征上将介于传统国有企业与外资企业之间。

目前来看，国有企业的人力资源管理相对来说比较滞后，更多地还停留在传统的劳动人事管理阶段，在行政性事务尤其是政策性事务上付出了较多精力，但在员工激励和沟通以及促使个人目标与组织目标一致等方面较为缺乏，在某种程度上限制了员工积极性的发挥。合资（外）企业的人力资源管理在引进国外管理理念和管理方式的同时，在一定程度上也实现了中国的本土化，保留了一些中国传统的人力资源管理方式。民营企业的人力资源管理发展较为缓慢，因其多是家族式管理，这类管理会缺乏科学的人力资源管理体制，企业的各项人力资源管理实践几乎都由企业所有者决定，如招聘、任用、晋升等人力资源管理工具。

二　转型期中国人力资源管理国家层面的突出问题

在转型经济的背景下，企业不断吸收国外先进的管理理念和方法，同时，积极改进落后的管理方式，人力资源管理也得到了长足的发展。但由于种种原因，人力资源管理的发展也遇到了一些问题。这些问题主要体现在国家宏观层面和企业微观层面。

（一）人力资源优势在减弱、成本在增加

我国是一个人口大国，在以往的国际竞争中以人力资源成本低吸引了大量的企业和机构。在我国过去 30 多年的高速经济增长过程中，劳动力数量多、劳动力成本低价格所带来的人口红利是其中一个重要因素。随着我国经济结构的调整，经济的持续快速增长以及周围其他新兴国家的快速崛起，我国的劳动力成本也在不断上升。劳动力成本的不断上升带来的最直接的结果是我国本已微利的加工制造业出现了亏损情况。摩根大通的统计数据显示，2002—2012 年的 10 年期间，我国制造业的劳动力成本与墨西哥制造业的劳动力成本的比例从 0.3 上涨到了 1，这意味着我国企业与墨西哥企业的劳动力成本已经等同。随着中国劳动力成本的提高，越来越多的低成本制造业正从中国转向低劳动成本国家。目前，中国劳动力成本高居亚洲第三，最低工资为印度的 2—3 倍，加上福利支出，劳动总成本还要上浮 40%—50%，用工成本的增加将导致大规模的制造业外逃。

随着经济体制改革的不断深入，我国在人力资源管理方面的制度也在不断完善。1994 年之后，我国政府加强了对养老保险、医疗保险、失业保险和工伤保险等社会保障制度的建设，在巩固劳动力市场的同时，也增加了企业的用工成本。随后，1995 年的首部《劳动法》确立了"劳动合同制"作为中国劳动用人的基本制度，也为广大劳动者的合法权益不受侵害提供了法律上的保障。2008 年以来，国家先后颁布出台了《劳动合同法》《劳动争议调解仲裁法》《就业促进法》和《社会保险法》等法律法规，给企业人力资源管理带来了影响。这些法律法规，对劳动合同的签订、解约与终止，企业规章制度，违约金和赔偿金，以及用人单位强制缴纳社会保险、劳务派遣等方面做出了新的规范，对企业提出了更高的要求。这些法律法规在保障劳动者合法权益的同时，短期内也增加了企业的用人成本。

劳动力成本的增加，对于我国企业而言既是机遇也是挑战。一方面，会迫使企业进行创新和研发投入，增加产品的附加价值，提高员工的单位产出价值，使得企业走向自主创新的道路；另一方面，在短期内研发投入以及培训都需要大量资金的投入，而且也需要时间的投入，在这种情况下，会进一步提高企业的用工成本。对于人力资源管理部门而言，在劳动力成本增加的前提下，做好员工选拔、招聘以及员工维护和激励，是摆在其面前的更为紧迫的任务。

（二）转型期区域人力资源差异明显

我国东部、中部、西部的区域经济发展与所在区域的创新能力建设的差距有很大的相关性，而创新能力又与人力资源尤其是蕴藏在人力资源内部的隐性知识密切相关。转型期的中国，东部沿海地区人力资源数量和质量远远高于中西部地区。尽管中西部地区拥有众多的人力资源，但是，在中西部地区的企业中，受到高等教育培训的员工仍然较为紧缺。这也造成了目前高校毕业的学生以及海外优秀人才纷纷"东南飞"的情况。

与其他资源相比，人力资源尤其是优质资源可以带来显著的知识溢出效应以及知识扩散作用。东部沿海发达地区的企业，在拥有较为充裕的人力资本的前提下，可以更好地享受区域内外人力资本的溢出效应，使得员工对新知识、新技术的消化吸收能力大大加强，进而能够转化为企业自身的核心能力。但是，中西部地区的企业，由于区域经济发展较为缓慢，开放程度相对较小，人力资本投入相对较少，人力资本流出严重，创新环境和创新资源较为匮乏，这都导致了中西部地区与东部沿海地区差距越来越大。

目前，我国正在实施"一带一路"大战略，一方面，对于我国企业来说是实行产业转移升级的大好机遇，对于中西部地区的企业更是难得的提升自身人力资源水平和素质的关键时期；但另一方面，如何破解区域人力资源差异大的难题，也是摆在中西部企业面前的现实挑战。

（三）劳动法律法规尚不健全

在转型期的中国，员工与企业相比，始终处于弱势群体的地位。尽管政府已经出台和完善了劳动合同法等法律法规，尽管对劳务派遣和同工同酬等情况进行了约束和规范，但是，法律自身的特点以及企业自律性不足等特点，使得这些法律法规涉及的面仍然不够，仍然有改进的空间。有些立法，只是政府相关部门做出了原则性的规定，但国家层面的法律法规尚未制定，使得这些规定更多地侧重于宏观指导和方向指引，缺乏可操作性。例如，有关集体合同问题，属于部级单位颁行的行政规章，法律位阶较低，使得集体协商的启动、具体形式、法律责任以及争议处理等方面都处于无法可依的状态。再如，带薪休假制度不仅是员工关注的问题，同时也是民生热点问题。我国政府相继出台的《劳动法》和《职工带薪休假条例》对劳动者享受带薪休假都有明确规定，但是，由于规定操作性不强，约束性不够，使得带薪休假成为机关事业单位以及国有企业员工的特权，对其他企业的劳动者而言，带薪休假只是写在纸上的权利。

三　转型期中国人力资源管理
企业层面的突出问题

（一）人力资源管理仍然未居重要地位

尽管越来越多的企业都认识到人力资源的管理是企业的核心竞争优势，但这并不意味着企业人力资源管理部门在企业中就是很重要的部门。中国企业的人力资源管理部门在企业中的话语权仍然较弱，很少能够统筹管理整个企业的人力资源管理。涉及薪酬管理、绩效考核、员工培训以及员工安全健康等方面的内容，人力资源管理部门更多的是一个执行者的角色。在人力资源战略规划、员工伦理和责任等方面基本没有实质性的发挥。在部门协作沟通方面，更是一个干很多工作但得不到认可的一个部门。在高层管理人员的招募方面，人力资源管理部门基本没有话语权。这些都导致了人力资源管理部门处于尴尬位置。

越来越多的企业在员工考核时采用了平衡计分卡，试图通过财务维度、顾客维度、内部流程、组织学习与发展四个维度的考核，将个人、部门的绩效与组织整体绩效联系在一起。但在四个维度的权重涉及时，依然是将财务列在最为重要的位置。一些企业的副总会担任人力资源管理部门的一把手，但是企业在制定公司战略发展目标时，却往往只会参考人力资源管理部门的建议，也很难将员工的能力提高和职业发展作为衡量企业战略目标的重要指标。而且在现实工作中，人力资源管理部门的角色更多地仍然停留在文档整理、薪酬发放、简单的员工招聘等传统劳动人事管理的工作上。因为人力资本产出的难以衡量性，加上知识尤其是隐性知识的难以量化性，使得尽管人力资源管理强调员工能够给企业带来核心价值，人力资源管理部门更多的时候依然被视为一个成本和支出的部门，很少会被认为也是一个资本和产出的部门。

比如，培训是人力资源日常管理和培育开发的最重要手段。员工培训费用往往用来度量人力资源管理的成本投入，而这项重要的投入在我国企业目前的情况下严重不足。

通过向员工提供工作必需的知识和技能，可以帮助员工掌握目前工作的技巧，可以提高工作绩效，提高员工满意度和安全水平，同时还可以有助于建立优秀的企业文化和形象。员工培训也是获得企业竞争优势的重要来源。美国研究表明，培训的投资回报率在33%左右，对美国大型制造业公司的分析可以得知，公司从培训中得到的回报率在20%—30%。一些高科技的企业每1美元的培训费可以在3年内实现40美元的效益。一般而言，员工培训的预算不超过企业工资总额的5%，但是我国多数企业，这一比例不足1.5%，尚未达到《职业技能培训和鉴定条例（征求意见稿）》（2009年）规定的1.5%—2.5%的最底线。在新员工岗前培训、老员工在岗培训等方面，一些企业尤其是中小企业没有建立一套完整的培训方案。尽管多数的员工都认为培训很重要，但是一些企业在培训内容、培训形式、培训组织等方面往往并没有设计周全，使得一些培训成为每年的固定动作而流于形式。一个系统化的培训模型中，人力资源管理部门需要对企业发展与培训进行分析，对培训形式进行设计，对培训方法进行选择，还需要对培训效果进行持续的评估。

尽管绝大多数的企业很难通过一两次的员工培训实现组织效益的提高，但如果能通过员工培训使得员工掌握了相关的知识和技能，并能用来分析解决相关问题，进而改变员工的行为，也是可行的。但这些，对于中国企业而言，也是一个长期的过程。

（二）尚未建立科学而又专业的人力资源管理系统

转型期的中国企业人力资源管理依旧处于不断完善和发展过程中，尽管企业的人力资源管理部门的工作内容较传统的人事管理有了很大的发展，但是，仍然缺乏一个完善而又科学系统的体系。

第一，仍然有不少企业尚未认识到工作分析的重要性，这也导致企业人力资源管理工作乃至企业管理的规范化水平仍然不够；第二，尽管多数企业都实行了绩效考核，但不少企业将绩效考核等同于绩效管理，但其实绩效考核并不是目的，只是企业绩效管理的一种工具而已，奖励和惩罚也不是目的，只是根据考核结果体现其工资收入水平的一个方面而已；第三，评价指标不科学，评价指标设定时并没有考虑企业战略的制定和实施，这也使得员工的行为并不能直接带来企业目标的实现；第四，人力资源规划仍然停留在文件材料阶段，缺乏基于企业战略基础上的长期规划；第五，人力资源管理专员素质有待进一步提高，专业化和职业化的人力资源管理专员仍然是企业人力资源管理的迫切需求。

市场环境的变化对人力资源管理系统的建立和完善也提出了新的要求。随着全球化和互联网时代的到来，知识尤其是隐性知识的管理成为摆在人力资源管理者面前的重要任务，而这也对人力资源管理专员提出了新的挑战。转型期的中国企业人力资源管理专员，不仅要掌握传统的人力资源模块的内容，还需要对心理学、新技术、新的商业模式等知识有广泛的接触和了解；不仅要掌握本专业的相关知识，更需要具备全球性思维和互联网思维，也必须致力于提高企业和组织的学习能力，挖掘、招揽、培养、维护能够给企业带来核心竞争优势的优秀人才。

但是，目前我国企业的人力资源管理部门仍然缺乏合格的专员，这也使得一些企业的人力资源管理部门成为企业中技术含量低、进入门槛低的"鸡肋部门"。在这种情况下，人力资源管理者要摆脱烦琐的日常行政性事务，专注于基于企业战略层面的人力资源管理，更多的是一种幻想。

（三）不同所有制企业人力资源管理格局不一致

我国当前的发展阶段处于多种所有制并存的格局，不同所有制企业的人力资源管理呈现出不一致的特征。由于路径依赖的原因，大量传统国有企业还延续传统的人事管理模式（徐淑英等，2004）。不同所有制企业的资源禀赋不一样，人力资源管理的发展并不均衡。首先，在基础管理维度和程序公平维度上，传统国有企业与民营企业都显著落后于外资企业，在工作组织方式维度和人才引进维度上，传统国有企业显著落后于民营企业与外资企业。工作组织方式影响员工工作动机，而人才引进影响员工的能力（张一弛等，2004）。因此，这就可以从人力资源管理的角度解释传统国有企业在与非国有企业的竞争中经常处于劣势的原因，同时也为传统国有企业人力资源管理体系的进一步完善指明了方向。另外，虽然各类所有制企业之间在录用标准中的教育背景维度上不存在显著的差异，但是在民营企业与外资企业之间却存在着一定的差异。这对于我们从员工队伍的质量和员工能力的角度理解民营企业与外资企业之间竞争优势的差异具有重要的启示。

从人力资源管理模式而言，传统国有企业主要是采用降低成本导向的控制性人力资源管理模式，而外资企业主要采用提高员工承诺导向的承诺性人力资源管理模式，民营企业的人力资源管理模式则介于二者之间。不同所有制企业的人力资源管理模式虽然各自有其作用，但是也存在一定的问题。对于国有企业而言，刻意模仿中国行政管理机制，通过等级森严官僚严重的体制设计，虽然确保了管理的常规化，但在创新和激励等方面不足。对于外资企业而言，虽然其采取了更加市场化的人力资源管理模式，但是规范的管理制度和标准化的流程，又对企业的自主创新产生了羁绊和阻碍作用。对于民营企业而言，保证了其机制的灵活性，但背后也隐含着随意性，使得企业和员工更加容易产生短视行为。

从规章制度而言，由于管理体制不健全，部分民营企业劳动规章制度不同程度地存在着不规范的问题。具体表现在：一是政出多门，规章制度规定不严密，有的与国家的法律、法规相悖，在实践操作中争议频发；二是劳动规章制度的程序不规范，直接涉及职工利益的规章制度没有明确的界定；三是劳动规章制度制定或修订前没有经过职工代表大会（股东代表大会）讨论。劳动规章制度制定不规范，一定程度上增加了企业的违约风险。

（四）国有企业中人力资源管理的行政化和干部化严重

这里研究的国有企业主要指国有工业企业和国有金融企业两大类。由国资委等上级主管机关进行管理。无论是国有工业企业还是国有金融企业，上级机构的行政化必然会影响到国有企业在战略决策和日常管理时的行为，不可避免地产生行政化管理和干部式任命的情况。中国的行政机制强调的是从上而下的权威和沟通，而不是自下而上的沟通和反馈，这给我国国有企业的人力资源管理模式带来较为深远的影响。

在国有企业的人才选用上，尽管除了一把手的管理权把握在政府手上之外，企业内的其他员工的管理权交由企业负责，但是，国有企业的体制使得选拔员工时权力过于集中。尽管企业实行了公开竞聘等方式，但仍然缺乏公开民主的机制，使得这种公开竞聘更多地成为一种形式，员工的选聘和提拔，更多的是依靠领导的伯乐之眼，而不是企业的制度环境。这也使得国有企业大量人才被闲置和浪费。此外，为了实行现代化的人力资源管理，企业实行了绩效工资和绩效考核，但是，员工的薪酬以及员工职业生涯规划，更多的仍然是企业领导者的决策，而且更多的是其主观评价。在绩效考核过程中，国有企业更加强调德才兼备，但在实际操作过程中，容易出现德才不分，以德代才，以"好人"的标准来代替"能人"，使得员工将更多的精力用于员工和领导关系的维护上。

尽管我国国有企业要建立权责明确的现代企业制度，但是，国有企业仍然缺乏大量合格的职业经理人，而且也缺乏有效的监督约束制衡机制。国有企业的领导往往由国资委甚至中央来任命指派，使得企业内部缺乏对这些领导者的有效约束，而上级部门对指派的人员监督又不到位，使得多数国有企业的领导者的权力处于无约束、无管制的状态。一些国有企业的领导利用职权搞权钱、权色交易，有的领导纵容利益相关方在其管辖的领域进行谋利，在企业用人、企业投资以及采购等领域腐败问题多发，在员工选用、提拔任用以及管理等方面存在较为严重的不规范行为。

我国国有企业尤其是中央企业，在我国经济发展过程中起到了非常重要的作用，在我国经济体制改革的过程中仍将承担艰巨的任务。但是，我国国有企业长期以来行政官僚明显，不同层次的负责人，都对应着不同的行政级别。由于掌握了大量的资源，使得国有企业的领导或者高层管理者有更大的可能去"寻租"，一些极端的企业，已经形成了相关利益链条，严重影响了我国国有企业自身的生存和持续发展。

（五）本土企业跨国人力资源管理经验不足

在全球化背景下，越来越多的国内企业通过设立出口部门、成立销售子公司、海外投资建厂，甚至企业并购等形式实施"走出去"战略。在企业"走出去"的过程中，经常会遇到政治风险、法律风险、经济风险等确定或不确定的风险，为了尽可能地降低风险，在人力资源管理方面，企业会考虑管理的本土化和国际化相结合。我国本土企业国际化的过程中，有成功的例子，但有更多失败的例子。这些失败的例子中，既有资金技术等方面的原因，也有管理尤其是人力资源管理方面的原因。因此，摆在我国企业面前的就是在面对与国内环境完全不同的国外环境时，企业如何建立有效的人力资源管理模式，这是我国经济转型发展过程中摆在理论界和实务界面前的重大现实问题。

为了解决这个问题，越来越多的企业开始通过各种方式吸引国外高素质的人力资源。我国从 2008 年开始实施的"海外高层次人才引进计划"（简称"千人计划"），其实也是为了在国际化的背景下，吸引国外高素质人才的重要举措。但是，我国企业吸引人才的同时，还需要防止企业的中层骨干员工流失，避免成为给其他企业培养员工的机构。此外，全球化和互联网化，也意味着企业文化和价值观的多元化。对于人力资源管理而言，也就意味着每个员工的需求是不同的，那么相应地，每个员工的培训和激励等方式也是不一样的，需要更加多元化和人性化的人力资源管理。

外部环境对于企业战略以及人力资源管理策略有着明显的影响。我国一些企业在国内经营发展很好，但在"走出去"的过程中，却会遇到各种各样的问题，一些企业很难将国内的人力资源优势转移出去，这其中除了文化的差异性，还与企业面临的环境发生了变化有很大的关系。因此，这就需要企业一方面要用全球化的视角来管理人力资源，对文化和价值观采取包容的态度；另一方面，也需要认真分析企业所面临的可能更为复杂的竞争环境，进而相机抉择。

（六）本土化的人力资源管理理论尚未成熟

转型期的中国经济社会等各方面都实现了快速的发展，人力资源的素质也得到了显著的提高，国家在人力资源上面的投入比重也是日益增加，企业也实现了从传统劳动人事管理向现代人力资源管理的转变。但和其他学科理论一样，人力资源管理的理论和方法更多的是来自西方国家和跨国公司。这些理论尽管能够分析一些中国企业面临的现实问题和热点问题，但是，随着中国经济的持续快速发展和经济体制改革的不断深入，中国企业所面临的新情况、新问题，并不是之前的一些理论和方法可以解释、解决的。如果说转型期的前期，一些西方的人力资源管理理论和方法还能够对我国企业带来一些积极的作用，那么转型期的后期，则需要我国企业和理论界根据我国企业面临的国内外环境，形成本土化的人力资源管理理论和方法。

首先，我国人力资源管理理论的建构需要在全局上把握中国转型期的特征，需要把握经济新常态的内涵，需要运用全球化的视角和互联网的思维，深入研究和探讨经济转型对我国企业人力资源管理带来的影响。外部环境的分析是关键，一定要深刻把握我国企业所处的国内外环境是什么，在今后可以预测的时间内这些环境将会发生什么变化，这些变化对企业战略、组织架构、技术和人员要求有哪些明显的影响。此外，要抓住转型期经济的特点，对中国企业人力资源管理的若干关键问题尤其是新常态下的问题进行深入具体的研究，探索适合中国当下的人力资源管理理论和方法。

其次，我国人力资源管理理论的构建需要强调文化的重要性。经济转型期给中国社会带来的显著变化莫过于文化的变化，而文化的变化又对企业人力资源管理带来了深刻的影响。无论是霍夫斯塔德的文化环境四维度模型，还是克拉克洪与斯乔贝克提出的六维度模型，都是基于西方文化得出的文化模型，尽管这些模型在一定程度上也适合中国的一些情况，但更多地从西方学者的眼中来看中国，不全面也不科学。在人力资源管理理论中，企业文化的作用是非常重要的，也是很难把握的，因为更多的是体现一种软实力。因此，我国应尽快构建与中国文化相适应的人力资源管理理论和方法。

再次，自主创新日益成为企业得以生存和发展的重要目标和手段。增强企业的技术创新能力，更关键的是要重视科技人员的创新能力；提高企业的管理创新能力，更关键的是要创造企业创新环境。如何对创新型人才进行管理，如何激发企业员工的创造性，是摆在我国企业人力资源管理者面前的任务。从中国制造到中国创造再到中国智造，国家战略目标的改变，也需要我国企业人力资源管理理论进行相应的创新，以便更好地实现企业和国家战略目标。

最后，在互联网创新时代，需要运用互联网思维对人力资源管理的理论进行重新架构。互联网打破了原有企业与企业之间，企业与员工之间的固有关系模式，减小了距离差距，消除了时间空间概念，使得合作伙伴关系的建立和维护成为人力资源管理需要考虑的一个重点。因此，基于互联网背景，围绕转型期企业自主创新的目标，探索适合我国企业特点的员工组织模式和知识管理模式，是进一步丰富我国本土化的人力资源管理理论和方法的重要课题。

（七）劳动关系冲突日益成为重要的社会冲突

劳动关系指的是劳动者与其所在单位之间在劳动过程中发生的关系。一般来说，包括工作时间、休息时间、劳动报酬、劳动安全卫生、劳动纪律奖惩、社会保险、职业培训、劳动合同订立与解除等。随着经济转型，我国企业尤其是国有企业的所有权结构发生了明显的变化，企业的管理实践也日益丰富，劳动关系变革也不断深化并成为现代经济社会中基本的关系，劳动关系冲突也日益成为主要的社会冲突之一。在劳动关系的冲突中，更多的是劳动报酬、社会保险以及解除、终止劳动合同三大类。2011年，我国劳资关系冲突的原因中，劳动报酬仍然占据了很大的比例，其次是社会保险和解除终止劳动合同。劳动关系冲突数量的增加，在一定程度上反映了法律法规正在不断健全，劳动者的维权意识正在加强，但是，从另外一个角度也说明劳动关系的改善迫在眉睫。劳动关系的改善不仅有利于解决经济社会问题，同时，还有助于提高企业员工的满意度，提高企业的知名度和美誉度。

（八）人力资源管理的规范化仍然有待完善

随着经济体制改革的不断深入，我国已经初步建立了劳动力市场，国家和政府层面逐步确定了一些用人管理方面的刚性标准，试图将所有企业和个人置于平等的起跑线，使之成为用人单位必须共同遵守的普通准则。通过法制化和制度化，逐步明确了企业管理尤其是人力资源管理的行为、规范、规则。但是，法制化也不是万能的，人力资源管理更需要对外部环境做出相应的抉择。如在经济稳定时期，为了更好地激励员工，可能会采取终身雇佣制等方式留住员工，但当外部环境发生变化，以及社会的文化理念都发生变化时，终身雇佣制可能会抑制企业在复杂的环境下进行创新，从而导致优秀人才的流失以及庸才的留住，这对于企业和国家而言都是不利的。所以，综观企业发展史，没有一成不变的人力资源管理方式，也没有绝对成功的人力资源管理模式。当环境发生重要变化时，当企业战略目标发生变化，之前规范化的人力资源管理也需要进行相应的变革或者调整。

对于企业而言，国家出台的相关法律法规或许会短期增加其成本，但不要一味地规避法律，而应该立足现实，从长远考虑，主动适应法律环境的变化，积极转变人力资源管理的相关观念，充分考虑包括员工在内的利益相关方的诉求，实现企业与员工、企业与社会的共同发展。

在此背景下，现代企业人力资源管理应当做好以下工作：

第一，企业须从战略性人力资源管理的角度，重新设计并安排管理实践，并对人力资源管理的长效机制进行再思考。恰当有效的人力资源管理措施可以充分发挥企业现有的人力资源存量，使得其在现有组织结构下充分发挥自身创造性，更好地服务于企业组织战略目标。此外，要更加以人为本，将员工职业规划设计纳入组织发展中，为此承担更多的责任，使得员工的个人目标与企业战略目标保持一致。

第二，在员工招聘选拔时，要通过科学合理的岗位分析和职能设计，制定出明确的用人标准，并通过遴选方法的科学选择，匹配适合企业文化的员工。

第三，企业要更加重视对员工的培训，尤其是当企业面临的外部环境和内部环境发生变化的时候，或者企业需要进行主动变革的时候。企业要建立系统化的培训模型，在实现人力资源质量提升的同时，优化人力资源结构，提升员工对企业文化的认同感，最大可能地通过培训提高企业的组织效益。

第四，企业要重视绩效管理与绩效考核的区别。在绩效考核方面，要更加重视能力导向和业绩导向。通过采用合适的绩效考核方式，实现员工与企业组织之间的有效、良性的沟通和反馈，在提高员工能力和绩效的同时，实现企业的组织目标，最终实现双赢。

第五，企业要考虑优化薪酬激励机制，以达到在劳动力成本持续上升的前提下，做到能上能下，留下优秀的员工，降低经营成本和不必要的开支浪费。要在做好前期充分调研基础上，考虑企业实行员工持股、合伙制等的可行性。

转型期的中国企业一方面会不可避免地遇到各种各样的新情况、新问题，这也是中国经济新常态的一种体现，在某种程度上会给企业带来短期的成本上升；但是另一方面，也给企业进一步发展提供了良好的发展机遇，也为形成本土化人力资源管理理论和方法提供了优秀的案例。

第三章　国内外人力资源管理前沿理论

随着全球化和市场竞争的加剧，企业单纯依靠市场结构、战略定位和产权改革就能赢得竞争优势的时代已经不复存在。在当今强调战略执行和管理制胜的时代，人力资源管理成为企业关注的一个焦点。这种关注客观上使得学术界对人力资源管理的探讨逐渐系统化。近些年，研究者从不同角度考察了人力资源管理，形成了一些人力资源管理理论。

考察国外的理论，旨在为我所有，对转型期的人力资源管理变革提供借鉴。比如，针对西方关于承诺型和控制型的两元划分，苏中兴（2007）指出，在中国企业情境下，还存在着承诺控制混合型人力资源管理实践。这种系统既包含西方高绩效工作系统中的成分，又包含一些适应中国情境的独特点。与西方高绩效工作系统强调员工的技能、情感承诺和参与机会相比，中国背景下的高绩效人力资源管理系统增加了对员工的竞争与流动、纪律与制度等方面管理实践的强调，这与我国经济社会发展阶段以及企业的管理实际是相一致的。

本章首先梳理人力资源管理的相关理论基础，如资源基础理论、一般系统观、行为观、代理与交易成本观、能力—动机—机会模型，以及中国本土的和谐管理理论等。在此基础上，本章将尽可能系统详细地梳理目前国内外人力资源管理领域的前沿理论，包括高绩效工作系统理论、高承诺工作系统理论、创新导向的人力资源管理理论、人力资源管理强度理论、家庭友好型人力资源管理理论等。围绕每种理论，将从提出背景、概念内容和作用效果三个方面进行阐述。

一　人力资源管理的理论基础

人力资源管理的理论基础围绕着"为什么人力资源管理对组织来说

是有作用的"这个问题，主要有资源基础观、一般系统观、行为观、代理与交易成本观、能力—动机—机会（AMO）模型以及中国本土的和谐管理理论等视角。

（一）资源基础观

资源基础观是最早用来解释人力资源管理对组织绩效发生作用的理论（Barney，1991，2002）。该理论强调，企业内部资源和能力是构成企业竞争优势的主要来源。随后，国内外学者对企业持续竞争优势的来源进行了研究，确定了人力资源的重要地位，并分析了人力资源管理在打造企业竞争优势方面具有的价值性、稀缺性、不可模仿性和不可替代性四种属性。

1. 价值性

理论和实证研究都证实了人力资源管理对企业的价值性。理论上，人力资源管理活动通过有效管理，改变人的态度、技能和行为，从而促进组织绩效的提升。例如，组织能通过构建与员工良好的合作关系，公正地对待组织成员，从而增加他们对组织的投入程度，带来高水平的组织效率和创新。实证研究方面，已有研究表明，人力资源管理活动、人力资源系统对组织绩效有显著的正向效应。可以看出，人力资源管理显然具有价值性。

2. 稀缺性

已有研究从显性稀缺和隐性稀缺两个方面证实了人力资源的稀缺性。显性稀缺是一定时期内，劳动力市场上具有某一特性的人才数量的绝对不足，这种状态会导致组织间为获取稀缺人才而相互竞争；隐性稀缺，是指由于人力资源某种特性往往呈现非均质分布的状态，其稀缺性难以用市场化标准来判断，很大程度上依赖于组织后天的培训和开发，由此导致的不同组织之间人力资源存在相对差异，并造成人力资源的稀缺性。上述两个方面的稀缺都可以通过有效的人力资源管理活动和不可模仿的人力资源管理系统来解决。归根结底，适应市场、组织、人才的人力资源管理模式，才是组织具有持续竞争优势的稀缺资源。

3. 不可模仿性

人力资源管理的不可模仿性包括两个方面：一是由于市场的不完善性，竞争者很少能深入了解组织在人力资源管理方面的战略和具体活动，从而不可模仿；二是由于组织独特的发展路径、文化氛围、社会复杂现象和发展战略，从而不可模仿。

4. 不可替代性

人力资源管理的不可替代性可以从两个方面来说明：一是组织特有的人力资源不可替代，人力资源在组织中的地位无论在组织的哪种发展阶段都至关重要，且不可替代；二是组织的人力资源管理是无法被替代的，有效的人力资源管理模式是组织内部与外部的匹配和相互作用的产物，每个组织都有自己独特的无法被替代的人力资源管理模式。

（二）一般系统观

一般系统观将人力资源管理视为组织下的一个子系统，用系统的观点来揭示人力资源管理的作用。Wright 和 Snell（1991）从系统性的观点对组织竞争管理模式进行考察，将人力资源的能力和技能都视为"投入"，员工态度和行为视为"中间转换"，而员工的工作绩效则被视为"输出"。一般系统观认为，人力资源管理作为大组织下的子系统，可以通过获取、运用、留任和转换合适人才的功能，提升组织效能和绩效。也就是说，子系统通过控制投入、中间转换和输出的过程，解释了人力资源管理系统发挥作用的过程。

（三）行为观

行为观是解释人力资源管理作用的另一主要理论（Miles & Snow，1984；Schuler & Jackson，1987）。该理论认为，员工的态度和行为是组织战略和绩效之间的主要传导机制，人力资源管理活动的主要功能就是诱导或控制员工的态度和行为。在不同的组织经营发展战略下，对个体的态度和行为有不同需求，此时，人力资源管理实践则采用不同的策略，进行有针对性的调整和改变。换句话说，因为组织战略必须通过人力资源实践发展出不同的行为技能，进而推动组织发展，实现战略目标，所以，人力资源管理实践活动必须随着战略的不同而改变。可以看出，人力资源管理实践主要通过传递角色信息，支持期望达到的行为，审核角色表现，进而实现组织的最终目标。

（四）代理与交易成本观

代理与交易成本观是基于经济学的视角来研究组织中人力资源管理过程的理论。该理论主要探索什么环境因素可以促使组织通过内部交换来降低交易成本。Jones 和 Wright（1992）认为，代理成本可能会发生在人力资源投入、人员行为及绩效产出的各个环节。由于机会主义，求职者往往会夸大自己的才能，造成企业在甄选时花费较多的成本；由于监督与评估员工不易，为确保员工的绩效，成本也会增加。因此，为最大限度减少成本，组织会选择合适的人力资源管理措施，以便在监督、评估与执行的过程中控制组织内部交易以降低成本，如建立高度一致的内部劳动力市场、岗位胜任力模型等。另外，人力资源管理活动还可以通过评价员工绩效的方法来促使员工的行为向着组织战略和目标方向发展，从而降低代理成本。因此，人力资源管理可以有效降低交易和代理成本，促进企业的效益。

（五）能力—动机—机会（AMO）模型

还有一种解释人力资源管理作用的视角是 AMO 模型。研究者指出，只有当员工具备较高的工作技能，能够获得适当的激励并努力工作，且有机会参与工作决策以充分发挥其高技能，才能获取员工个人和组织的高绩效水平（Appelbaum，2000；Bailey，1993）。因此，高绩效的人力资源管理系统应该包括三个核心维度，即能力（Ability）、动机（Motivation）和机会（Opportunity），并将之称为 AMO 结构。如严格的招聘选拔、广泛的员工培训等实践能够提高员工的技能；绩效薪酬、利润分享、内部劳动力市场等实践能够实现对员工的激励；宽幅的工作设计、问题解决团队、员工建议系统等实践则增加了员工参与决策的机会。最近，Jiang 等（2012）将人力资源管理按照属性划分为技能—提升类实践、动机—提升类实践和机会—提升类实践三种，并采用元分析技术，对 116 项研究所涉及的 30000 多家企业进行了系统分析。他们发现，这三类人力资源管理实践会通过影响企业员工的人力资本和动机而最终影响组织的运营和财务绩效，有力地证实了 AMO 模型的有效性。

（六）和谐管理理论

和谐管理理论是基于中国本土组织情境，吸收中国传统文化中"和谐"理念提出的管理理论（席酉民等，2003）。该理论强调了管理的人性化、伦理化、柔性化和生态化特征。具体来说，人性化是指要尊重人的价值实现。把员工看成是企业组织的主体和重要组成部分，充分尊重员工的人格、价值和贡献，为员工提供从事创造性的工作、发展和提升自己的机会和条件。伦理化是指强调道德调节，认为组织要从道德层面去规范和激发人的潜能，来实现管理诸要素之间的和谐发展。通过伦理的调适，使人本身在管理中发现人的尊严、实现自身的价值，获得在工作过程中的意义和快乐。柔性化是指遵照共同的价值观和文化精神，采用非强制性、说服教育的方式，把组织的意志转化为个人的自觉行动，该理论更注重情感上的沟通和交流，主张营造具有亲和力的组织环境，从而增加组织的凝聚力。生态化理论指出，管理必须注重人和自然的协调发展，认为人力资源系统是受自然、社会和自身思维等诸多因素影响和控制的生态系统。企业的生存和发展与生态环境密不可分，与生态环境和谐共处、共同发展是企业实现可持续发展的必由之路。

和谐管理理论指出，应将和谐管理的思想与方法应用到企业人力资源管理实践活动中去，建设和谐的企业文化，同时，还应该建立和谐激励机制，实现短效激励与长效激励的和谐；实施和谐绩效管理，实现标准化与柔性化的和谐；设计和谐薪酬体系，实现经济利益与人文精神的和谐；构建和谐劳动关系，实现法制化与人性化的和谐（席酉民等，2009）。

二　高绩效工作系统理论

（一）提出背景

高绩效工作系统理论，也被称为高绩效人力资源管理理论。早期研究者着眼于人力资源管理的各个模块进行探索。例如：实践者发现，通过有效的招聘甄选，组织能够获取高质量的人才，这在很大程度上为企业目标的达成提供有利基础；将绩效与薪酬相挂钩的关联体系，有助于提高员工的工作积极性，这也有利于组织发展等。后来，借助统计分析技术，研究者发现，一些人力资源管理实践活动与组织的生产率和利润率之间存在着统计上的正相关，暗示这些人力资源管理实践对组织绩效有促进作用。这些人力资源管理实践包括严格的招聘甄选、对员工进行培训开发、基于绩效的薪酬体系等，这些实践被称为最佳实践（Delaney 等，1989；Huselid，1995；Osterman，1994；Pfeffer，1994）。例如：Pfeffer（1994）提出了16项最佳实践，1998年合并为7项。然而，这些研究并未将各项人力资源实践作为一个系统和整体来对待。

随着研究的逐步深入，学者们认为，各项最佳实践之间存在较强的交互作用和协同效果，学者们开始采用系统的观点，把重点放在人力资源管理系统上，而不是单项人力资源管理实践的作用，提出了一些最佳实践组成的高绩效人力资源工作系统（Arthur，1994；Batt，2002；Guthrie，

2001；Huselid，1995；Koch & McGrath，1996；Lawler 等，1992；MacDuffie，1995）。由此，开启了高绩效工作系统的研究，并形成了高绩效工作系统理论。

（二）高绩效工作系统理论的核心观点

1. 高绩效工作系统概念

目前，对于什么是高绩效工作系统，学术界未有一致看法。Huselid 等（1995）认为，高绩效工作系统是通过提升员工能力、参与和动机而最终促进员工和组织发展的一系列彼此关联但又不同的人力资源管理实践活动，包括招聘甄选、培训开发、绩效和薪酬管理、员工关系等。进一步地，他们将其简化为组织内高度一致的、确保人力资源服务于组织战略目标的一系列政策和活动。这个定义得到了较广泛的认可。目前，对高绩效工作系统的学术研究主要是从人力资源管理角度展开的。

2. 高绩效工作系统的内容

已有研究在高绩效工作系统的结构上并没有统一看法，不同学者有着不同的界定。以下分别从西方和中国两个方面进行梳理。

（1）西方学者的观点。1994 年，斯坦福大学教授 Jeffery Pfeffer 在其所著的《通过人来获取竞争优势》一书中，最早对高绩效工作系统的内容结构进行了阐述。在文献分析后，他提出了 16 项实践活动（如表 3－1 所示），包括就业保障、重视招聘、有竞争力的薪酬、奖励津贴、共享信息、员工参与、员工持股、团队工作、技能开发、一员多能、上下平等、减少薪差、内部提升、长期规划、及时评价和系统哲学，认为它们能够提高组织的竞争优势。1998 年，他又将这些实践活动合并为七项，分别是就业保障；严格挑选员工；以自我管理的团队和决策的分权化作为组织设计的基本原则；基于企业绩效的变动薪酬；广泛的培训；减少等级差别；信息共享。

表 3－1　Pfeffer（1994）提出提高组织核心竞争优势的 16 项人力资源管理实践

实践活动	描述及其作用
就业保障	组织对员工提出长期任用的信息，使员工产生安全感、忠诚度，这会促使员工自发性地为组织的利益付出额外的努力

续表

实践活动	描述及其作用
重视招聘	以正确的方式挑选合适的员工，使组织获得能够满足其竞争需要的、产生高绩效的员工
有竞争力的薪酬	高薪有助于吸纳和留住优秀人才，视工资为投资而不仅仅是成本。提高工资所带来的生产率足以支付增加的工资成本。降低劳动力成本并不一定会提高组织的竞争力
奖励津贴	鼓励员工将自己视为组织的一分子，让员工分享组织经营绩效提高带来的好处，将会促使员工更加努力地工作
共享信息	收入分享、利润分享必然要求信息共享。员工获取与其工作相关的必要信息是成功完成任务的前提。作为信息的拥有者，员工有更多的权力，也更盼望被当成所有者来看待
员工参与	信息共享的结果必然导致员工参与。每个员工都必须同时是一个管理者。员工对组织事务的参与不仅能提高员工的满意度，也能提高生产率
员工持股	减少劳资冲突，将员工利益与股东利益结合在一起，有利于组织的长远发展，也能激励员工提高劳动生产率
团队工作	既让员工保持一定的自主性，又有某种程度上的监督功能，同时，监督和合作的期望有助于提高团队的生产率
技能开发	知识与技能的折旧速度越来越快。员工既要得到革新和改进产品与生产过程的授权，也应具有完成这些工作任务所必需的技能。加强员工的技能开发是保证组织持续发展的客观要求
一员多能	工作丰富化和工作扩大化客观上有助于一员多能。一员多能既具有激励功能，同时它还能淡化部门之间的界限，有助于跨部门、跨团队和跨职能的合作，从而提高组织的整体效率
上下平等	下放决策权，实现自我管理，增加非正式场合的交流机会，有助于组织的跨层次沟通，提高组织的运作效率
减少薪差	降低横向工资差别有助于跨部门的人员流动，降低纵向的工资差别有助于培养员工对组织的认同感和共同的荣誉感
内部提升	组织通过内部提升获得高管人员，可能保证组织战略、文化与管理风格的稳定和联系，确保处于经理位置的人真正懂得业务和技术，懂得他们正在管理的业务流程。内部提升也能让员工看到职业生涯的发展空间
长期规划	各项人力资源管理活动从规划到实施再到出现成效，都存在或长或短的时间滞后性。组织必须明白通过人力资源获取竞争优势需要具有长远规划

续表

实践活动	描述及其作用
及时评价	评价系统是组织战略目标实现的传递系统。它为战略目标的执行情况提供反馈，从而使组织随着竞争环境的变化及时调整策略
系统思维	为把各项人力资源管理活动有机联系起来并有效执行，管理者需要对组织管理的各要素、各环节进行系统思考和重新定位。建立起关于成功的基础和怎样管理人的价值观和信念系统。将组织的核心价值观与人力资源理念进行整合

随后，一些学者也从不同角度对高绩效工作系统的内容结构进行了讨论，学术界其他一些有代表性的观点如表3-2所示。可以看出，在高绩效工作系统到底包含哪些人力资源管理实践这一问题上，学术界的观点并不一致。

表3-2　　国内外其他学者提出的高绩效工作系统的内容

研究者	高绩效工作系统包含的人力资源管理实践
Lawler 等（1992）	广泛培训、分权管理、严格挑选员工、基于绩效的薪酬、宽幅的工作设计
Huselid（1995）	工作分析、参与管理小组、严格选拔、内部晋升、广泛培训、定期考核、绩效薪酬、利润分享、抱怨申诉机制、员工态度调查、员工参与管理委员会、信息分享
Delery 和 Doty（1996）	内部晋升、正式的培训体系、绩效考核、利润分享、就业安全与保障、员工参与、工作分析
Ichniowski 等（1997）	利润分享、招聘选拔、工作团队、就业保障、灵活的工作任务、技能培训、沟通和劳动关系
张一弛等（2004）	基础管理、员工参与、程序公平、管理重点、人际沟通、资历作用、人才来源、录用标准
苏中兴（2007）	严格招聘、广泛培训、工作报酬、信息分享、参与管理、规范考核、内部劳动力市场、竞争与纪律

（2）国内学者的观点。近年来，国内一些研究者认为，高绩效工作系统在不同经济社会背景下具有独特性，并对适应中国组织情境的高绩效工作系统及其包含的内容结构进行了考察。

张一弛等（2004）以国外学者提出的30项高绩效人力资源管理实践

为基础，根据这些实践在中国企业中实际应用的程度对它们进行了归类。结果发现，西方高绩效工作系统包含的内容并不完全适合中国情境。对中国组织来说，高绩效工作系统的核心内容是人力资源基础管理、员工参与、程序公平和人力资源管理重点四方面内容。进一步地，他们将中国企业的高绩效工作系统分为三个层次：第一层是对经营绩效影响差异不明显的基础工作；第二层包括员工参与、程序公平、管理重点和人际沟通四个因子，在功能上这一层解决了员工激励问题；第三层包括人才来源、录用标准和资历作用三个因子，在功能上解决了员工能力问题。其中，后两层的人力资源管理工作质量和水平及其稳定性与连贯性，对企业的财务经营结果和长期发展产生重要影响。

苏中兴（2007）基于一系列深度访谈和二手资料分析，发现在中国背景下，高绩效人力资源管理系统的内容包括严格招聘、规范考核、竞争与纪律、工作报酬、广泛培训、信息分享、员工参与管理和内部劳动力市场八个方面。从内容上看，这八个方面既包含了西方普遍强调的一些"高绩效工作实践"，也包含了一些植根于中国本土的高绩效人力资源管理实践。有证据表明，对中国企业而言，规范考核、严格招聘、竞争与纪律等方面的"基础实践"对企业绩效的影响最为显著，而信息分享、广泛培训、参与管理、内部劳动力市场等方面的"高级实践"对企业绩效的影响程度反而要弱一些。在原因方面，研究认为，大部分中国企业在基础管理方面做得并不扎实，这一点和西方那些从泰勒的科学管理时代走过来的企业差距较大。对西方企业而言，由于基础管理做得比较扎实，如果要进一步通过人力资源管理提高企业绩效，重点在于挖掘员工的潜能和促进员工主动参与。但对大部分中国企业而言，员工的日常工作行为还需要靠严格的纪律和制度去规范。因此，抓好企业的基础管理，对中国企业绩效的贡献可能更为显著。

（三）高绩效工作系统的作用

1. 对组织的作用

高绩效工作系统概念出现后，研究者就开始检验这种系统对组织是否真的有用。从近20年来的研究结果来看，不管是用运营、财务、市场还是创新指标来衡量绩效，高绩效工作系统确实有助于组织绩效的实现，如表3-3所示。

表3-3　　　　　　国外高绩效工作系统与组织绩效的关系研究

研究者	切入点	自变量	结果变量	结论
Huselid（1995）	探索 HR 实践能否形成竞争优势	HR 实践	离职率、毛资本收益率、市净率	正向影响，特别是 HR 实践与企业战略一致时
Koch 和 Mcgrath（1996）	探索 HR 实践能否形成竞争优势	HR 规划、招聘、配置	劳动生产率	正向影响，特别在资本密集型企业
Wright 和 McMahan（1992）	匹配视角入手进行团队层面研究	团队成员技能和教练经验的匹配	团队绩效	技能和绩效的关系依赖于团队战略的选择
Lepak 和 Snell（2002）	检验人力资本的作用	HR 特点以及 HR 配置	不同雇佣模式 HR 系统	不同 HR 模型的 HR 价值和唯一性不同（HR 和系统同时发生作用）
Youndt 和 Snell（2001）	HR 实践对人力资本、社会资本、组织资本的作用	HR 实践	人力资本、社会资本、组织资本	HR 实践通过不同的机制作用于各因变量
Chuang 和 Liao（2010）	服务行业中高绩效工作系统的作用	高绩效工作系统	店铺服务绩效	高绩效工作系统对服务绩效有正向影响

　　Combs 等（2006）对 92 项有关高绩效工作系统和组织绩效的研究（共 19000 多个组织）进行了系统分析，发现两点主要结论：第一，在各项人力资源管理实践中，人力资源规划、薪酬水平、激励薪酬、培训开发、内部晋升、就业保障、招聘甄选、员工参与、申诉体系和弹性工作时间与组织绩效都有显著关联性，即这些人力资源管理活动能提升组织绩效。信息分享、绩效评估和团队工作这三项实践活动与组织绩效无显著相关性。第二，高绩效工作系统与组织绩效有显著正相关关系，即高绩效工作系统能显著提高组织的财务绩效和运营绩效，且高绩效工作系统对组织绩效的影响远大于单独的人力资源管理。也就是说，高绩效系统确实具有协调效应。

　　近年来，国内对高绩效工作系统与组织绩效的关系研究也逐步增多，已涵盖了制造、服务、金融、IT 等主要行业，涉及国有、民营、外资等不同的所有制类型。绩效指标的选择也包括了财务绩效、市场绩效、经营绩效等各个方面。结果普遍发现，在中国组织情境下，高绩效工作系统能提高组织绩效（乔坤、周悦诚，2008；张徽燕等，2012）。本书将国内实证研究进行了梳理，如表 3-4 所示。

表 3-4　　　　国内各行业高绩效工作系统与组织绩效的关系研究

行业	研究者	绩效指标	研究结论
制造行业	范秀成、比约克曼（2003）	财务绩效（预期利润、利润率、总体绩效）	高绩效 HRM 实践与 FP 之间存在积极关系
	徐国华、杨东涛（2005）	财务绩效（利润率）、经营绩效（销售增长额）	内部型 HRM 实践并非总是有效作用于 FP
	程德俊等（2006）	产品绩效（新产品市场份额、数量）、员工绩效（组织承诺、组织信任、离职率）、市场绩效（市场回报率、生产成本）	内部型 HRM 具有最高的产品绩效和市场绩效，联盟型、市场型和模糊型 HRM 无明显差异
	蒋春燕、赵曙明（2005）	经营绩效（销售额/营业额、纯利润）、员工绩效（留住员工、招到新员工、员工士气）	HRM 与市场对组织绩效（市场相关、员工相关绩效）均未有显著影响
	张弘、赵曙明（2006）	经营绩效（基于 3 年的财务数据得出年均净资产收益率和年均资产利润率）、相对绩效（HR 主观报告财务绩效、市场绩效的均值）	HRM 实践的运用与 FP 之间存在着某种积极的关联
	杨东涛、曹国年（2006）	HRM 绩效：员工满意、感情承诺；财务绩效：顾客满意、投资收益	HRM 实践对各种绩效影响的程度、方向不同，导致了 HRM 绩效和财务绩效的不一致
医药行业	李书玲等（2006）	经营绩效的平均值（销售增长率、市场占有率、整体业绩、资产增长的平均值）	高绩效 HRM 系统对企业绩效有显著的解释力，进而解释了企业竞争地位
	张一弛、李书玲（2008）	运营绩效（利润水平、销售利润率、资产利润率、资产增长率）、市场绩效（总销售额、销售增长率、市场占有率、整体业绩、竞争地位）	高绩效 HRM 对 FP 具有显著影响

续表

行业	研究者	绩效指标	研究结论
电信运营行业	刘善仕、巫郁华（2008）	运营绩效（员工满意度、员工工作积极性）、财务绩效（市场占有率、新业务开发率）	内部发展型 HRM 对运营绩效有影响，但对财务绩效没有影响
金融行业	赵延晟、赵有靠（2010）	HRM 绩效（员工满意度）、市场绩效（产品和服务质量、顾客满意度）	高绩效人力资源管理实践对企业绩效具有显著的正向影响
高新技术企业	刘善仕等（2008）	员工绩效（员工满意度）、运营绩效（产品质量、收益、市场占有率）、创新绩效（研发能力、新产品的增加）	承诺型 HRM 系统对创新绩效和运营绩效都有显著影响，且对创新绩效的影响更显著
	贺小刚（2007）	盈利性（投资回报率、净利润增长率）、成长性（市场占有率、营业额增长）	HRM 的约束机制对企业绩效有直接作用

2. 对员工的作用

除了提升组织核心竞争力和组织绩效，高绩效工作系统对员工也有积极影响。事实表明，在实施高绩效工作系统的组织中，员工会有相对积极的态度、行为和绩效表现，具体表现为对工作有较高的满意度和较低的离职意愿（张瑞娟、孙健敏，2011；李丽林、鲍晓鸣，2012）；对组织表现出更多的承诺、认同、忠诚和信任（Wu & Chaturvedi，2008；王震、孙健敏，2011）；工作绩效更高（苗仁涛等，2013）；表现出更多的有利于组织和同事的组织公民行为（Messersmith 等，2011）；创造力和创新程度更高（Binyamin 等，2010；Jiang 等，2012）。

3. 不同文化情境下高绩效工作系统的作用

随着研究的进一步深入，国内外学者也对高绩效工作系统进行了跨文化的研究。Rable 等（2011）对来自美国、中国、加拿大、日本、英国、西班牙、韩国、新西兰、印度和中国香港等 20 个国家和地区 54 篇考察高绩效工作系统和组织绩效关系的研究文献进行了元分析，其中，样本包括了 15220 个组织，高绩效工作系统主要包括薪酬、员工关系、绩效管理、晋升、招聘甄选以及培训与职业发展六个方面。元分析结果表明，各种文化背景下高绩效工作系统与组织绩效之间的关系都是正向的。研究结论指出，在不同国家和地区，这一变量可以对高绩效工作系统与组织绩效正向关系之间发挥中等程度到较大程度的调节效应。研究进一步剖析具体国家和地区某种特点对高绩效工作系统和组织绩效关系之间的调节效应情况，如以国家文化和制度灵活性为例，但这一假设并未得到数据的支持。可惜的是，研究并未进一步说明国家文化分别包括哪些维度，各分维度的支持情况，对假设没得到支持的原因也未进一步说明。

我国学者乔坤、周悦诚（2012）进一步将文化划分为东方文化（包括亚洲各国和部分北非国家）和西方文化（欧洲各国、美国、加拿大、墨西哥、俄罗斯以及澳大利亚和新西兰），以101篇文献为样本进行了元分析。结果表明，文化在一定程度上影响了人力资源管理实践与组织绩效的关系。其中，组织导向实践与管理绩效的关系受文化影响的差异最大。另外，招聘、薪酬、内部晋升和抱怨机制四项人力资源管理实践受文化因素影响较大。可以看出，文化对高绩效工作系统与组织绩效的关系具有调节效应。

三　高承诺人力资源管理理论

（一）提出背景

20世纪80—90年代，在研究者关注高绩效工作系统的同时，Walton（1985）从人性假设的角度，将人力资源管理系统分为两类：一是以控制成本为目的，称之为控制型人力资源管理系统；二是以提高员工对组织的承诺为主，称之为承诺型人力资源管理系统。Walton的研究证明，职业安全、员工参与、绩效（团队和员工行为）评估、信息分享等承诺型人力资源管理系统，能提高员工对组织的承诺，进而提高组织绩效。

随后，Arthur（1994）根据对1988—1989年美国30家小型钢铁企业的调查，用聚类分析法将企业人力资源管理系统分两种类型：①承诺型人力资源管理系统。该系统是通过强化员工与组织之间的情感联系，达到员工自主行为与企业目标高度一致的目的。组织为了提高员工的命运共同体意识，并建立与组织之间的长期雇佣关系，常采用严格的招聘程序、广泛的内部职业发展通道和培训项目、权变的激励性薪酬机制、较高的职业安全和自我管理团队等人力资源管理实践。②控制型人力资源管理系统。该系统是通过要求员工严格遵守组织的管理制度和规则，依据可以测量的产出来奖励员工，以达到降低成本或者提高效率的目的。组织为了提高效率与减少直接劳动成本，常通过严格的工作规章与基于产出的报酬等方式监控和管理员工行为，主要靠外部劳动力市场来满足组织发展的需要，较少甚至不对现有员工队伍进行培训。Arthur 认为，承诺型人力资源管理侧重于强化员工和组织间的情感承诺，能带来更高的企业绩效和更低的人员流失率。

作为一种卓有成效的管理模式，高承诺工作系统在给个体和企业带来积极的产出的同时，也吸引了诸多研究者的目光。目前，有数量众多的研究以承诺型人力资源管理系统为切入点，探索人力资源系统与组织绩效之间的关系。可以说，承诺型人力资源管理实践是人力资源管理研究领域的一个重要理论。

（二）高承诺人力资源管理理论的核心观点

1. 高承诺人力资源管理的概念

虽然有关高承诺人力资源管理的研究汗牛充栋，但目前不同研究者对其概念的理解尚存差异。在文献中对高承诺工作系统所使用的术语并不一致，有的学者使用"高承诺人力资源管理系统"、"承诺型人力资源管理系统"等。目前，最认可的定义是 Walton（1985）的观点，即高承诺工作系统就是指由一系列人力资源管理实践组成的一个系统，该系统的目标是激发员工对组织的承诺。总体来看，围绕高承诺人力资源管理的概念，有以下几种观点：一是个体行为导向观。此种观点认为，高承诺工作系统是通过为员工提供一种强有力的内在驱动机制，使其自觉地监视自己的行为。因此，高承诺工作系统的重点是员工行为塑造，应当注重培养员工对组织的信任感和承诺度，使他们在工作中通过自我约束而不是外部压力来规范行为。二是组织目标导向观。该观点认为，高承诺工作系统能够在员工和组织之间搭建一个"心理桥梁"，组织通过提高管理的有效性和对组织资源的整合，使员工认同组织的目标并且努力完成个人与组织的任务目标。因此，它是一种将员工动机和行为导向组织目标并与组织目标相配合的有效方法。三是组织战略导向观。此观点将高承诺工作系统看成是组织实施全面质量管理的一个重要有机组成部分，认为高组织承诺的员工能更认同组织的目标，并主张高承诺工作系统应与组织的战略相契合。

2. 高承诺人力资源管理的内容

在概念不统一的情况下，学者们对高承诺工作系统研究的内容结构也有不同的看法。国内研究者李燕萍、龙玎（2014）对高承诺人力资源管理的内容做了梳理（如表3-5所示）。

表3-5 　　　　　　　高承诺人力资源管理的内容结构

研究者	具体内容与结构
Snell 和 Dean（1992）	严格选拔、培训、发展性评估体系、公平且有竞争性的报酬
Arthur（1994）	分权化、员工参与度、培训、社会化过程、明确的程序、薪酬体系
Whitener（2001）	绩效评估、严格的选拔、内部报酬公平、外部报酬有竞争性、培训
Guest（2003）	严格招聘与选拔、培训与发展、绩效评价、财务灵活性、工作设计、双向沟通、基于内部劳动力市场的员工保护、员工参与、内部公平
Bou 和 Beltran（2005）	招聘、培训、绩效评估、晋升、工作描述、报酬体系、沟通
Collins 和 Smith（2006）	内部劳动力市场、严格的选拔招聘程序、基于团队的激励、培训、长期发展的绩效评估、团队建设
Xiao 和 Bjokman（2006）	内部晋升、严格的选拔、广泛的培训、工作保障、任务扩大化、评估体系、高报酬、公平、员工参与、信息共享、合作、长远目标
邢周凌（2009）	仔细谨慎的招聘、广泛的培训和激励性薪酬、绩效评估、职业安全、员工参与、内部晋升

总体来看，随着时代的变迁，高承诺工作系统的内容和结构不断得到完善。早期，有关高承诺人力资源管理的结构界定较为单一，且其"高承诺"特征并未得到应有的强调。近年来的研究则开始凸显这一特征，从内容和结构维度上将高承诺人力资源管理与一般性人力资源管理模式进行了区分，如更加强调员工的参与、关注长期的发展及合作等。从表3-5中可以看出，承诺型人力资源管理系统的组织非常重视员工发展，常采用严格的招聘程序、广泛的培训、激励性薪酬机制、较高的职业安全和自我管理团队（员工参与）等人力资源管理实践。

刘善仕等（2005）在总结前人研究的基础上，对承诺型和控制型两种人力资源管理系统进行了区分。具体如下：①招聘。承诺型人力资源管理系统往往采用严格的招聘程序，关注应聘者的内在特质和发展潜能；控制型人力资源管理系统则较为关注应聘者的技术胜任能力，强调工作技能。然而，技能可以通过培训来获得和提高，而个人的内在特质和潜能则难以通过培训来获取。只有进行严格选拔，找到真正能够与组织特征相匹配的人选，才能够为长期的雇佣关系和组织对员工的投资打下良好的基础。②培训。承诺型人力资源管理系统重视对员工进行应用范围广泛的培训；控制型人力资源管理系统对员工的培训往往只针对某项工作的需要，应用范围狭窄，有的甚至不提供培训。③绩效评估。承诺型人力资源管理系统着眼于员工的发展，采用行为与结果导向相结合的方式对员工进行评估；控制型人力资源管理系统把绩效评估当作是对员工进行控制的手段，强调结果导向。④薪酬。承诺型人力资源管理系统采用权变的、以绩效为基础的薪酬体系，致力于内部公平的实现；控制型人力资源管理系统往往采用固定的、以工作或年资为基础的薪酬体系，着眼于外部公平。⑤晋升。承诺型人力资源管理系统为员工提供广泛、灵活的内部职业发展通道，采用内部晋升来激励和发展员工；控制型人力资源管理系统主要通过外部劳动力市场来满足组织发展的需要。⑥工作保障。承诺型人力资源管理系统为员工提供广泛的工作保障；控制型人力资源管理系统中员工的工作保障很低。⑦工作组织。承诺型人力资源管理系统重视员工参与，采用宽广的工作定义和自我管理团队；控制型人力资源管理系统的员工参与度较低，往往采用狭窄的工作定义和详细的工作规程来约束员工。

针对西方关于承诺型和控制型的两元划分，苏中兴（2007）指出，在中国企业情境下，还存在着承诺控制混合型人力资源管理实践。这种系统既包含了西方高绩效工作系统中的成分，又包含一些适应中国情境的独特点。与西方高绩效工作系统强调员工的技能、情感承诺和参与机会相比，中国背景下的高绩效人力资源管理系统增加了对员工的竞争与流动、纪律与制度等方面管理实践，这与我国经济社会发展阶段以及企业的管理实际是相一致的。

（三）高承诺人力资源管理的作用

高承诺人力资源管理是将员工的行为和态度导向积极的组织目标，因此，其产出机制影响到企业的员工和组织两个层面。

1. 对组织的作用

以往研究普遍发现，与控制型人力资源管理方式相比，高承诺人力资源管理能够显著提高组织的工作效率、企业的财务指标、企业的绩效。如，Collins（2006）研究表明，高承诺人力资源管理的模式还能营造一种相互信任与合作的企业文化，增加企业的实际绩效，提高综合竞争力。国内方面，Wei 等（2010）的一项研究发现，在实施高承诺人力资源管理的企业里，员工通过认同企业的目标并做出互惠的行动，能够带来正向的产出。主要表现在：企业的绩效提高方面，如高效率、高创新度、低产品报废率；顾客满意度的提高方面，如较少的投诉率；以及财务指标改善方面，如投资回报率的提高、低成本和利润的增加等。刘善仕等（2010）发现，当承诺型人力资源管理系统与组织文化相匹配时，将对组织绩效有显著提升作用。

2. 对员工的作用

从员工角度来看，Gould－Williams 和 Mohamed（2010）发现，企业实施的高承诺人力资源管理模式可以改善员工的工作动机，降低员工工作压力；Farndale 和 Hope－Hailey（2011）的研究则显示，高承诺工作系统对员工公平感、信任感的提升有重要作用；Allen 等（2003）则发现，高承诺工作系统能够提升组织支持感，提高员工的工作满意度。国内方面，邢周凌（2009）以 600 名大学教职员工为研究对象，发现承诺型人力资源管理系统能显著提升教职员工的满意度和教学科研绩效。宋培林、林亚清（2010）以闽南沿海地区的企业员工为调查对象，探讨了被感知承诺型人力资源管理和员工个人绩效的关系。结果发现，承诺型人力资源管理的各个构面与员工的任务绩效和关系绩效部分显著正相关，组织信任在两者之间起部分中介作用。阎海峰、陈灵燕（2010）通过对 124 家知识密集型企业的实证研究发现，承诺型人力资源管理实践与知识分享之间存在显著的正相关关系，认为组织可以通过发展承诺型人力资源管理实践，增加对组织和员工之间关系的长期投资，促进员工分享知识。最近，Zhou 等（2012）的研究证明，员工能够自觉地将这一系列心理机制转化成实际的行为产出，包括更低的离职率、更多的工作投入和创新、良好的人际关系并与他人合作、员工间的知识分享等。

四　创新导向的人力资源管理理论

（一）提出背景

20 世纪 90 年代，企业面临越来越激烈的竞争和复杂的外界环境，创新成为企业生存和发展的关键。人力资源作为知识载体，不仅成为企业竞争优势的重要来源，也是实现组织创新的重要主体（Amabile 等，1996）。早期的人力资源管理的研究者关注组织创新，更多的是把创新作为组织战略形态之一引入，寻求与之匹配的人力资源管理实践（Mile & Snow，1984）。后来，一些学者开始以案例研究的方式探索高创新组织与低创新组织所采用的人力资源管理实践的差异。如，Gupta 和 Singhal（1993）通过对摩托罗拉、3M 公司、翰威特公司的案例研究发现，在人力资源规划、绩效评价、薪酬系统、职业生涯四大板块，高创新的公司都采用了旨在促进创新的人力资源实践，以支持组织创新战略的实现。Christiansen（2000）通过对跨行业的 20 家公司的纵向研究发现，高创新的公司和低创新的公司在战略决策、人力资源管理的系统、员工激励方式、沟通方式、组织文化等方面存在很大的差异。De Leede 和 Looise（2005）通过理论分析构建了人力资源管理与组织创新的综合框架模型，并针对飞利浦下属公司的案例，分析了在组织创新的不同发展阶段，需要不同人力资源管理实践。Bondarouk 和 Looise（2005）以三个 IT 项目为研究对象，发现人力资源管理实践对 IT 创新的贡献主要表现在以下几个方面：组织和工作设计、招募政策（基于 IT 的竞争性和复杂性所制定）、职业发展计划、沟通参与形式、绩效和支付形式。在这些研究背景下，创新导向人力资源管理理论应运而生。

（二）创新导向人力资源管理实践的核心观点

1. 创新导向人力资源管理实践的概念

目前，已有研究多关注什么样的人力资源管理系统可以促进组织的创新绩效，对于创新导向的人力资源管理实践系统是什么，具体包括哪些内容的研究相对匮乏。Becker 和 Huselid（2006）明确提出，未来人力资源管理系统的研究应该更多地关注聚焦特定情境下的针对性的人力资源管理实践。在此呼吁下，国内研究者张瑞娟（2011）对创新导向的人力资源管理实践进行了明确界定。她认为，创新导向的人力资源管理实践系统是指与组织的目标保持一致，有助于激发员工创造力和创新行为，营造组织创新氛围，实现组织创新的人力资源管理实践活动组成的系统。

2. 创新导向的人力资源管理实践的内容

MacDuffie（1995）基于 AMO 模型提出了创新型人力资源实践，并进一步提出，创新型人力资源实践应该包括以下内容，才有可能对企业绩效做出贡献：①员工拥有管理人员所缺乏的知识和技术；②企业激励员工做出自主性工作努力，充分利用员工的知识和技能；③企业的业务或生产战略的成功需要员工的这种自主性工作努力。MacDuffie 认为，具备知识和技能的员工如果没有得到激励，就不可能利用自己的知识和技能做出工作努力。而如果缺乏知识和技能，即使得到激励，员工也不可能为企业绩效做出太大贡献，创新更无从谈起。

张瑞娟（2011）通过访谈获得了创新导向人力资源管理实践的结构和测量工具。具体而言，她认为，创新导向的人力资源管理实践系统包括四个维度：奖励晋升、能力开发、沟通参与及职责清晰。具体而言，奖励晋升维度包括对取得创新成果的员工的奖励，内在激励主要是通过给员工设置具有挑战性的明确的绩效目标，来激发员工创新的内在动力，对创新绩效的考核，以工作的业绩作为员工晋升的依据，对核心员工实施股票期权/利润分享等激励；能力开发维度包括对员工进行工作相关知识和技能的培训，员工的职业生涯规划，培训开发能够提高员工拥有的专业知识、技能和能力，因此，能确保他们形成创造性的思想和创造性的想法（Anderson 等，2004）；沟通参与维度是指赋予员工任务完成过程中较大的工作空间和自主决定权；职责清晰维度包括工作的自主性、工作技能的多样性及宽泛的工作职责等内容。

（三）创新导向的人力资源管理实践的作用

已有关于创新导向人力资源管理实践作用效果的研究主要集中在与组织创新绩效的关系上。如，Jimenez – Jimenez 和 Sanz – Valle（2005）以西班牙穆尔西亚地区的 180 名 CEO 为研究对象，验证了由招聘（偏好外部雇佣或内部雇佣）、雇佣合同（长期或短期）、培训、绩效评价、内部晋升机会、员工参与、薪酬等组成的人力资源系统与组织创新之间的关系。结果表明，采取创新战略的公司，应该采用内部的雇佣政策、内部晋升机会。Shipton 等（2006）以美国 22 个制造公司为样本，进行纵向研究，验证人力资源管理实践与产品创新和技术创新的关系。研究结果表明，促进组织学习的人力资源管理实践，以及促进知识、技能和态度的人力资源管理实践，都能积极地影响组织创新。

国内学者也开始了对创新导向人力资源管理实践系统的探索和检验。张瑞娟（2011）在其研究中以 110 家企业样本为被试，考察了创新导向人力资源管理系统对组织创新氛围的正向影响，进一步地，她认为，这种效应会提高组织创新的能力和绩效水平。

五 人力资源管理强度理论

（一）提出背景

如前文所述，人力资源管理实践对组织绩效的影响历来是理论界和实践界关注的焦点，学者围绕如何通过有效的人力资源管理来提高企业绩效这一主题进行了深入探索；企业希望通过实施有效的人力资源管理措施来提高员工的工作积极性，最终提升组织的竞争力。而很多企业虽然建立了完善的人力资源管理体系，却因员工不了解具体措施或实施不到位而未能真正提高竞争力。因此，除了拥有完善的人力资源管理措施，各项措施的实施也是非常重要的。若企业能够清晰地、一致地、有效地传达给员工人力资源管理的信息，并让他们理解和接受这些信息，那么，员工就能在工作中最大限度地发挥自己的潜能，企业的人力资源才能得到充分利用，同时，企业的绩效也才能得以提高。在这一背景下，Bowen 和 Ostroff （2004）提出了人力资源管理强度理论，并成为战略人力资源管理研究的新课题（De Leede 等，2012；宋典等，2013）。

（二）人力资源管理强度理论的核心观点

Bowen 和 Ostroff（2004）提出的人力资源管理强度概念，强调全体员工在人力资源管理过程中的作用，指出企业可以通过人力资源管理者、直线经理及各种措施，创造一种员工充分参与、充分信任的环境，使人力资源管理的各项实践措施能够在这种环境中有效运行，从而改善员工的工作态度和行为，提高企业的绩效表现。根据社会认知理论，企业环境（如人力资源管理措施）对个体行为和信念的影响往往是通过影响个体的认知（如员工对人力资源管理信息的感知和理解）而实现的。由于个体思维和理解的差异，每位员工对人力资源管理措施的理解和感知是不同的（Guzzo & Noonan，1994），因此，即便组织人力资源管理措施的各项内容非常完善和理想，也无法保证员工能对人力资源管理信息产生一致的理解和共同的认可。员工对人力资源管理措施的一致理解和共同认可，是提高整个人力资源管理活动质量的关键所在。因此，人力资源管理信息的传递越精确有效，员工认同感越强，人力资源管理强度就越高。高强度的人力资源管理更能帮助员工理解并认可组织的人力资源管理措施，帮助员工达成个人目标和组织战略目标的一致。员工只有真正认同组织的发展目标，才能更好地服务于组织，从而提高组织绩效。

要提高人力资源管理的实践效果，组织不仅要优化人力资源管理措施内容本身，还要让员工有效理解这些措施并产生认同感，以便这些措施能够得到高效的贯彻执行。如果不能有效地向员工传递人力资源管理信息并使他们对组织目标产生一致的信念，即使人力资源管理的各项措施十分完善，也难以改善员工的工作态度和行为。因此，人力资源管理强度高低取决于员工对人力资源管理信息是否有一致的、清晰的理解，对组织所期待和奖励的行为是否有"共同的解释"。为了让员工能够正确理解哪些行为是该做的，哪些是不该做的，人力资源管理部门有必要向员工传递精确的、一致的人力资源管理信息。情境是否容易被员工感知，亦即情境的强度，取决于独特性（结果的影响显而易见）、一致性（在时间和形态上保持结果的一致性）和共识性（个体关于事件及其影响的共识）。因此，Bowen 和 Ostroff（2004）指出，人力资源管理强度应该包含独特性、一致性和共识性三个维度。

1. 独特性

独特性是指人力资源管理措施具有能够获得员工关注并激发他们工作兴趣的突出特征。独特性强调人力资源管理在特定组织情境下发挥作用的能力，包括可视性、可理解性、职权正当性和相关性四个方面（唐贵瑶等，2013）。

（1）可视性。人力资源管理的具体措施只有容易被员工观察到，才能发挥应有的价值和作用。人力资源管理措施易被观察的程度即称为可视性。可视性高低不仅会影响员工对人力资源管理信息的留意程度，而且会影响他们对这些信息的理解和组织。不到位的人力资源管理措施，如培训措施不具体、绩效标准不透明、薪酬内容不公开等，都不利于创造高强度的人力资源管理；相反，如果人力资源管理系统包含大范围、容易被观察到的人力资源管理活动，如甄选、培训、多样性计划、员工援助计划等，人力资源管理的强度就会得到提高，从而正向影响员工的工作态度和行为。因此，扩大人力资源管理实践活动的数量和范围，并使这些活动与其他刺激因素相关，能够显著提高人力资源管理的独特性，从而使人力资源管理信息能够得到有效传递。

（2）可理解性。在人力资源管理措施的实施过程中，很容易出现员工误解某些规定或者措施的情况。为了保证各种人力资源管理措施的有效实施，组织必须确保人力资源管理信息都是清晰的，而且容易被员工理解。例如，在人力资源管理实践过程中，员工必须能够理解人力资源管理措施是如何运作的，否则诸如福利计划、利润分配计划和继任计划之类的人力资源管理措施，就很容易使员工产生多种误解，不利于员工共同价值观念的形成。因此，具体的人力资源管理信息能否为员工所理解，在很大程度上影响着人力资源管理信息在员工之间的有效传递以及员工共识的形成。

（3）职权正当性。职权的影响涉及重要的感知过程。当员工将上司对其行为的要求看作正当职权的行使时，就愿意服从组织或上司的要求。例如，如果人力资源管理实践活动能够得到组织高层管理者的支持或者人力资源管理经理在高层任职，员工对人力资源管理活动的服从和认可就会增强。人力资源管理的职权正当性在很大程度上依赖于高层管理者的支持，涉及高层管理者对人力资源重要性的认识、对人的投资和人力资源管理专家在战略规划过程中的参与度。职权正当性较高的人力资源管理更容易得到员工的普遍认同，并使员工形成共同的信念。

（4）相关性。为了保证人力资源管理活动得到员工的认可和支持，组织应尽可能使人力资源管理实施目标和情境与员工的个人目标相一致，若员工认为组织的人力资源管理目标与个人的重要目标相关，他们就会产生清晰的、理想的、符合目标的态度和行为。因此，人力资源管理目标不仅要与组织目标相关，也要与员工个人目标相关，这样才能激发员工的工作动机和积极性，从而保证组织目标的实现。

2. 一致性

一致性是指人力资源管理的各项措施及其实施过程具有统一性，并且人力资源管理部门能够与员工充分沟通，使员工获得一致的人力资源管理信息，并通过有效的绩效考核和薪酬管理等激励措施来改善他们的工作行为。人力资源管理实践活动可以通过向员工传达某些重要信息，来使他们认识到哪些行为是组织所期望和奖励的，从而使他们的工作行为与组织目标保持一致。一旦员工认同了组织目标，他们就能表现出较高的工作热情和积极性。如果人力资源管理各项措施彼此无法协调一致，那么相关活动就可能导致员工的角色混淆与冲突，从而影响个体与组织的绩效表现（Schuler & Jackson, 1988）。因此，一致性的主要特征体现在充分性、有效性和人力资源管理信息一致性三个方面。

（1）充分性。在人力资源管理实践活动中，应该让员工明白为什么要实施相关措施，以及相应的奖励和惩罚是怎样的。也就是说，人力资源管理作为管理工具的因果关系要非常清楚，要让员工充分信任各项人力资源管理措施。例如，通过合理的薪酬体系强化员工的组织期望行为。只有这样，才能充分调动员工的工作积极性，增强他们的工作动机。

（2）有效性。人力资源管理实践活动所收到的效果应该尽量符合各项措施所设定的目标和要求。当一项被广泛宣称有重大影响的活动没有产生应有的效果时，人力资源管理传达给员工的信息就是负面的，而且日后员工会用他们形成的惯性思维去理解组织的人力资源管理活动。员工只有在精神上和行为上顺从，才会认为组织的人力资源管理沟通具有权威性。

（3）人力资源管理信息一致性。大量研究表明，个体在组织生活中希望获得稳定的信息。人力资源管理部门要保证人力资源管理信息的一致性，并且要保证各项人力资源管理措施之间互不冲突。如果人力资源管理者与员工在沟通上缺乏一致性，就会导致彼此的认知产生分歧。当个体面临两条独立的信息时，这些信息即使彼此相关，也可能出现不一致或者相互抵触的情况。

3. 共识性

共识性是指员工在人力资源管理实践活动中形成对组织人力资源管理的普遍认同感。人力资源管理信息传达者之间是否达成一致、人力资源管理系统是否公平合理，都会影响员工共识的达成。也就是说，人力资源管理的共识性不仅涉及人力资源管理决策者之间的共识，而且涉及员工对人力资源管理措施公平性的共同感知。

（1）人力资源管理决策者共识。从战略人力资源管理的视角来看，组织中的主要决策者（如总经理、人力资源管理经理）制定战略目标，并为实现这些目标设计一系列人力资源管理的具体内容和措施。当员工感知到人力资源管理决策者之间能够达成共识时，他们会更加认同和接受各项人力资源管理措施，从而也更容易形成共同的价值观念。因此，高管团队、人力资源管理部门和其他管理部门应该基于共同的愿景和目标制定人力资源管理政策，以使组织的人力资源管理政策与组织管理方式保持高度一致。

（2）公平性。人力资源管理的公平性包括员工感知到的人力资源管理的分配公平性、程序公平性与互动公平性。研究表明，员工感知到的组织管理公平性会影响员工态度和行为。人力资源管理活动可以通过给予员工决策发言权、让员工参与决策制定方法的选择等，来提高他们感知的公平程度。另外，人力资源管理人员包括经理，可以公开地、分别地向员工解释做出某一决策的原因以及分配结果，例如，在员工薪资增长水平不同的情况下，解释运用了什么分配方法来决定个人的薪资增长水平。这些措施都可以提高员工的人力资源管理公平性感知，从而增强其认同感。

Bowen 和 Ostroff（2004）对人力资源管理强度这一概念进行了迄今为止最为系统的探讨，他们认为，一致性与共识性是两个不同但相互关联的概念。当组织成员在人力资源管理活动中感知到一致性时，共识就更容易达成；反之，当人力资源管理信息的传达不一致时，组织中的共识就会遭到破坏。独特性是一致性的前提，如果员工对人力资源管理信息不够理解，他们就感受不到各项措施之间的一致性，进而也就难以达成共识。也就是说，高强度的人力资源管理活动应该具有较高的独特性、一致性和共识性，其明晰的特征应能引起员工的关注并激发他们的工作兴趣，从而赢得员工对人力资源管理活动的普遍认同和支持。相反，低强度的人力资源管理活动传递给员工的人力资源管理信息是模糊不清的，员工对人力资源管理活动的认识和解读也是不一样的，这不利于人力资源管理具体措施的实施，因为员工很难对组织的人力资源管理活动产生信任感和认同感。只有当员工对组织的人力资源管理活动有较强的认同感时，他们才能最大限度地在工作中发挥主观能动性，从而提高工作效率和效果。

（三）人力资源管理强度的作用

从现有文献来看，学者们对人力资源管理强度的实证研究主要集中在其作用结果方面，涉及相关的中介和调节机制，并主要从员工和组织两个层面展开。

1. 对员工的作用

已有的研究普遍表明，人力资源管理强度对员工工作态度和行为有积极影响。例如，Chen 等（2007）运用跨层次分析方法研究发现，人力资源管理强度在人力资源管理实践和员工情感承诺之间起调节作用。他们认为，人力资源管理强度越高，人力资源管理实践就越能发挥积极作用，因而也就越能正向影响员工的绩效表现。但是，该研究只验证了人力资源管理强度的一致性维度对员工绩效的影响，并未全面说明人力资源管理强度的作用效果。Frenkel 等（2011）通过对中国两家制造企业主管和员工的调研，考察了人力资源管理强度对员工情绪耗竭的影响，以及员工组织公平感知在两者关系中所起的中介作用。他们认为，如果企业内部的人力资源管理措施具有独特性，能够引起员工的注意，并且各项措施之间具有一致性，员工就能感受到组织公平（包括分配公平、程序公平和互动公平），从而不会轻易产生情绪耗竭；而如果企业内部的人力资源管理强度不高，员工就很容易产生不公平感，进而产生不良工作情绪。然而，该研究也只考察了人力资源管理强度的一个维度，即独特性维度，未构成对人力资源管理强度的系统探讨。Pereira 和 Gomes（2012）的实证研究也发现，人力资源管理强度能显著提高组织成员的工作绩效。

与以上两项研究不同，Stantona 等（2010）通过案例研究，对人力资源管理强度的影响作用进行了考察。他们通过对澳大利亚三所医院的高层管理者、中层管理者、直线经理以及人力资源管理人员进行访谈，发现高层管理者在影响人力资源管理强度方面发挥着重要作用。他们发现，只有将一致的人力资源管理信息传达给下属，并给予他们指导、帮助和授权，员工才能感受到领导的支持，才能配合人力资源管理者共同实现企业的发展战略目标。国内方面，李敏等（2011）以我国两家劳动密集型企业的364 名员工为样本，探讨了人力资源管理强度对员工工作态度的影响。结果表明，人力资源管理强度对员工的工作满意度和组织认同感有显著正向影响；主管支持感在人力资源管理强度和员工工作态度之间起部分中介作用。

2. 对组织的作用

目前，关于人力资源管理强度在组织层面的作用结果的研究比较少，已有的研究表明，人力资源管理强度对组织有积极作用。Sels 等（2006）以小企业为研究对象，考察了人力资源管理强度对组织绩效的影响，并发现员工离职意向和生产力在两者关系中起中介作用。张敏（2004）以我国的一家企业为对象，就人力资源管理强度如何影响企业战略调整这一主题进行了案例研究。该研究从组织成员社会化程度、全体成员之间的人际关系和人力资源管理系统三个层面对企业高管和员工进行了访谈。结果表明，该企业人力资源管理强度不高，但具有较强的灵活性和可变性，因此，有利于企业进行战略调整。通过研究，她指出，人力资源管理系统若缺乏适当的强度，就无法对企业战略及其调整形成强大的支持：强度过高，则缺乏柔性和适应能力；强度过低，则无法让员工对企业的人力资源管理措施形成统一的认识。人力资源管理强度的这种双面作用值得进一步思索和验证。

综观现有研究，尽管国内外的相关研究大多采用 Bowen 和 Ostroff（2004）所划分的人力资源管理强度的维度，但在具体应用中以及量表的具体开发和使用上却存在一些混淆。有的只考察了其划分的人力资源管理强度维度中的某一个，有的题项设计较为简单，不能涵盖其阐述的人力资源管理强度的全部内容。因此，目前这些研究只是从实证层面初步证实人力资源管理强度对企业的积极意义：只有完善的人力资源管理措施获得有效实施（高强度），才能对员工产生积极作用，让他们感受到企业人力资源管理实践的效果并发生行为上的改变，如更加愉悦地工作并做出更好的个人表现。

六　家庭友好型人力资源管理理论

（一）提出背景

随着新经济时代的到来，组织对人力资源的依赖程度与日俱增。与此同时，组织对员工工作的时空要求日渐宽松。在这样的社会大背景下，传统家庭角色分工受到挑战，男性和女性都承担起了工作和家庭的角色，都要努力兼顾工作和家庭责任。而老龄化人口的增长，又使得很多人在工作的同时除了考虑对儿童的看护外，还要兼顾对老人等家庭成员的照顾。"朝九晚五"或"八小时工作制"的工作时间安排已被打破，加班成为许多员工的常态，工作和家庭开始相互渗透，员工已难以在工作和家庭生活之间划出明确的物理和心理边界（Mesmer‒Magnus & Viswesvaran，2006）。在渴望实现快乐工作和快乐生活的员工心理诉求背景下，如何帮助员工实现工作—生活平衡已成为企业人力资源管理的一个重要问题。基于人本主义视角，关注员工的工作和生活，帮助员工达到工作和家庭相互促进的积极溢出效应，已经成为人力资源管理提高企业竞争优势的一种重要途径（Kreiner 等，2009）。因此，许多企业实施了一系列诸如弹性工作时间、轮岗制、远程办公、职场托儿中心等旨在支持员工履行家庭责任的人力资源管理政策，以提高员工的积极态度和行为，最终提升组织绩效。

诸如此类的人力资源实践活动被称为"家庭友好型政策"、"家庭友好人力资源实践"、"家庭友好型工作场所实践"、"家庭友好型人力资源实践"、"家庭支持型工作环境"等。实际上，这些概念的内涵都是企业旨在解决员工的工作—生活冲突，对员工家庭生活角色提供一定的支持，以应对当代员工工作和家庭生活领域相互渗透、彼此影响困境的人力资源管理实践活动。这些人力资源管理实践构成了家庭友好型人力资源管理理论。

（二）家庭友好型人力资源管理理论的核心观点

学术界尚缺乏对家庭友好型人力资源实践的统一界定。这一概念仅仅是对企业设计的用以帮助员工管理工作和私人生活需求的一系列人力资源管理政策和项目的笼统描述。虽然概念的界定尚不明确，但当前，学者对此类人力资源实践的内容或者构成要素已经形成一定的共识。综合目前研究来看，家庭友好型人力资源实践主要包括以下内容：

1. 弹性工作制

所谓弹性工作制，是指组织为平衡员工工作与家庭及其他非工作活动而采取的一种扩大员工工作自主性、灵活性以增强员工控制力的激励政策。弹性工作制主要包括弹性日程、压缩工作周、工作分担、远程办公和缩短工时等（韦慧民、潘清泉，2012）。

（1）弹性日程，是指员工一天的工作时间由"核心工作时间"（通常5—6小时）和环绕两头的"弹性工作时间"所组成，前者是每天某几个小时是所有员工必须上班（在岗）的时间，后者则是员工可自由选定的上下班时间。此外，还有一种成果中心制，即组织对员工工作只考核其成果而不规定上班时间，只要在规定期限内保质保量完成任务就支付薪酬。

（2）压缩工作周，是指员工可选择增加每天的工作时间，从而将一周工作压缩到四天左右，其余时间则不必上班，完全自由支配。

（3）工作分担，是指两个以上员工共同承担一项全日制岗位，或分担同一工作时间内的岗位责任，工作任务不予分割，分享者可用各种方式分割工作时间，但需共同对工作负责。

（4）远程办公，是指在部分或全部工作时间内，允许员工自主安排工作地点，这种替代性办公地点一般是在家中，员工可通过电话、传真、电子邮件等方式与单位联系。

（5）缩短工时，是指员工工作少于全职时间，根据工作时间支付薪金。

2. 支持计划与其他措施

支持计划是指组织为了减少工作和家庭冲突以及提高员工生活满意度而采取的旨在帮助员工克服困难、顺利履行家庭职责的各项措施。该计划包括以下三类：

（1）信息提供计划，指由组织收集整理、为员工提供各种有助于满足其家庭生活需要的各类信息，如子女教育、医疗和健身等。

（2）托管福利计划，指组织为减轻员工后顾之忧，协助员工照顾孩子和老人的相关措施。

（3）生活咨询服务，指组织向员工提供广泛的咨询服务，如财务、婚姻家庭、职业生涯等咨询服务。

除了弹性工作制和支持计划外，一些组织还提供了其他种类繁多的家庭友好型人力资源实践。其中包括延长产假或育儿假、额外的就业保险计划、带薪或不带薪的私人假期；健身会所、健身补贴、健身训练课程；价格合理、可供外带回家的营养套餐；压力管理方案；提供安静的房间，供员工工作时短暂放松，以调节员工的精神状态，舒解工作压力，等等。

（三）家庭友好型人力资源管理的作用

家庭友好型人力资源实践是一系列政策与项目的组合，其目的在于促进员工与组织的共同发展。研究发现，弹性工作制有助于降低人们的工作和家庭冲突，对改善员工生活质量具有显著的积极作用。Scandura 和 Lankau（1997）的研究发现，家庭友好型人力资源实践能够增加员工与企业间心理契约的价值。组织准许员工在家工作，无疑给员工发出了积极信号，证明组织对员工的信任且关心其福祉，组织的这种信号反过来又使员工产生了更高的心理承诺。除此之外，家庭友好型人力资源管理还发挥着其他的积极作用。

Baltes 和 Briggs（1999）依据工作特征理论和工作调节理论，发现弹性工作制对员工生产率和绩效有积极影响；弹性日程和压缩工作周对工作类结果变量均有积极预测效应，二者均能降低工作压力和缺勤率，提高工作满意感。其他研究也发现，弹性工作制不仅能使员工更自如地应对工作和生活冲突，而且能够提升员工忠诚度，增强员工的出勤动机，尤其能够减少主观故意的缺勤。此外，上班时间的灵活性还能减少员工在病假上弄虚作假的必要性。

Sharpe 等（2002）发现，弹性工作制效应的发挥，受个体和家庭两类因素的调节：①个体类调节变量包括职位、性别、子女、收入和婚姻状况等。就职位而言，弹性工作制对一般普通员工（如蓝领和行政人员等）的效应显著，但对经理人和专业人士并无明显作用。原因在于，经理人员本身已经拥有了时间安排方面的自由，弹性工作制并不能增加工作环境与其能力的匹配度。就性别而言，女性比男性更可能使用弹性工作制，妻子比丈夫更愿意为家庭而调整其工作安排，她们更可能在日常情况下为了家庭而调整工作，而男性只有在特殊情形下才会这么做。就收入和婚姻状况而言，高收入、高学历的已婚女性更倾向于使用弹性工作日程。②家庭类调节变量包括家庭结构类变量（如家庭规模、子女年龄等）和家庭资源类变量（如家庭收入、受教育水平等）。对于已婚者，家庭规模加大反而减少了弹性工作制的使用，其原因可能在于大家庭的成员分担了一部分家务。此外，孩子的年龄也影响到弹性工作制的使用，该政策使用的主体是学龄前儿童的父母。

此外，远程办公常被认为是一项节省房租及交通成本，能促进工作与生活平衡，提高士气和生产力，对组织及其员工大有裨益的人力资源制度安排。有研究指出，远程办公增加了边界灵活性，可以帮助员工将工作与家庭的需求同步化，节省了员工上下班时间，减少了工作和家庭的冲突。然而，也有不少研究指出了远程办公的消极面。如 Golden 等（2007）的研究发现，远程办公可以缓解"工作干扰生活"，却增加了"生活干扰工作"。远程办公的时间越多，来自传统的办公室工作的各种干扰和压力将越少，他们投入在家庭活动中的时间和精力也就越多，但由此带来的家庭活动对工作的干扰将增加。此外，还有研究指出，远程办公对上下级、同事关系有一定的负面影响。

家庭友好型人力资源管理在国内也得到了初步探讨。张建卫、刘玉新（2011）以 387 名制造业员工为研究对象，考察了家庭友好型人力资源实践对工作家庭冲突和员工退缩行为关系的调节作用。结果表明，家庭友好型人力资源实践能显著减少各类以及总体的退缩行为。他们认为，家庭友好型人力资源实践中的弹性计划部分，有助于增强个体的自主感。他们依据"自我决定理论"对此进行了解释，认为家庭友好型人力资源实践能够提升个体的自主感，有助于满足个体深层的内在动机，对个体的积极态度和情绪具有促进作用。此外，工作特征理论也能够解释家庭友好型人力资源实践所带来的个体心理与行为的积极反应。

第四章　国内外知识型员工管理前沿理论

早在 20 世纪 60 年代，欧美学者就对社会发展趋势做出了预测，指出工业社会将向知识社会过渡，届时，具有创新特质的知识将替代以简单、规模生产为特质的产业机械技术成为新的竞争力资源。到了 20 世纪 80 年代后半期，有关知识社会的研究明显增多。1993 年，德鲁克（Peter Drucker）出版了《后资本主义社会》。他宣称，世界已经进入知识社会，知识已成为社会发展新阶段的竞争基础，知识型员工是这个社会阶段的主导阶级。1996 年，经济合作与发展组织（OECD）在《以知识为基础的经济》的报告中指出，在以知识为基础的经济中，凝聚在人力资本和技术中的知识是经济发展的核心。1999 年，德鲁克在《21 世纪的管理挑战》中指出，21 世纪最宝贵的资产将是知识型员工和知识型员工的生产率，而如何提高知识型员工的生产率将是管理科学的最大挑战。这些研究引起了社会各界对知识重要性、知识型员工管理的关注，奠定了知识型员工管理研究的基础。

本章将力图系统地回顾和梳理这些理论研究，总结出关于知识型员工管理的全面、准确认识。主要讨论五个方面的问题：一是对知识型员工的概念进行梳理，比较分析各种观点的共性与差异性；二是对知识型员工的特征进行理论梳理，分析知识型员工的复杂性与特殊性；三是以企业在知识型员工管理中面临的挑战为切入点，厘清知识型员工管理的基本思路；四是从获取和留住优质人才、重塑工作方式、培养和发展能力、网络学习、促进知识分享、投资员工的物理工作环境六个方面，探讨知识型员工管理的主要措施；五是对知识型员工管理理论中存在的问题进行探讨。

一　知识型员工的定义

自从德鲁克（1999）提出知识型员工的概念以来，有关知识型员工的研究越来越多，但研究者们从不同角度界定这一概念，迄今还没有形成一致的看法。总的来说，存在着以工作手段、工作目的、工作职责以及员工专业性来定义知识型员工的观点。

德鲁克（2005）从工作手段的角度来定义知识型员工。他把知识型员工定义为"掌握和运用符号和概念、利用知识或信息进行工作的人"。他认为，知识型员工是那些依靠智力而不是体力来创造价值的人。他还指出，医生、医疗护理人员，实验室的化验师，超声波、核磁共振等技术人员，牙医及与牙医有关的工作人员，汽车技师，各种修理、装设机械人员，这些人群是数量最多、增长最快的知识型员工。由此可见，德鲁克对知识型员工的界定是很宽泛的，几乎囊括了大多数脑力劳动者和部分体力劳动者。

达文波特（Thomas H. Davenport）不同意单纯从工作手段来界定知识型员工，认为这会造成无法清晰地区分知识型员工与非知识型员工，因此，主张从员工专业性和工作目的两个维度来界定知识型员工。他在《思考生存》中写道，知识型员工具有较高专业能力、教育背景和行业经验，同时，他们工作的主要目的是知识的创造、分享和应用。[①] 因此，一个人即使依靠智力进行工作，但他（她）如果没有受过专业教育、没有专业知识技能，或者工作与知识的创造、分享和应用无关，他（她）就不能算是知识型员工。达文波特指出，管理、商业和财务运营、计算机和数学、建筑和工程、生命、物理和社会科学、法律、医护工作、社区和社会服务、教育、培训和图书馆、艺术、设计、娱乐、运动和传媒这些领域对员工的专业性有很高要求，并且工作以知识的创造、分享和应用为核心，所以，在这些领域工作的人大多数是知识型员工。[②]

阿尔维森（Mats. Alvesson，2004）则对把员工专业性作为区分是不是

---

① ［美］达文波特：《思考生存》，商务印书馆2007年版，第11—12页。
② 同上书，第6页。

知识型员工的标准提出异议。他对管理咨询师、分析师进行了研究，指出这两个职业对任职者的专业教育背景、职业资格实际上并无特别的要求，因此，管理咨询师、分析师的专业教育背景各种各样，有的甚至还没有接受过与职业相关的教育，但这并不妨碍他们依靠智力为公司创造价值，因为他们所依靠的不是通常意义上的知识，而是企业特殊知识、经验甚至辩术。阿尔维森认为，如果要以专业性为由把这些人排除在知识型员工之外是没有道理的。因此，他提出，还是应该把是否依靠智力进行工作作为区分知识型员工的标准。①

马丁（RogerL. Martin）从工作职责来区分知识型员工。② 他指出，知识型员工既不生产产品，也不提供任何具体服务，但他们"制造决策"，即那些关于商品品种、价格、销售地域、目标消费者的决策，以及关于广告策略、物流、人员编制的决策。马丁认为，知识型员工是"决策工厂的一员"，他们的"原材料"是来自企业内外部的数据，"产出"则是以备忘录和报告形式呈现的各种分析、建议，"产品"则是通过会议这个"生产过程"最终形成的决策。按照马丁的定义，一个人是不是知识型员工，取决于他是否做着把数据转化为决策的工作。从这个意义上看，企业中的管理人员、企划人员、销售人员、研发人员，即通常所说的大多数白领员工都属于知识型员工。

三轮卓已（2013）综合德鲁克、达文波特等人的观点，提出从三个维度来界定知识型员工：一是知识型员工利用知识进行工作；二是知识型员工的工作目的与知识的创造和应用有关；三是知识型员工的知识要依赖组织发挥作用。③ 他认为，以下四类人群符合上述三条标准，应被视为知识型员工：①医生、律师、会计师、研究者等传统的专业技术人员，或与此相当的职业人群，如企业的研究开发人员；②软件技术人员、管理咨询师、各类分析师、策划师、影视监制等近年快速增长的新兴专业技术人群；③在企业等组织中从事经营战略、业务企划，以及各职能部门的决策、分析、解决方案的管理人员与白领员工；④在主要进行重复性操作的

---

① ［瑞典］阿尔维森：《理解管理——一种批判性的导论》，中央编译出版社 2004 年版。

② ［加拿大］罗杰·马丁：《重思决策工厂》，《哈佛商业评论》（中文版）2014 年第 1 期，第 46 页。

③ ［日］三轮卓已：《知识型员工的人力资源管理论与课题——先行研究与企业案例分析》，《京都管理评论》2013 年第 20 期，第 75 页。

同时，还从事操作优化、设备和系统维护、维修等知识型工作，并且需要有一定判断力的操作员工。

综上所述，知识型员工一般从工作手段、工作目的、工作职责以及员工专业性等角度来进行界定。这些定义中有共同点，如都认为知识型员工利用智力或知识进行工作，并且知识型员工的工作与知识的创造、分享和应用有关，但在是否要把员工专业性作为衡量知识型员工的标准方面存在异议。尽管这些观点不完全相同，但它们都从不同角度清晰地指出了知识型员工的本质特征，并且，它们跳出了用脑力、体力来区分员工的传统思路，没有把知识创造与应用仅局限于脑力劳动者的范围，而是正确地指出，在知识社会，脑力劳动者与体力劳动者的划分将变得没有实质意义，脑力劳动者、体力劳动者都可能是知识型员工。

二 知识型员工的基本特征

知识型员工是以知识为手段进行知识创造、分享和应用的人。他们在工作、人格、行为上具有一些其他类型员工所没有的复杂性和特殊性。

（一）知识型员工的工作过程不容易被结构化

这是指知识型员工的工作过程是一个复杂的整体，不容易被分解成独立的单元，也不容易用语言、图文描述出来。常规的生产、管理工作一般都可以被分解为若干个单元，企业把每个单元的任务及其步骤界定清楚，让员工照此执行就可以顺利完成作业。但要把知识型员工的工作过程细分为独立的单元并进行描述却不容易。这有三方面的原因。首先，知识型员工的工作由判断、分析活动构成，它们存在于员工的大脑中，是看不到的；其次，思考过程本身伴随着大量的隐性知识，很难用语言、图文做出准确描述；最后，知识型员工通常采取团队合作的工作形式，因此，要对高度合作的过程进行分解，把细节描述出来比较困难。

（二）知识型员工具有自主性

知识型员工的自主性主要表现是他们倾向于自主决策，不喜欢被别人控制。德鲁克（2005）指出，知识工作的效率由员工自主决定。他们自己界定任务，自己管理生产率，并且自主学习和创新。达文波特（2007）也指出，知识型员工倾向于自己决定工作细节，他们知道如何才能做得最好、最有效率，因此，不喜欢别人干预他们的决策。知识型员工的这种自主性和其工作方式有必然关系。因为知识型员工是在思考中进行工作的，这个过程别人看不见，所以，只能由员工本人来决定。另外，知识型员工主观上也有自主决策的动机。达文波特说，"知识型员工依靠其教育、经验和专业技能获得报酬，所以，会自然抵御任何人对其智力领域的侵犯"。

（三）知识型员工具有流动性

德鲁克（2005）指出，知识型员工具有流动性，可以随时离开企业。因为知识型员工拥有生产手段——知识，所以，他们可以不依靠特定的组织，选择自己的职业生涯。这也导致知识型员工倾向于把对专业领域的认同看得比对组织的认同更加重要，以及知识型员工的离职、在组织间的流动要比其他类型员工容易。Swart 和 Kinnie（2004）发现，美国软件产业的员工非常重视企业能否给自己提供学习和应用先进技术的机会，如果哪个企业能满足这个条件，就到哪个企业工作，因此，他们的在职年限一般只有1.5—3年，并且越是有能力的员工，流动的可能性越大。

（四）知识型员工需要依靠组织或团队

虽然知识型员工拥有可使其独立自由的生产手段，但如果不依靠组织，他（她）的知识将难以发挥作用。德鲁克（2005）认为，在当今社会中，知识呈高度专业化的趋势，知识型员工依靠个人是很难创造出能符合社会需求的产品或服务的，他（她）必须依靠组织或团队，因为在这种环境中提供了各种知识相互支撑、补充和融合的机会。知识型员工可以成为组织的雇员或合伙人，他们的知识在组织中通过整合才能具有生产功能，发挥出增幅作用。另外，知识型员工要以团队形式进行工作。随着环境变化频率的增加，为了提高决策速度，组织会越来越分权化和扁平化，工作采取团队形式的情况会越来越多。因此，越是拥有专业知识的人，越需要依靠组织或合作形式进行工作。

（五）知识型员工有强烈的学习动机

知识型员工的谋生工具是知识，而在科学技术快速发展，新知识、新技术层出不穷的知识社会，知识型员工必须紧密跟踪科学技术发展前沿，不断更新知识和增加知识存量，才不至于被时代淘汰，因此，他们有强烈的学习动机。

（六）知识型员工没有分享知识的动机

达文波特（2007）指出，知识是知识型员工的谋生工具，因此，他们不愿轻易出让和分享知识。知识型员工把他们的知识看作高价值的资产，没有稳定雇佣的保证和奖励，他们将拒绝共享知识。[①] 然而，在知识高度专业化的知识社会中，知识型员工又必须以团队合作形式工作，因此，如何既尊重知识型员工个人的能力，又促使他（她）与团队成员分享知识，是知识型员工管理的重要课题。

（七）知识型员工重视承诺

德鲁克（2005）指出，知识型员工非常重视工作，尤其重视工作的质量。达文波特（2007）也指出，知识型员工十分重视工作的意义和内涵。这意味着，如果他（她）在思想上和情感上没有认同工作，将无法获得他们的高绩效。知识型员工还非常看中工作方面的承诺。如是否允许他们表达关于他们从事的工作以及如何工作的想法、是否允许他们独立探索和寻找新课题、是否提供时间让他们做自己喜欢做的事情等。知识型员工需要管理者承认他们更了解情况。

三　知识型员工管理的基本思路

知识型员工的复杂性和特殊性对传统的人力资源管理原则和方法提出了挑战。这种挑战首先体现在人力资源管理的前提假设与基本理念上。传统的人力资源管理认为，管理者的工作和员工的工作是可以分开的，管理者负责管理，它是一个需要更多判断力的、比非管理工作更优越、更有价值的活动。员工负责行动，行动过程和行动绩效都很容易被测量。人力资源管理就是监控员工使之有效的行动。然而，随着知识型员工在企业占据较大比重，就不得不对这些假设的正确性提出疑问。因为知识存在于人的大脑中，知识型员工的工作过程和工作结果不能被简单地观察和监控。另外，知识型员工在工作中也需要思考和判断力，因此，管理者和员工间的划分也不再具有实质意义。用达文波特的话说，就是知识经济时代的管理需要有和传统管理不同的游戏规则，包括以前强调监控员工，现在应强调

---

① ［美］达文波特：《思考生存》，商务印书馆 2007 年版，第 23 页。

员工参与；以前建立金字塔式的组织结构，现在应建立扁平化的组织结构；以前在雇用和解雇中只考虑成本，现在应关注如何获取和留住优质人才；以前注重培养员工的肢体技能，现在应注重培养员工的知识技能；以前的绩效评估以工作绩效为对象，而现在应该把无形资产考虑进去；以前忽视文化的作用，现在应重视文化对知识的积极作用。

上述挑战还体现在人力资源管理中平衡矛盾的环节中。三輪卓已（2013）认为，做好以下两个平衡非常关键：一是知识型员工具有自主性、专业性，他们掌握生产手段，可以不依靠组织，但又需要在组织协作中发挥知识的作用。因此，企业既要尊重知识型员工的自主性、专业性，又要重视把他们融入组织协作体系，把这二者有机地整合起来。二是知识型员工容易在组织间流动，不愿意为组织长期工作，并且他们自主性强，分享知识的动机不高。但知识型员工是企业最重要的资源，企业必须留住知识型员工，并且为了创造新知识，也需要知识型员工通过长期工作来积累知识和分享知识，因此，企业既要尊重知识型员工独立性、保护他们的知识产权，又要设法促进他们为企业长期工作和鼓励他们分享知识。

Swart 和 Kinnie（2004）也认为，企业在知识型员工管理中面临三个方面的挑战：一是留住人才和人才容易流动的挑战。企业希望知识型员工在本企业长期工作，但知识型员工更加重视其职业生涯的发展，他们选择企业的重要标准，是看它能否提高自己的就业能力，即可运用在其他企业的职业技能，所以，只要有符合上述要求的企业出现，他们就可能离职。因此，企业要留住知识型员工，就必须提供成长的机会。二是学习企业专用知识与学习通用知识的挑战。知识型员工为了提高就业能力，希望学习通用知识，但企业从提高自身知识积累和竞争力的目的出发，希望他们积累企业专用知识。这两者之间存在着矛盾。因此，企业在教育培训中应该平衡好企业专用知识和通用知识之间比例关系。三是知识的组织积累与对知识所有者尊重的挑战。知识型员工依靠知识"吃饭"，所以总想独占知识，但企业希望员工把个人知识贡献出来，在组织中分享，提高所有人的知识水平。因此，企业需要在尊重个人知识产权和促进知识分享之间进行探索。

企业应采取什么样的管理方式？选择什么样的核心措施？阿尔维森（2004）认为，这取决于企业所持有的人才观。所谓人才观，是指企业的人力资源战略所依据的前提，它反映了企业对人力资源及其管理的基本认识。阿尔维森比较了两种常见的人力资源管理方式：一种方式是追求人力资本优势；另一种方式是追求人力资源过程优势。追求人力资本优势的管理方式，较为重视人力资源存量的作用，把高素质人才视为重要的竞争优势。持这种人才观的企业特别重视招聘有能力的人才，并注重留住他们。为了吸引高素质人才，企业不惜提供高报酬、有吸引力的岗位和丰富的职业成长机会。这些措施一方面考虑了高素质人才自律性强、自尊心强、热爱工作的特点；另一方面也考虑了他们就业能力强、倾向于自主选择岗位的特点，具有强调精英作用、留住人才的鲜明特征。

与此相对应，追求人力资源过程优势的管理方式，则重视人力资源管理过程的作用，认为人力资源管理过程才是难以复制的竞争优势。持这种人才观的企业重视团队、人际关系的构建和组织文化的形成，注重完善详细的系统、流程，而且重视促进协作的组织文化、共识。具体措施包括工作机制的设计、确立有助于个人学习的培训方法、构建社会化关系、团队建设等。这种管理方式的特点是，把焦点放在知识型员工所从事的组织活动上，并不单纯强调精英员工的作用，而是强调团队的作用，因此，精英员工不是管理重点，而团队建设是管理重点。

四　知识型员工管理的主要方式

根据上述分析，可以认为知识型员工管理的基本思路就是在雇佣、工作设计、报酬、能力开发、沟通等方面做好知识型员工个人利益与企业利益的平衡工作。在此基础上，可以把知识型员工管理的主要措施归纳为以下六个方面：

（一）获取和留住优质人才

达文波特（2005）指出，知识型员工管理的最重要任务是招聘和留住最优秀的知识型员工。他认为，优秀的知识型员工应该具备强烈的知识好奇心、良好的沟通能力和与人友好相处的性格。一个人如果对知识有强烈的好奇心，就能够很积极主动地吸收新知识，从而快速地获得生产力。如果又能很好地进行沟通，与人为善，就会快速融入团队，为提高团队生产率做出贡献。因此，企业应该在招聘中注重发现具有以上特征的候选人。如观察候选人尝试收集目标公司知识的努力程度。如果一个候选人没有表现出对职位很高的激情，他（她）在面试前没有收集很多目标公司的信息，这个人在被雇用后就很可能不会积极地吸收新知识。又如，设计一些写作、听力和演讲能力的测试来考察候选人的沟通能力。设计压力测试来考察候选人的与人相处能力。另外，他还指出，企业不应该等到有职位空缺才去招聘，应该像思科公司那样，建立一个潜在知识型员工数据库，当一些人申请某个职位而当前没有空缺时，留住和跟踪这些潜在雇员的信息，以备后用。

如何留住优秀人才同样非常重要。很多研究指出，知识型员工的工作动机有别于一般员工，激励措施也应该有别于一般员工。Thomas 等（1998）指出，激励知识型员工的前四项因素分别是个体成长、工作自主、业务成就和金钱财富；达文波特的一份以 300 人为对象的调查研究表明，知识型员工认为他们决定是否留任的意愿中，学习新技能的要求远远比金钱或者其他任何因素重要，另外，他们也很看重他们的主管以及公司进展信息的反馈。中国大陆一些的研究更值得关注。张望军、彭剑锋（2001）的实证研究表明，激励知识型员工的前五位因素是工资报酬与奖励、个人的成长与发展、有挑战性的工作、公司的前途、有保障和稳定的工作；文魁、吴冬梅（2001）的研究发现，知识型员工的激励因素依次是个体成长、业务成就、金钱财富、工作自主和人际关系；王文周等（2013）对 500 名微型高新技术企业技术人员进行调查发现，激励技术人员的因素前五位是薪酬福利、个人发展、安全保障、追求公平和个人自主。这些研究表明，金钱因素不是决定知识型员工留任企业的唯一因素，相反，知识型员工比较看重个人成长、工作自主、业务成就。因此，对知识型员工应重点从自我发展、工作自主、工作成就这几个方面采取激励措施。

然而，在现实中很多企业并不重视对知识型员工的激励，经常随便解雇，结果伤害了员工的自尊心，增加了员工的流动性。狄马克、利斯特（2012）分析了员工的离职成本[①]，据他们计算，解雇一位新人的成本相当于一个半月至两个月的薪水，再加上公司为他（她）起步所付出的代价，一位离职者的总成本是四个半月至五个月的员工薪水。但这只是看得

---

① ［美］汤姆·狄马克、提摩西·利斯特：《脑力密集产业的人才管理之道》，台北：经济新潮社 2012 年版，第 150—151 页。

见的成本，还有看不见的成本，就是在高离职率的公司里，员工倾向于采取一种破坏性的短期行为，因为他们知道自己待不长久。而倘若员工只会待一年或两年，留住优秀人才的唯一办法就是加速升迁，结果造成头重脚轻的岗位层级分布。他们认为，这是企业不健康的表现。狄马克、利斯特指出，过客心理、可有可无的感觉、没有忠诚意识是造成员工离职的直接原因，但这又和企业不重视人力资本投资有很大关系。他们分析了离职率较低的企业实践，提出了两条建议：一是要在企业营造友好、愉快、协同的社区氛围，提高员工满意度和形成共同目标；二是要舍得对员工成长进行投资，如提供攻读硕士的机会或时间更长的训练，另外，当员工需要新技能时，公司要能够提供这些技能训练。

Thomas W. Lee 和 Steven D. Maurer（1997）指出，知识型员工自发性离职的原因是多方面的，如因为能力不匹配、价值观受到侵害、外部条件优越或者价值与目标改变而离职。企业应该根据不同原因制定不同的留人措施。如针对因为外部条件优越而离职，应重点在报酬、教育培训与能力开发以及职业生涯计划等方面采取措施，使报酬体现市场竞争性、提供学习或学位深造的机会、确定技术领域或管理领域的晋升路径，这些都是行之有效的措施。

（二）重塑知识型员工的工作方式

在传统的组织结构中，员工的工作任务是按照职位来安排和分配的，如品牌助理的工作任务按照职位描述就是协助上司进行品牌维护。只要职位不变，员工的工作任务也就不变。应该说，当业务比较稳定时，这个任务结构是能够保证工作效率的，但如果业务经常变动，这个任务结构就会造成员工忙闲不均，企业却不能根据业务繁忙程度来调配人力。这个问题在知识型员工管理中比较突出。

罗杰·马丁（2014）指出[①]，知识型员工是进行决策的人，他们的业务具有较大波动性，因此，不能按照传统方式来管理。对知识型员工，应该把项目而非职位作为管理的基本单元。这意味着，不能把职责规定得过于固定、过于狭窄，不能把员工拴在固定岗位上，而要让员工根据自身能力和特长参与不同项目。通过灵活利用现有员工的能力，企业就可以实现

---

① ［加拿大］罗杰·马丁：《重思决策工厂》，《哈佛商业评论》（中文版）2014 年第 1 期，第 47—51 页。

精简，大大减少"产能闲置"和因人设事的情况。他认为，宝洁公司采取项目导向的任务结构后提高了工作效率。1998 年，宝洁公司进行运营改制，成立了全球业务服务部（GBS），负责信息技术和员工服务的共享。2003 年，又启动了最大外包计划，把 3300 个岗位外包给 IBM、惠普等公司，将承担重复性、非项目导向职责的员工派往其他公司，而对留在 GBS 的业务人员则采取项目导向方式，大部分员工灵活地流向了时间紧、回报高的项目，并在不同项目团队中完成不同的任务。宝洁公司通过推行项目导向的管理方式，降低了人力成本，提高了知识型员工的利用效率。

Pyöriä（2007）指出，工作按照个人在正式组织中的身份、地位来安排，这是传统官僚型组织的典型特征。这种组织结构的问题，在于既不能够对多样化的顾客需求保持高度灵敏的反应，也不能够形成不同领域专业人才的持久合作关系。对知识型员工应该以项目团队形式管理。在项目团队中，工作分配不再依据个人在阶层组织中的地位，而是根据顾客需求的实际而定。一旦形成团队后，这个团队将担负起自我管理的责任。项目团队的组织结构有利于汇聚合适人才进入不同的项目团队，也有助于控制个人的工作负荷，因为同一个人可以平行地参加数个项目团队。但他也指出，项目团队的效率取决于团队运营、成员间的交流及相互关系。

随着互联网技术的发展，知识型员工采取分散作业方式的情况越来越多。分散作业是指在不同地理位置分别作业。分散作业具有这样的特点，即分散作业团队有共同目的，但在不同的地点和时间开展着相互关联的业务，在交流中较多使用信息技术而非面对面方式。Rashmi H. Assudani（2009）认为，分散作业的结构化和管理方式，应该根据知识集约型企业的竞争战略和利益目标而确定。如企业的业务有编码化和属人化两种类型。地理距离对这两种类型业务的影响，取决于企业的竞争战略和利益目标是追求效率还是追求有效性。当目标是追求效率时，对于分散开展的编码化业务，地理距离的影响就小。这时，分散开展的编码化业务的效率水平，会和集中实施时一样。但如果是属人化业务，目标同是追求效率的话，就要通过信息冗余、结构型管理等手法来缓冲业务复杂性，以保证效率。然而，这种做法有可能损害作业程序的有效性，阻碍创造性成果的产生。因此，在分散作业的模式下，地理距离不可能带来效率、有效性目标均达到"双赢"的局面。

（三）培养和发展知识型员工的能力

知识型员工的工作绩效与知识型员工的个体能力有关。要提高知识型员工的工作绩效，就必须提高知识型员工的个体能力。然而，什么样的能力能够提高工作绩效呢？心理学家认为，能力是知识、技能、自我意识、性格和动机的总称。其中，知识与技能是提升绩效的基础，而自我意识、性格和动机则是驱动员工把这种基础转变成绩效的中介因素。于是，很多研究都把知识型员工的能力视为由两部分组成：一部分与知识技术相关；另一部分与员工的自我意识、性格、动机、态度等要素有关。

贾建锋等（2009）把知识型员工的能力分为知识与技术能力、行为能力。其中，知识与技术能力是指知识型员工所掌握的与组织、行业、职业相关的知识与技术；行为能力是指驱动知识型员工取得优良绩效的特征、动机、自我意识、社会角色、态度和价值观。他们以 72 家高新技术企业的调查数据为基础，专门探讨了知识型员工的行为能力的因素结构。研究表明，知识型员工的行为能力包括行动与目标簇、基本行为簇、影响力簇和管理簇四大因素，这四大因素又总共包括 18 项能力要素。其中，行动与目标簇包括沟通能力、自我发展、人际理解力、责任心、确定工作重点、自信、建立关系七个要素；基本行为簇包括学习能力、创新能力、关注客户、团队合作四个要素；影响力簇包括演讲能力、资源管理、压力管理、影响能力四个要素；管理簇包括发展他人、战略性思维、领导能力三个要素。他们指出，知识与技术能力固然重要，但如果不具备行为能力，知识型员工也不可能提高工作绩效。这就意味着，企业应该对知识型员工的行为能力进行分类和界定，建立知识型员工的行为能力信息库，并根据该库促进知识型员工有目的地学习和开发能力。

知识型员工的能力和工作活动有关系。叶风云、汪传雷（2013）指出，知识型员工的工作主要是解释信息、转换信息、判断信息、整合信息和连接信息，因此，知识型员工必须具备解释信息的能力以及把信息与组织目标联系起来的能力。他们称这些能力为战略行为能力和信息行为能力。他们认为，组织内部不同层次知识型员工的战略行为能力要求不同。企业在构建战略体系时，一方面，应结合不同战略层次能力需求选择具备合适能力的员工，建立科学的组织结构；另一方面，应结合不同战略层次能力需求来源，建立知识库和信息获取机制，合理配置资源，便于知识型员工提升战略行为能力与信息行为能力。

达文波特（2005）指出，知识型员工每天要在通信、收发邮件、建立文件、收集信息上耗费大量时间，尽管看似很忙，也耗费了不少时间，但收到的效果并不高，因为真正懂得有效处理关键信息和知识的人不多。当前，企业的问题不是处理信息的硬件不够，而是没有把这些设备、技术有效地连接起来，另一个问题是没有对员工进行培训。他认为，思科、英特尔等领先企业非常重视培养员工的信息与知识管理能力。思科公司对员工开展了一项名为"改变我们的工作方式"的活动，包括推荐一系列技术工具、对该技术工具实施培训以及提供一系列有利于优化信息过程效率的行为建议。英特尔公司开发了名为"电子劳动力管理套件"的管理技术，通过提供协作平台、项目管理平台、会议管理平台、考勤管理平台和即时通信平台，帮助员工开展知识管理，进行协作和提高生产力。这些领先企业不仅关注技术，更重视技术的使用以及技术成败背后的人为因素，即重视利用技术手段来改变员工的行为。

（四）通过社会网络学习知识

知识型员工面临的很大挑战是如何维持和发展他们的专业技术。一方面，这是因为快速的技术发展和新的管理方法要求知识型员工不断更新他们的知识储备；另一方面，也是因为在知识高度专业化的环境中，知识型员工不可能有足够的知识来解决复杂的社会问题。研究表明，知识型员工获取信息和知识的方法有两个：一个是个人信息资源；另一个是社会网络。个人信息资源具体指数据库、互联网、电子图书、出版物或培训课程等。社会网络则是指知识型员工在组织内外部所建立的人际联系。

Krackhardt 和 Hanson（1993）指出，员工在工作中既依靠正式组织也依靠非正式组织——网络。正式组织好比骨骼，具有维持组织正常运转的功能；非正式组织好比神经，具有应对环境变化和决策不确定性的功能。网络有三种形式：一是咨询网络，由组织内部有能力的成员提供专业技术方面的建议；二是信赖网络，这是比较个人化的网络，成员们通过信赖网络分享涉及成员权利的各种信息；三是工作网络，成员们在这里进行工作上的对话。员工借助网络不仅获得解决问题所需要的信息和专业知识，而且还获得保护自己利益和权利的信息和知识。

达文波特（2005）把社会网络分成内部网络和个人网络。内部网络指员工在自己所在部门和组织内部建立的人际关系。个人网络指员工在自己所在部门和组织外部建立的人际联系。他指出，高绩效员工虽然也通过数据库、互联网、图书等信息源来学习新知识，但他们通过社会网络获取信息和解决问题的情况也非常普遍。据他调查，高绩效员工对外部信息有较大需求，他们的外部交流者的人数要比普通员工平均多六个人。高绩效员工一方面和一些同事保持较强的固定联系；另一方面也在网络中主动培养多样的关系。另外，高绩效员工还在自己所在部门内部和外部与更多的人保持联系，以便获得超出自己专业领域的信息和知识。调查还表明，大而多样的社会网络是学习和解决问题时的重要资源，当需要具体信息时，"它可以帮助高绩效员工很快综合他们与别人的专业技术，他们也通过别人来检视自己的想法和视角，确信自己思考某个问题的思路的合理性。因此，保证知识型员工有一个顺畅的信息沟通环境十分重要"。达文波特提出从两个方面来构建社会网络：一个方面是通过技能分析系统、知识地图软件等工具完善社会网络的技术基础，发挥向导作用，让员工知道在组织中应该问谁以及向谁请教；另一个方面是组建实践社团，发挥中介作用，促进形成紧密的社会关系。另外，他还提出了通过招聘发现合作性强的人，通过岗位轮换以及职业生涯发展规划帮助员工培养和维持社会网络的措施。

野中郁次郎等（1990）指出，员工间的相互作用促进隐性知识和显性知识的共享与转换，对新知识创造具有重要作用。因此，知识型员工管理的一个重要任务是促进员工自发地进行知识共享。但由于隐性知识不容易表述，需要借助人与人的直接交流来转移，所以，构建员工间的社会联系十分重要。关于如何构建员工间的社会联系，他们建议，首先，要鼓励知识型员工理解他们自己如何工作，再把那些显性、隐性知识传播给别人。其次，为了更好地转移不同的知识，企业设置专门的知识管理部门或知识管理者，向员工提供如何分享知识的指导方针。另外，对隐性知识通过长期的、面对面的指导关系进行转移，而对显性知识则采取编撰和电子化手段进行转移。

（五）促进知识分享

研究者认为，知识分享可以从技术基础和组织文化两个方面推进。从技术上促进知识分享，就是通过技术手段把原本由知识型员工个人所掌握的经验、判断、诀窍等隐性知识系统化，使之转化为可供团队学习的显性知识。

　　罗杰·马丁（2014）指出，① 企业获得知识经过三个阶段：第一个阶段通过试错获得知识；第二个阶段依靠员工个人的经验和判断力获得知识；第三个阶段是通过把员工个人的实践智慧规定为全体员工必须遵循的法则，也就是通过知识系统化和知识分享来获得知识。然而，因为有经验的知识型员工害怕被取代，不愿意把自己的知识传递给他人，因此，在知识型员工密集的地方，知识进步很难超越第二个阶段。马丁又指出，尽管存在如此大的困难，但知识系统化的可操作性比一般预想得高，很多个人化的经验、诀窍最终还是可以被他人分享。他建议企业采取项目导向的任务结构，因为采取项目导向的任务结构，员工就不会被拴在固定的岗位上，而是根据自身能力参与不同项目，因此，有助于清除企业内部经验总结和知识分享的障碍。

　　另外，他还建议，企业把重要的人力资源投入到促进知识分享的工作中，如由高管来直接负责知识系统化的工作。宝洁公司的品牌管理以往一直采取类似秘传的方式进行，但宝洁公司决定改变这一做法。1999 年，由衣物护理部总经理推行了一项知识分享计划。他们把公司的品牌构建经验整理成文，并最终确立为规范，由此产生了品牌管理框架 BBF1.0，后来该框架不断完善，到 2012 年推出了 BBF4.0。这个品牌管理框架帮助刚入行的销售人员快速学习品牌构建技巧，降低了公司的人才培养成本。

　　另外一些研究指出组织文化对于知识分享的重要性。组织文化是指组织成员共同认可的价值观和理念。特蕾莎·阿马比尔等（2014）认为，互助文化有助于知识分享。② 如果组织成员都深信互助可以提高绩效，就会愿意向他人提供帮助。互助行为包括简单的任务分担，还包括视觉、经验与专业知识的分享以及合作式帮助。然而，他们指出，发展互助文化很不容易，员工出于维护自身利益的考虑，一般不会主动帮助他人，因此，企业必须主动培养互助文化。他们结合 IDEO 公司的实践提出了四条建议：第一，高层管理者要主动引导互助行为。高层管理者不仅要对互助文化深信不疑，而且还要以身作则成为求助者和帮助者，传递互助可以提高绩效的信号。在 IDEO 公司，高层管理者作为帮助者在项目启动前与成员

　　① ［加拿大］罗杰·马丁：《重思决策工厂》，《哈佛商业评论》（中文版）2014 年第 1 期，第 48—52 页。
　　② ［美］特蕾莎·阿马比尔、科林·费希尔、茱丽安娜·比乐默：《IDEO 让互助文化深入人心》，《哈佛商业评论》（中文版）2014 年第 1 期，第 62—63 页。

进行头脑风暴，提供帮助，同时，也不耻于暴露自己弱点，向各级员工寻求帮助。第二，在组织中全方位地建立信赖关系。包括在观念层面抵制组织内斗，鼓励管理者承认错误并学会反思，允许员工犯错并提供帮助；在组织层面为不同领域和部门员工创造非正式的交流机会；在技术层面教育员工如何有效地寻找、发现、给予和接受帮助。第三，让互助行为融入日常工作。如定期分配一到两名帮助者加入到项目团队中；定期举行内部评估活动，让公司关键性的帮助者参加各项目小组的评估。第四，不要让员工对互助感觉负担太大。这意味着不要强制员工互助，如不要强制员工必须参与其他项目小组的评估。为了让员工有时间应对他人的求援，IDEO公司专门给员工设立了工作空档期，让他们有时间灵活处理帮助他人的安排。

Pyöriä（2007）指出，知识型员工经常采用团队合作形式工作。当业务内容是面向不确定性较大的市场需求、技术难度大的产品时，就需要成员间有高度的互相信任和相互理解，而这些是需要较长时间才能形成的。因此，长期在职对形成相互信任的团队文化有着重要作用。他的调查表明，除了稳定的工作环境以外，管理者的一些行为，如管理者对成员个性持理解态度、管理者与成员经常沟通、管理者主动了解成员的业余生活，也能够使各个成员感觉到为组织付出的价值，有利于团队中及团队间的相互帮助。他指出，信任和长期在职是提高知识型员工绩效的前提条件。随着业务的知识集约度的增加，信任和长期在职的重要性也增加。如高水准的专业人员有着对于同事的依赖超过组织本身的倾向。因此，知识集约型组织应该把培养良好团队文化放在超过技术的地位。信息技术是可以引进和复制的，但唯有员工的信任、参与精神、紧密合作关系是需要自己培养的。

（六）投资员工的物理工作环境

物理工作环境对知识型员工的工作绩效是有影响的。狄马克、利斯特（2012）做了一项调查，专门研究工作场所的品质与开发人员工作效率间的关系。他们以开发人员的日常工作为对象，观察开发人员在不同环境的工作表现。他们还设计了一份问卷，让开发人员提供若干具体资料（工作空间的面积、隔板高度等），并回答一些问题，如"你工作的地方让你觉得受到重视吗？""你工作的地方够安静吗？"等，然后研究这些回答和工作表现之间的相关性。研究表明，表现排名前四分之一者，其工作场所与表现居后四分之一者有极大的不同。越是表现好的，工作环境也越安静、较为隐私，比较不容易受到打扰等。这个结果虽然并不能确切地证明较好的工作场所可以帮助人们有更好的表现，但从一个侧面反映出，表现好的人愿意待在较好的工作场所。就长期而言，一个安静、宽敞、隐私的工作环境，有助于员工把工作做好，吸引和留住更好的人才。因此，他们提出，企业应该为知识型员工创造有活力的空间，创造安静、宽敞、隐私的工作环境，但这不一定就是一个人一间办公室，也可以是一个团队一个办公室，或者有工作间、会议间、交流间。但最佳的管理，是确保员工拥有足够的空间、足够的安静、足够的隐私，以使他们能够创造出属于自己的合理工作场所。

达文波特（2005）就知识型员工的物理工作环境提出了以下建议：①保证员工既有封闭的工作空间，又有开放的交流空间；②把公司建在知识型产业聚集的地方；③为员工配备移动工作环境中的笔记本电脑，随时可以获得的物理工作档案，可在出差时使用的电话、平板电脑；④为员工创造交流、开会的空间，提供便于合作的技术手段，如视频会议、网络广播、共享网络；⑤保证员工有安静、较少干扰的环境；⑥保证员工能面对面交流的环境。

五 知识型员工管理的相关问题探讨

关于知识型员工管理的研究，不论是在理论层面，还是在实际运行方面，都有了相当程度的积累和展开。然而，仍有几个问题需要今后更进一步地探索。

首先，对知识型员工的认定，或者说是定义问题。如果以职业定义，该职业中所有人都将同一地被认为是知识型员工，那么该领域的管理课题就只是特定职业的人力资源管理的课题，如关于研发人员的管理、咨询师的管理等。在这里，知识型员工管理就失去了其特殊性。如果以其业务内容是否含有运用知识、创造知识及分享知识来判断，那么现实的企业中有哪个职位不需要知识呢？只不过其知识的内容、水平不同罢了。

其次，在同一企业中，区分知识型员工与非知识型员工是否可能、必要？如果将知识定义为对特定业务的理解或执行能力，那么，应该说每个职位都是需要知识的。因此，关于知识型员工的管理，就需要从不同程度或不同类型知识的角度加以细分化。

最后，关于技术与知识的概念、技能员工与知识员工的概念。技术，被认为是实现目标的手段体系，包括以图文、影像、机械设备等客观载体的形式存在的知识，也包括利用现存知识操作机械设备的能力，而这种能力依附于人的主观而存在。具有如此知识和能力的人，成为技术人员、技能员工。用知识管理理论的术语看，以客观载体存在的知识是"显性知识"，而依附于人的主观而存在的能力，就是"隐性知识"。可以说，技术与知识在概念上是相通的。实际上，一些研究者也都是从技术理论研究开始而逐渐转变为知识理论研究的。理论的发展，需要新的概念或术语，但更需要内涵上的扩展。在这个意义上，知识型员工管理的研究，还有大量的工作要做，才能区别于技术管理，真正成为具有社会意义的理论工具。

第五章 美国人力资源管理
实践创新及其启示

美国企业人力资源管理以高度重视效率、充分体现人力资本价值、日益注重人文关怀而受到各国人力资源管理专家的关注。美国企业在人力资源管理领域的探索始终处于世界前沿，特别是 2008 年年底新一轮国际金融危机以来，美国企业针对经济发展新情况、人口资源新状况以及社会对人力资源管理的新要求，对人力资源管理进行了变革和创新，一些经验值得我国理论界和实践界吸收和借鉴。当然，金融危机之后的一些教训也值得认真研究，并在政策层面防微杜渐。

一 美国人力资源管理的典型特征

（一）美国人力资源战略实施的基本特征

1. 积极吸引各国人才为我所用

在世界范围内争夺人才，千方百计吸引各国人才到美国工作、定居，形成人才流动洼地和人力资源价值高地，是美国人才战略的重要内容。通过技术移民、向拥有各种专业技能的人员发放 H－1B 工作签证、吸引留学生、到海外直接招聘等方式，美国吸引了大量优秀的国外人才。良好的科研环境、各类科技奖励政策以及良好的个人发展平台，吸引着各国优秀的科技人才留美发展，为美国经济增长贡献才智。

2. 人力资源配置机制高度市场化和现代化

美国是世界上人力资源配置市场化程度最高的国家之一，人力资源通过高度发达的劳动力市场自由流动。以契约、理性和刚性制度安排为基础，美国企业与员工之间形成完全市场化的劳动雇佣关系。由于比较完善的社会保障制度和充分的信息共享，失业人群和自动离职的人员可以比较容易地通过劳动力市场实现再就业。美国早在 1979 年就率先在州一级建立以计算机为基础的电子化职业信息库。20 世纪 90 年代初，又建立与各州联网的国家级"美国职业信息库"（AJB）和"美国人才信息库"（ATB），形成了美国现代化的劳动力市场信息网。

3. 用立法保障教育经费投入

美国高等教育体系在世界范围内享有盛名。美国通过立法，规定联邦政府在教育和培训方面，每年必须有稳定、持续的大量资金投入；美国基础教育均由政府赞助、投资；高等教育在全球最早大众化、普及化，维持全球高等教育规模第一、质量第一。美国对职业教育的培训也非常重视。近几十年来，美国制定了许多关于职业教育和培训的法规。1963 年，《职业教育法》颁布，促进美国形成了职业教育体系；1990 年，《卡尔·波金斯职业教育法案》颁布，促进了职业教育与普通教育的融合。通过立法及法案的实施，美国政府为职业教育持续地提供财政支持；促使美国职业教育体系的日益完善；促进就业，培养了大量的训练有素的技术人员和普通劳动者，扩大了职业教育的规模和参与职业教育人员的范围，使职业教育有法可依。

（二）美国企业人力资源管理的传统特征

1. 专业化、制度化程度高

美国企业大多对工作流程进行了细腻、严密和高度专业化的分工，形成了明确、细致的工种，并且对于任何一个工作岗位都会形成一份《工作说明书》，对岗位的职责、技能要求和绩效标准都进行明确界定。以《工作说明书》为基础，美国企业在招聘、培训、绩效评估以及薪酬等方面的管理实践都有了依据与标准，从而整体提高了人力资源管理的制度化与规范化水平。美国企业分工精细，全国各行各业有 2 万多种职称，科学的岗位分析和岗位设计，使员工在各自工作岗位上工作，职能不能随意交叉，这为美国企业的高度专业化打下了基础（苗小洛，2009）。

2. 用人和评价制度讲究能力和绩效至上

"能力至上"是美国企业用人制度的鲜明特征，也是市场化机制选择的必然结果。尽管美国企业也讲究人性化管理，但"绩效至上"和"唯能力论"仍是人力资源管理的核心原则。若员工在工作中能做出成绩，在美国企业中就能得到快速的提升与重用，不用担心论资排辈。同时，美国企业在人员任用上坚持企业内外人员一律平等，凭能力参与竞争。有些外部招聘的有能力的年轻人甚至可以直接进入管理层。正是这种机会公平的做法，吸引了世界各地的年轻人进入美国企业工作。

3. 善于利用物质激励提高工作绩效

美国企业注重对员工进行长期和短期激励，多数企业建立了比较完善的激励机制。美国企业传统的激励手段以显性化的物质激励为主，注重合理拉开收入差距，充分体现"绩效至上"的激励原则。为激励高层管理者，股票期权被大量应用。自 20 世纪 90 年代起，随着美国高科技产业的突飞猛进，股票期权在几年时间里迅速普及。据初步统计，几乎所有的美国高科技公司，以及多数以上的美国上市公司都有股票期权计划。这成为激励员工、留住优秀人员的强有力武器，也成为美国企业文化的一个重要特色。各类奖金制度也被企业广泛应用，成为物质激励的重要组织部分。

4. 人力资源管理专业人员素质非常高

美国密歇根大学商学院乌里奇教授提出了人力资源管理职能角色模型，他明确地将美国人力资源管理职能所扮演的角色划分为战略经营伙伴、行政管理专家、员工激励者以及变革推动者这四大角色。同时指出，人力资源管理专业人员要想在未来有效地承担起这些角色，实现对人力资源的有效管理，就必须在原有能力的基础上具备一些新的能力：经营能力、专业技术能力、变革管理能力及综合能力。这些观念被美国企业广泛接受。可见，美国对人力资源管理从业人员要求是很高的。从业人员不仅需要具备相关的教育水平、从业经验，还要经过人力资源证书考试（分为人力资源专业人员和人力资源高级专业人员两级）。

"人力资源管理协会"是美国人力资源专业人员的专门管理机构，它负责向会员提供教育和信息服务、研讨会、在线服务和出版物，向政府和媒体表达心声，把人力资源专业人员训练成其组织的领导和决策者。"人力资源证书机构"是世界上最大的致力于人力资源专业的组织，该机构负责制定人力资源标准，负责颁发新证和换证，监督证书考试操作机构——评价系统有限公司的运作等。人力资源管理专业人员的管理与认证机构在美国是一个庞大而完善的系统，这对美国人力资源管理的发展起了很大的促进作用（苗小洛，2009）。

5. 跨国公司的集权化、标准化程度比较高

大量研究发现，美国跨国公司人力资源管理倾向于更加集权化、标准化和正式化（Anthony Ferner 等，2004）。相较于其他国家的跨国公司，更多地采取标准化的全球战略，以母公司的经营模式为标准，建立全球分部和子公司，并在这些分支机构中复制母公司的经营模式。这与美国企业的效率导向以及竞争优势直接相关，当跨国公司在全球具有领先优势时，企业通过标准化战略的实施，可以迅速扩大领先优势，降低整体经营成本。随着新兴工业化国家的崛起和跨国公司之间竞争的加剧，美国跨国公司集权化程度和标准化程度有降低的趋势。

二 金融危机以来美国人力资源管理的环境变迁

（一）人口结构迅速变化

1. 种族构成更加多元化

2012 年，美国人口普查局（the Census Bureau）公布的数据表明，在截至 2011 年 7 月的过去一年中，非西班牙裔白人（Non - Hispanic whites，即一般意义上的经典白人）新生儿仅占新生儿总数的 49.6%，而西班牙裔、黑人、亚洲裔及混血人种等，这些曾经的少数族裔新生儿则在美国历史上第一次代表了"多数"，占新生儿总数的 50.4%，其中，西班牙裔新生儿占新生儿总数的 26%，15% 是黑人，4% 为亚裔。这被许多人口学家称为重要的转折点，美国这一移民国家真正实现了向全球化、多民族国家的转型。这是过去 30 年来美国大移民浪潮的结果。这种种族结构的变化将重构美国的政治、经济以及文化版图。

2. 贫困人口比率明显上升，族群之间贫富差距拉大

美国人口普查局 2011 年 9 月发布的《美国 2010 年的收入、贫困与医疗保险情况》报告显示，2010 年美国贫困率为 15.1%，贫困人口达到 4620 万人，为 52 年来最高；收入在贫困线一半以下的"深度贫困"人口为 2050 万人，为 36 年来最高；没有医疗保险的美国人数量从 2009 年的 4900 万人上升至 2010 年的 4990 万人。① 这种情况表明，国际金融危机及

① 《美国贫困人口数创新高 贫富差距拉大》，《人民日报》2011 年 9 月 15 日。

经济衰退对美国民众收入水平带来了严重影响。受资产组合差异影响,美国经济衰退期间,白人与少数族裔之间的财富差距再次扩大,白人不但取代亚裔成为最富庶族裔,其平均家庭资产分别是亚裔的 1.4 倍、西裔(拉丁裔)的 18 倍、非裔的 20 倍(徐步,2012)。

3. 人口老龄化趋势加剧

联合国认为,如果一个国家 60 岁以上老年人口达到总人口数的 10% 或者 65 岁以上老年人口占人口总数的 7% 以上,那么这个国家就已经属于人口老龄化国家。早在 20 世纪 40 年代美国就进入了老龄化社会。随着"婴儿潮"期间出生人口变老,美国老龄化的趋势更加明显。2010 年,美国 65 岁以上人口达到 4030 万人,占总人口的 13%;人口年龄平均为 37.2 岁,较 2000 年的 35.3 岁增长 1.9 岁,除哥伦比亚特区平均年龄下降外,其他各州均有所上涨。其中,缅因州、佛蒙特州、西弗吉尼亚州等 7 州人口的平均年龄达到或超过 40 岁;美国儿童人口比例创下历史新低,这也表明其老龄化在日益加剧。20 世纪初,美国儿童人口比例曾高达 40%。2010 年人口普查显示,美国儿童占总人口比例仅为 24%,全国 3143 个县有 58.6% 的县儿童人口大幅下降。此外,2011 年以来,95% 的美国县级行政单位出现 18 岁以下人口减少。专家认为,拉丁裔和移民人口增加是对迈向老化的白人人口的必要补充,他们将是未来 10 年美国劳动力增量的生力军(徐步,2012)。

(二)劳动力市场恶化后缓慢复苏,劳动人口结构发生变化

1. 就业市场在危机期萧条之后呈缓慢复苏态势

金融危机对美国就业市场造成了明显冲击。从图 5-1 可以看出,2008—2009 年,美国劳动力市场急剧恶化,失业率在 2010 年达到 9.6%,其间一度达到 10% 的短期最高水平。之后,失业率开始缓慢下降,但近两年失业率仍显著高于危机之前的水平。值得指出的是,美国劳动力市场的复苏速度显著快于 OECD 国家。2012 年,美国失业率为 8.1%,比金融危机期间的历史最高水平下降了 1.9 个百分点,更比同期欧元区失业率低了 3 个百分点,与 OECD 国家基本持平。之后,美国劳动力市场的表现则优于 OECD 国家。据 OECD 统计报告,2013 年第四季度,美国失业率持续降低,大约达到 7.4% 的水平,而 2014 年在此基础上继续降低至 7% 的水平。

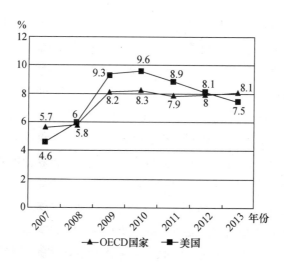

图 5 - 1　金融危机前后美国与 OECD 国家失业率对比

注：2013 年统计数据截至 6 月。

资料来源：OECD 统计报告。

2. 劳动力参与度呈下降趋势

由于多重社会因素的影响，美国劳动力参与度下降在金融危机之前已有所显现，只不过金融危机爆发加剧了这一趋势。随着"婴儿潮"时代出生人口逐步迈入老龄化，进入低参与度年龄的人口份额逐步提高。过去四年，年轻人就业率的急剧下降大约有一半表现为从劳动力市场退出，而非暂时性失业。其中，部分原因在于一些人重新返回学校进修。有学者研究认为，随着劳动力中人口结构的变化，未来几年美国劳动力参与度仍将继续下降（Dunn，2013）。

3. 劳动人口结构发生明显变化

金融危机以来，美国劳动人口结构也发生了变化，女性就业的人数比例首次超过男性。据专家表示，女性就业在过去 10 年中稳步增长，在经济危机中快速增长。美国 1.32 亿从业人员中，女性就业人员比例在 2009年 6 月已接近 50%，在 2010 年超过男性人员比例。美国劳动人口也变得越来越老龄化，很多企业已经制定了旨在鼓励年老员工留在企业继续供职，或者吸引先前退休的员工重回企业的新政策，劳动人口结构发生了明显变化（宋萌，2010）。

4. 政府再就业援助支出滞后于失业者数量增长

根据 OECD 的统计，金融危机之后，美国有 1/3 的失业者失业持续时间达到一年甚至更长时间，而在危机之前，这类失业者只占失业人群的1/10。2003—2007年，美国失业持续时间平均为9周左右，到2010年，这一数字上升到了26周。问题是，在就业特殊困难时期，政府再就业援助支出总是滞后于失业率的增长。这就意味着，再就业者可享受的人均资源减少了将近50%。虽然这一问题在其他OECD国家也不同程度地存在，但美国的情况尤其突出。然而，有研究表明，再就业援助对于当前的长期失业人群尤其重要，因为随着失业持续期的延长，再就业的机会就变得更加渺茫（Krueger & Mueller，2011）。

5. 更加灵活的失业保险体系一定程度上保障了劳动力供给

政府失业保险支出对失业者的收入支持作用明显，这一支出的增长幅度超过了失业率的增长速度，因此，按可比价格计算的人均失业保险收益比2007年增长了18%，而所有OECD国家同期仅增长9%。这种情况反映出，美国一系列联邦法案通过暂时性延长保险利益接受最长时限，刺激了失业保险体系的支出。虽然失业保险有可能延长失业持续时间，但如果失业保险缺失，则会导致一部分人放弃寻找工作而彻底退出劳动力市场。因此，失业保险对保障劳动力市场供给起到了积极作用（Dunn，2013）。

（三）经济增长放缓，产业结构重新调整

1. 经济增速明显下降后保持了温和增长

金融危机对美国经济增长产生了明显冲击。美国GDP增长率2007年为2.1%，2008年下降到0.4%，2009年则下降为 - 2.4%。随着美国各种经济刺激政策实施，2010年美国GDP增长反弹到2.9%，之后保持了温和的增长。2011年在上午基础上增长了1.7%。2012年第一季度只有2%，第二季度下降到1.3%，之后，又有比较小的上升，第三季度上升到2.7%。在私营部门，美国供应管理协会公布的ISM指数下降到50%以下，达到了49.5%，这是四年以来的最低水平。基本上，在第三季度GDP的增长实际上是来自于不断增加的政府支出，私营部门的支出实际上是下降的。

2. "再工业化"战略与产业结构再调整

金融危机爆发后，美国经济遭受重创，奥巴马政府于2009年年底启动"再工业化"发展战略，是通过大力发展国内制造业和促进出口，达到振兴本土工业，进而保证经济均衡可持续发展的目的。同时提出，希望美国各大企业集团向其驻海外子公司发出以"制造业回归"为主要内容的"总部召回令"，希望美国的海外企业重新回归美国。同时，推出了大力发展新兴产业、鼓励科技创新、降低企业运营成本、支持中小企业发展等一系列政策措施，例如：降低美国制造业的税收负担，使暂时性减税措施永久化；改革医疗保险制度，降低医疗保险成本，减少管制和司法诉讼成本，吸引制造业回归；鼓励创新投资，促进技术扩散，降低开发新技术的风险；实施节能计划，降低能源成本。美国政府的努力得到部分企业的响应，例如：2012 年 12 月 6 日，苹果公司 CEO 库克宣布把苹果公司的部分生产线撤回到美国；福特宣布将 1.2 万个工作岗位从墨西哥、中国回迁到美国；另外，包括通用电器、克莱斯勒、惠普、耐克等著名品牌，也或早或迟地相继加入回流潮，纷纷把生产线转移回美国。此外，奥巴马政府改变了能源政策，取消了禁止在美国本土开采石油和天然气的禁令，使美国能源工业大量本土化，特别是催生了页岩气革命，使美国能源对外依存度大幅下降。① 美国 2007—2012 年制造业增加值占 GDP 比重如图 5 - 2 所示。

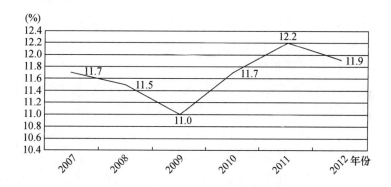

图 5 - 2　近年来美国制造业增加值占 GDP 比重

三　金融危机以来美国人力资源管理新动向

根据对人力资源管理专家的调查结果显示，未来 10 年，美国人力

①　吴智钢：《美国"再工业化"的理性和幻想》，《证券时报》2012 年 12 月 31 日。

资源面临的三大问题是：对最优员工的保持和奖励（59%），培养下一代公司领导者（52%）以及创造能够吸引最优秀员工的企业文化（36%）。43%的人力资源管理专家认为，获得人力资本、优化人力资本投资将成为最大的投资挑战（美国人力资源管理协会，2012）。实际上，对于这些问题，美国企业已经有所预见，并在现实中采取了应对措施。

（一）更加重视学习和创新能力的培养

美国社会和企业一向重视人力资源培养和职业培训。自金融危机以来，随着失业率的上升，美国企业更加重视员工学习和创新能力的培养，并提倡高效、有针对性的培训。除了人才培训的传统内容——继续教育工程、职业发展和特殊岗位培训以外，美国企业开始重视多功能、多技能的人员素质培训。危机以前，女性及少数的族群（如临时工、兼职人员和较年长的员工）受训机会远少于白人男性工作者，而这样的差距会造成工作场所中因教育程度落差而产生冲突（苗小洛，2009）。危机发生以后，企业组织变得更加弹性化，一些少数族群甚至成为非常时期的中坚力量，与之相适应，美国企业培训的覆盖面更为广泛，也更加重视实用性的学习和创新能力的培养。

（二）能本管理更加突出

能本管理是一种以能力为本的管理，是人本管理发展的新阶段。能本管理通过采取有效的方法，最大限度地发挥人的能力，从而实现能力价值的最大化，把能力这种最重要的人力资源作为企业发展的推动力量，以实现企业发展的目标以及组织创新。能本管理源于人本管理，又高于人本管理，是人本管理的新发展。金融危机发生后，美国企业更加关注人力资源管理人员的工作能力，对能力和知识的要求越来越高，几乎达到了"通才"的程度。

（三）人力资源管理的战略性职能更加凸显

金融危机以来，美国企业更加注重战略制定和战略参与。从人力资源管理来看，战略性职能更加凸显，人力资源管理者需更多地参与企业的经营战略制定，以使人力资源规划对公司战略的响应更敏捷，支撑更有力。随着危机后虚拟管理趋势日益明显，美国企业人力资源管理外包也变得更加普遍，越来越多的企业将招聘、人员解聘、工资发放、福利与津贴管理、档案保存以及信息系统开发等管理内容委托给专业化的公司，自身则聚焦于对企业价值更大的管理实践开发，以及战略经营伙伴的形成等功能上。

（四）信息技术使人力资源管理电子化更加普遍

信息技术的发展使企业人力资源管理者与雇员之间的交流更多地通过内网、外网和信息化的自我服务项目而实现，面对面的交流趋于减少。大量美国公司将人力资源管理内容通过通信技术转化为自我服务项目，这些项目包括电子福利、电子开发、电子支付、电子股权、电子招聘、电子考评、电子培训、电子沟通、电子补偿、电子文档，电话、电子桌面和无线设备等，使人力资源管理更加电子化。对于非工作时间使用无线通信设备，许多公司都有明确规定。大约 1/5 的组织发布了正式的政策，对员工在非工作时间使用无线通信装置予以规范，另外有 1/4 的组织通过非正式政策予以约束。那些没有约束政策的组织，大部分通过员工自觉设置无线通信设备的使用限制。

（五）人力资源维持策略更加人性化

1. 尽量减少裁员的冲击

与 20 世纪 90 年代初美国制造业式微时，大量公司通过裁员缩减成本所不同的是，美国一些企业面对此次经济危机困境，选择避免或限制裁员，采用减少工作时间、推行无薪休假等措施来节省开支。显然，与直接裁员相比，这种方式既能培养在职员工对企业的忠诚度，又使企业避免在状况好转时聘用和培训新员工的重复工作。一些企业在尽量不裁员的情况下，争取削减劳动力成本。它们的措施包括：每周工作 4 天，自愿或强制休假，减少养老金以及设计更灵活的工作日程等。如戴尔计算机公司、思科系统公司、摩托罗拉公司以及美国本田汽车公司等均采取类似措施。此外，《西雅图时报》曾计划让 500 名员工休假一周以节省 100 万美元。20世纪 90 年代的裁员浪潮主要是在去官僚化、简化组织结构，而此次弹性的人力资源政策则主要是在降低成本的同时，留住企业的核心人力资源。

2. 注重工作—生活平衡

美国企业近年来吸收了社会学领域的研究成果，更加关注员工的工作—生活平衡。根据美国人力资源管理协会 2012 年的调查结果显示，美国有 24% 的组织实施了工作—生活平衡政策，不过，其中有一半是非正式的。47% 的正式政策和 62% 的非正式政策都涉及了休假期间工作的规定，而 34% 的正式政策和 54% 的非正式政策都包含了生病期间工作的相关规定。有 80% 的受调查组织表明，他们的主管和经理都鼓励员工保持健康的工作—生活平衡方式。一些有影响力的大公司正在提供一些额外待遇以确保其员工保持健康平衡的工作方式，这些公司包括汉彬洲（North Highland）咨询公司、安捷伦科技公司（Agilent Technologies）等。一些人力资源政策，如弹性上班、家庭休假、远距离办公、带家属出差等，都是为了减少员工的家庭—工作冲突，提高工作对员工的吸引力。

3. 薪酬福利体系更加多样化

尽管美国企业的薪酬福利体系早就实现了复合多样化，但近五年来，一些如家庭友好项目这类体现人性关怀的福利计划仍有所增加，而关注工作价值感和工作成就感的财务奖励以及职业发展规划等激励措施，也呈现出回归的态势。例如：摩根和高盛两家证券公司员工的薪酬还有股东回报；为了抵消通胀所造成的损失，各个公司每年对所有员工工资均有 4% 左右的自然增长；为了解决带婴员工的后顾之忧，高盛公司为他们准备临时性托儿所；为了体现亲情，美国再保险公司还为员工家属提供保险等。由此可以看出，美国企业在刚性薪酬体系中，激励方式呈现多样化、高效化趋势，薪酬福利体系中的保健因素和激励因素都有所增加，这与企业在危机之后尽可能吸引、留住高素质的核心人力资源策略有关。

美国企业近五年薪酬福利变化情况如表 5 - 1 所示。

表 5 - 1　　　　　　　　　美国企业近五年薪酬福利变化情况

薪酬福利内容	近五年的变化情况
医疗保健福利	内容更全面，覆盖面更广
预防性保健福利	持续增加
养老金计划	传统退休金制度继续转向确定贡献的私人养老金制度和 Roth（401）养老金计划，针对个人的投资建议也趋于增加
财务奖励	除了较为普遍的奖金激励计划以外，员工举荐奖在过去几年变得越来越普遍

续表

薪酬福利内容	近五年的变化情况
带薪休假	将传统假期、病假和个人假期打包进入综合项目的带薪补休计划受到普遍欢迎；浮动假期、带薪例假、带薪假期捐赠和带薪病假捐赠项目有所减少
家庭友好项目	向哺乳期的女性提供现场哺乳房间、向同性伴侣提供家庭合作关系福利等多元和包容的福利计划持续受到欢迎
弹性工作时间	近些年保持稳定
员工活动与内部服务	保持稳定
职业发展计划	过去五年经历了缓慢减少之后，这类福利中的大部分又开始增加
住房和搬迁津贴	临时的搬迁津贴开始减少
出差补贴	保持稳定
其他福利	灵活的工作地点这类低成本的激励措施有所增加

（六）虚拟管理趋势更加明显

与人力资源职能战略性上升相适应，美国企业将更多的人力资源管理工作外包给了专业的管理公司或咨询公司。随着互联网技术的发展，一些人力资源服务可以通过少量的人工和自助形式提供，使人力资源机构可以大大缩减规模。同时，大量人力资源管理工作的外包，也使得企业人力资源管理边界更加模糊，虚拟管理趋势更加明显。这种方式不仅可以降低运营成本，还可以更加专业化地处理人力资源管理的相关问题，使企业在经历困难时期时，以更加灵活的方式应对人力资源的各种诉求。

（七）更加注重多元价值诉求和包容性

随着社会的发展和企业国际化战略的推进，企业不得不面对来自不同地域、不同国别、不同信仰、不同年龄、不同价值观的就业者。那种过分强调一体化、标准化的人力资源管理体系正在失去其适应性和竞争力，尤其是在高科技企业和国际化程度日益提高的企业。以美国蓝色巨人 IBM 为例，伴随着其成功的商业模式创新，IBM 逐步建立起多元文化基础上的包容性人力资源管理体系，就体现出强大的吸引力和市场竞争力。

专 栏

IBM 的包容性人力资源管理体系

百年以来，IBM 始终是企业多元化发展战略的倡导者和引领者。企业不断努力，以国际化的视角，在全球范围内优化、整合资源，打造了多元、包容的企业文化氛围。IBM 的多元和包容的文化由六大方面组成，并通过多种机制，保障 IBM 员工不会因为肤色、年龄、性别、信仰、体质、所在地区与工作生活方式的差异，在公司内部受到职业发展的不平等待遇。

推动女性职业发展

IBM 为女性员工提供了公平竞争的机会和实现个人价值的平台，制订并开展了"企业领导力人才培育发展计划"，以培养女性员工的领导力。该计划涉及培训学习、定向辅导、导师指导、岗位轮换和全球实习等多个方面，使在 IBM 工作的女性能够最大限度地发挥潜能与创造力。

为了更好地帮助女性学生实现职业梦想，IBM 实施了"IBM 中国优秀学生巾帼奖学金"项目，鼓励更多的女性学生参与 IT 相关学科的研究与学习。2011 年，IBM 不仅协助全国妇联举办了"女大学生创业扶持行动暨女大学生创业季"大赛，IBM 中国还引领了"国际科学马拉松"，旨在帮助在工程和技术领域寻求职业发展的女大学生取得成功。

关注职场新生力量和跨代际沟通

IBM 关注职场的新生力量。IBM 针对"80 后"开展了全国性调研，了解并分析了他们在工作动机、价值观、沟通方式等方面的特点，针对"80 后"的学习模式和习惯推出了 3D 在线学习平台。2011 年，IBM 发布了《携手 Y 世代——洞悉和构建 80 后最佳职场环境》白皮书，以推动建设一个使各年代员工施展才华，共存、共赢的职场环境。

培养员工跨文化沟通能力

为了帮助 IBM 的中外员工适应各种文化，顺畅地进行跨文化沟通，更好地管理多样化的团队，IBM 举办了"了解和适应全球文化竞猜活动"、"全球文化知识竞赛"等文化宣传和交流活动。同时，IBM 启用了"环球导航"的网络工具，实现与各种文化背景下的员工进行网络互动。目前，IBM 正在积极筹备"跨文化导师"制度，推动工作层面的跨文化互动和交流。

帮扶残疾人就业

IBM 积极雇用残疾员工，自 2002 年 IBM 在中国招聘第一位残疾员工起，目前已有近百名残疾员工服务于 IBM 人力资源、研发、咨询、销售、后勤支持等各部门，在各自岗位实现自我价值。与此同时，IBM 致力于借助信息科技的创新，通过无障碍技术的采用和业务流程的优化，消除工作环境中的障碍，帮助残疾员工更好地融入工作环境，发挥自身价值。

为了更好地帮助残疾人生活就业，IBM 除了设立 "IBM 中国优秀学生自强奖学金" 外，还通过调研，发布了《残疾大学生就业状况白皮书》，更深入地了解高校残疾大学生的生存状态及需求，积极参与各地残联组织的各项招聘会，并为残疾大学生进行求职面试技巧培训和职业规划辅导，为具有 IT 背景的残疾学生建立了实习培训基地。

倡导生活与工作整合

IBM 倡导 "生活与工作的整合"，推行灵活的工作方式，使员工能够在任何时间、任何地点，以任何方式工作，在保证工作效率的同时兼顾对家人的照顾。目前，IBM 中国有五项弹性办公计划："在家办公"、"移动办公"、"个性化办公时间表"、"非全日制办公"、"停薪留职"，灵活地满足了员工对工作方式和时间、地点的不同需求。

在中国，为了帮助员工更好地照顾家庭中的老人与孩子，IBM 还通过 "工作/生活基金" 的支持，先后开展了 "宝宝早教工作坊"、"幼儿园优先入园计划"、"在线照顾老人培训"、"幼升小、小升初讲座" 等项目，受到了员工广泛欢迎。

为不同性别取向员工提供包容的环境和平等的福利

IBM 的 "同性恋、双性恋、跨性别员工联盟组织"（Employee Alliance for Lesbian, Gay, Bisexual and Transgender Empowerment, EAGLE）是世界上最大的不同性别取向员工网络组织。目前，EAGLE 在全球有近 50 个群体，共 1000 多名成员，覆盖了 IBM 的所有地区，分布在 30 个国家和地区。大中华区的 EAGLE 组织成立于 2009 年 3 月，成为加强大中华区的不同性别取向员工同事的联系和支持，并向非 LGBT（Lesbian, Gay, Bisexual and Transgender）同事展示他们风采的平台。IBM 不但一直努力为 LGBT 员工打造一个包容的文化和工作环境，还非常重视他们的福利待遇。IBM 先后在澳洲、新西兰、拉丁美洲等其他国家陆续实施 Domestic

Partner Benefit Equity Project 计划，并于 2010 年在 IBM 大中华区启动。根据这个计划，IBM 的 LGBT 员工与其同性伴侣如果存在长期稳定的伴侣关系，并能出示在其他国家取得的婚姻证明，或是 IBM 签署相关文件后，LGBT 员工即可享受婚假等福利，其伴侣及子女均可享受作为员工家属在医疗保险等方面的平等权益。

四　美国人力资源管理对我国的启示

（一）对公共人力资源管理的启示

1. 完善的教育投入体系是人才培育的基础

从美国经验来看，完善的基于立法保障的教育投入体系是人才培育的基础。我国财政性教育经费占国内生产总值的比例长期低于世界平均水平，即使 2012 年达到 4% 这一世界衡量教育水平的基础线，财政性投入与社会需求之间仍然存在较大缺口。在保障义务教育全面纳入财政保障范围的基础上，应适当增加社会力量在义务教育阶段进行经费投入的比例；在普通高中以及职业教育方面，应充分吸引社会力量办学，尤其是要大力鼓励民营资本进行职业教育投资，保障教育培训资源的合理市场供给；在大学教育阶段，要保障中央政府、地方政府、国外合作办学机构以及社会力量多渠道有序投入，推动个人和企业捐资助学、出资办学制度化。

2. 良好的科研环境和多样化的激励制度是吸引和留住高端人才的重要保障

作为世界上发展速度最快的经济体，中国在各个领域尤其是科学研究和高科技产业领域保持着旺盛的人才需求。然而，由于科研管理体制存在的一些积弊，以及对高科技人员激励不足，中国的高科技人才流失问题比较严重。应改革大学、科研机构的科研组织和科研成果评价机制，逐步建立以质量和创新为主要导向的长效评价机制。建立健全人才保障机制，为各类人才创造良好的社会环境。建立人才保障和法律保护体系，完善各类人才的养老、失业、医疗、工伤、生育保险。重点解决各类人才在不同地区、行业以及单位之间流动的社会保障关系转移和接续问题。创新科技投入机制，以财政投入为种子资金，引导企业加大研发投入。推动国家、地方以及企业多个层面建立科技人才引入计划，优化留学归国人员就业和创业环境，吸引人才回流。

3. 人力资源配置市场化是合理利用人力资源的必要途径

劳动力市场的流动性是现代人力资源管理的根基，高度市场化的人力资源配置机制是提高人力资源利用效率的基础。美国人力资源配置机制的高度市场化，使美国能够在全社会范围内充分利用人力资源价值，降低人力资源搜索和配置成本，尽可能减少人力资源错配的危害。我国经济体制改革在推动人力资源配置市场化方面取得了积极而深远的进步，然而，公共部门和一些国有企业，仍然存在人力资源"只进不出、只上不下"的固化模式，一些部门在选拔、任用人员过程中存在违反市场经济规律的做法，人才在各部门之间的流动渠道仍然不畅。要切实打破人才单位和部门所有的壁垒，促进各类人才在机关、企事业单位之间，在各种所有制经济之间的合理交流和使用，盘活人才资源。我国可借鉴美国做法，建立公益性的覆盖全国的人才信息库和职业信息库，彻底破除部分部门的"铁饭碗"现象，提高全社会人力资源配置的市场化程度。

(二) 对企业人力资源管理的启示

1. 在危机时期，企业更应该重视人力资源维持策略

核心人力资源是企业在技术、市场和管理的各方面掌握核心知识的人员，他们的去留很大程度上影响着企业核心竞争力的强弱。在危机来临时，企业习惯于通过裁员等刚性手段降低成本，但这种方式无异于雪上加霜，企业可能因核心人员流失而引起连锁反应，导致企业一蹶不振。在金融危机之后，美国企业采取了一系列柔性化的激励手段，如注重工作—生活平衡的做法，并尽可能避免大量裁员带来的消极影响。柔性化的人力资源维持策略对于保持美国就业市场的稳定起到了积极作用，对于企业迅速走出低谷、恢复活力功不可没。我国企业在此方面还需要探索更多的手段和方式，如可以在企业困难时期，通过减薪留职、集中休假等方式，保留员工的岗位，同时降低企业运营成本。

2. 激励手段应该随着社会发展而不断更新和多样化

美国企业善于通过不断改进和完善各种措施来强化对员工的激励，而激励手段也是多样化。随着社会的发展和企业国际化的推进，企业面对的人力资源异质性越来越明显，不同地域、不同国籍、不同信仰、不同年龄、不同性别的员工，其需求偏好和对待工作的态度可能完全不同，企业

通过归一化的激励手段来增强员工向心力变得不太现实。美国企业正是基于社会多元化和人力资源异质性这一前提，不断创新激励手段，设计更加多元化的薪酬福利包，将员工个人发展目标与企业目标结合起来，以推动员工朝着同样的方向用力，最终推进企业目标的实现。中国企业在激励手段的多样化方面，仍然需要根据中国的具体国情和企业的实际情况进行探索和创新。

3. 现代企业需提升人力资源管理的战略性职能

当代人力资源管理是组织的"战略贡献者"。现代企业将具备专业化知识的"人"视为最宝贵的资本，人力资本通过企业内部的配置，可以转化为企业的生存能力、技术能力、获利能力和综合竞争实力。从组织战略目标的实现来看，人力资源管理必须和"组织的战略"及"战略需求"相统一，人力资源管理职能也相应地需从行政支持性职能转变为战略分解职能。在信息化和极致扁平化的今天，企业人力资源管理必须从传统的"成本中心"变成"利润中心"，才能实现这一转变。在这种转变过程中，人力资源管理的角色也必须转变为战略贡献者和战略参与者。美国一些大型跨国公司将一般事务性人力资源管理工作外包，而将工作重点聚焦于公司战略的做法，值得我国企业学习和借鉴。

因此，为使中国企业更好、更快地发展，跻身世界竞争的舞台，在面对知识经济时代的人才竞争时，无论是公共管理者，还是企业管理者，都要通过借鉴美国先进的人力资源管理经验，对政策体系和管理体系进行相应的调整和创新。需要指出的是，中、美两国存在根本的制度和文化差异，从美国照搬照抄一些具体的人力资源管理制度，并非明智之举。尤其是美国在金融危机之前，也在社会和企业层面对一些传统的做法进行反思。如美国大规模推行的经理人股票期权制度，就在危机之后受到了诸多诟病。我国企业在学习美国经验的同时，需审慎辨析制度存在的基本前提和条件，创造性地运用。忽视本国国情、本国文化特质和企业现实，生搬硬套只能使企业走入死胡同。所以，坚持本土化与国际化兼顾并重的原则，构建适合自己社会文化传统，同时又具有效率导向的人力资源管理模式的中国特色的人力资源管理，才是企业的正确选择。

第六章 日本企业的创造性劳动与
人力资源管理

管理学家德鲁克在20世纪90年代指出，19世纪中期产业革命开启的工业社会已进化为知识社会，知识已成为支配性资源和决定性的生产要素。在知识社会中，智力将取代既有的机械设备等，成为价值的最重要的源泉。因此，如何创造机会及条件来支持员工获取、分享和创造知识，成为企业管理的中心课题。

多年来，日本企业的劳动生产率一直居于世界前列。其重要原因之一就是员工的工作模式。一般来说，日本企业员工对待工作能精益求精，自觉学习技术，运用潜在的智力在更高的水平上创造价值。很多研究指出，日本工人的工作不单纯是操作，他们还参与规划和协调生产流程，控制生产节奏，进行质量检查、设备检修并随时随地处理生产流程中的一切故障，并提出改进产品、工艺的建议（小池，1991；波特等，2002；拉佐尼克，2007）。而这些与规划、协调、控制、检修、创意、改进有关的行为，被认为需要依靠更多的知识和判断力，是创造性劳动的表现形式。为什么日本员工能够进行创造性劳动？日本企业是如何支持员工的创造性劳动的？这是很值得研究的问题。

本部分将从人力资源管理角度分析日本企业如何支持员工的创造性劳动。本部分把现场作业工人作为主要研究对象，分五个问题来进行说明：一是对创造性劳动管理的相关研究进行归纳，在此基础上阐明创造性劳动具有个体思考性、知识整合性和价值创造性的特征及解决问题和知识创造的两种表现类型，指出人力资源管理对员工创造性劳动的影响包括工作组织、能力培养、薪酬与晋升、信息交流四个方面；二是从工作组织的角度分析如何提供获取、整合、使用知识的机会；三是从能力培养的角度分析如何培养员工的知识技能；四是分析如何把知识技能与薪酬和晋升相结合来激发员工自主性和创造性；五是分析如何通过员工信息交流来促进知识分享。

一 创造性劳动管理的理论研究

（一）创造性劳动的定义

什么是创造性劳动？这可以从创造性劳动的主体、内容、成果几个角度来理解。

1. 从创造性劳动的主体来定义

创造性劳动是以人的思考为基础的行为，可称之为个体思考性。Amabile（1988）指出，创造是指个人或由相互合作的个人组成的小群体创造新奇、有价值的想法。在这里，个人或小群体是创造性劳动的主体，由于他们思考，所以有了新奇、有价值的想法。守岛（2002，2011）认为，创造性劳动是以思考为基础的知识创造过程。不论创造性劳动的目的是为了解决问题还是为了创造新知识，都离不开人的分析、判断、推理、架构等思维行为。人的思考不仅贯穿于创造性劳动的整个过程，而且也主导着创造性劳动的整个方向。

2. 从创造性劳动的内容来定义

创造性劳动的本质内容是对知识进行整合，这被称为知识整合性。Schumpeter（1934）认为，创造就是尝试新的知识组合，因为创造其他的事物，或者用不同的方法创造相同的事物，意味着要对这些事物的构成要素、影响因素用不同的方式来组合；Weick（1995）也指出，组织中的创造性活动，就是把各种外部信息、知识纳入组织框架进行重新组合和融合的过程。因此，人在创造性劳动中不仅要依赖知识，以知识为材料，而且更要根据需要把各种知识整合起来，变成新的知识。

3. 从创造性劳动的成果来定义

创造性劳动的成果是有价值的创意和方法，这称之为价值创造性。所谓有价值，是指能对组织业绩有所贡献，如带来工艺进步的建议、带来市场份额的新产品开发、提升技术水平的专利、新商业模式等。创造性劳动的成果有很多形式，但其源头的创造性劳动可以被归纳为解决问题型、知识创造性两种类型。守岛把人的思考活动分为三种类型。第一种类型是任务处理型活动。这类活动的特点是，员工在既有的知识框架中，思考选择哪些知识来实现给定的任务目标。员工不进行知识整合，只进行知识选择（匹配）。员工对组织的价值贡献是通过在给定信息条件下选择使组织利益最大化的决策来实现的。第二种类型是问题解决型活动，是指员工要针对任务中出现的变化及问题，根据既有知识与经验提出解决方案。这类活动的特点是，任务目标存在着不确定性和不可预测性，并且问题没有现成答案，员工需要对既有知识与经验进行整合，在此基础上做出推测和判断。员工对组织的价值贡献是应对变化、异常和解决问题。第三种类型是知识创造型劳动，即通过整合既有的知识与信息得到新创意、新方法的活动。在这类活动中，员工通过提出至今没有的新创意和新方法，为组织创造价值。一般认为，创造性劳动是指知识创造型活动，但是，问题解决型活动也属于创造性劳动，因为它需要员工在整合既有知识的基础上做出判断和推理。

（二）创造性劳动的激发

以上分析阐明了创造性劳动是以员工思考为基础、以知识整合为核心、以解决问题和创造知识为目的的行为。下面来分析如何利用管理手段激发创造性劳动。

1. 工作组织管理影响员工获取知识的机会与渠道

要使员工把各种知识整合起来用于解决问题和创造知识，首先必须让他（她）获取知识，因此，员工是否有机会获取知识、如何获取知识，决定了其能否在工作中运用知识、创造知识。工作组织是决定员工如何工作、如何进行岗位配置的制度安排。它影响着员工获取知识的机会与渠道。布朗（2008）指出，工作组织与知识体系结合起来为员工提供了解决问题的空间，影响着他们解决问题能力的形成；守岛（2011）指出，岗位轮换等制度，向员工提供获取高质量经验的机会，使他们获取新知识技能和思维方式成为可能。

2. 能力开发体系影响员工形成解决问题能力和知识创造能力

员工不仅在工作中获取知识，而且也从技能培训中获取知识。尤其是新出现的科学知识，需要通过系统的、脱产的形式来学习。如当需要快速开发新产品时，就必须给予员工脱离日常作业、系统吸收新产业知识技能的充分时间。因此，企业是否有一个紧密结合技术发展和工作需要的能力开发体系，对员工能否形成解决问题能力和知识创造能力有着十分关键的作用。

3. 信息交流机制影响员工的知识来源和知识结构

守岛（2011）指出，知识来源与知识结构对知识创造有着重要影响。知识体系越复杂、知识越多元化、信息越异质化，就越有可能进行有意义的知识整合和创造出新知识；Sampson（2007）对世界437家企业的专利引用数据进行分析后发现，企业间的研发合作带来知识多元化，对企业创新起到了促进作用；Taylor和Greve（2006）、Choi和Thompson（2005）则从人才的角度指出，员工队伍的多元化对扩大知识融合范围、促进跨领域知识交流有积极作用；野中（1999）认为，新知识的创造离不开人，知识在人的头脑中诞生，在组织中被人们共享、储存和再利用，特别是人与人的交流，是新知识诞生的重要契机。知识是通过显性知识和隐性知识的相互转化创造的。知识创造的关键因素，是不同形态的知识之间、拥有这些知识的不同人之间的相互作用。人们在相互作用过程中所共有的情境与关联性，被称作"场"（日语发音 Ba）。"场"有很多种形态。它可以是实际存在的办公室、项目团队，也可以是虚拟存在的实践社区、视频会议、虚拟团队，还可以是人们共有的体验、思想、意象等精神空间。场的存在为个人参与各种知识转化和推动知识螺旋上升运动提供平台、机制和环境。总而言之，有利于知识分享的信息交流机制，会促进知识来源的多元化和知识结构的复杂化，为个人进行知识转化与知识创造奠定基础。

4. 薪酬与晋升制度影响员工的自主性

员工是创造性劳动的主体，员工的思考贯穿于创造性劳动的整个过程。员工的自主性对创造性劳动有着非常关键的作用。守岛（2011）认为，工作设计对员工的内生性动机有影响。任务的自律性、挑战性、成就感和员工的自主性及创造性之间具有正向关系。他还指出，创造性劳动的过程和成果不容易被测量，因此，基于长期绩效的评价制度有利于激励员工的自主性和创造性。知识创造具有不确定性，劳动成果与员工的努力程度不一定成正比关系。因此，长期绩效薪酬、晋升的激励手段，比短期绩效薪酬、奖金的激励手段，更加能降低员工的创新风险，鼓励员工创新。

本书认为，人力资源管理是一个系统，工作组织、能力开发、信息交流、薪酬和晋升这四个方面都不可缺少，它们结合起来才能有效地激发创造性劳动。布朗（2008）认为，人力资源管理和知识体系结合起来可对创造性劳动产生影响，她所指出的知识体系实际上就是工作组织管理、信息交流机制。布朗（2008）指出，知识体系有三个主要的组成部分：技术信息的来源、沟通网络和知识产权控制。人力资源管理体系也有三个主要的组成部分，即工作组织、培训和技能开发、薪酬与晋升制度。知识体系和人力资源管理体系结合起来，共同影响员工的知识来源、获取知识的自主性以及员工的创造性。她认为，企业在决定工作组织、技能培训和薪酬与晋升决策上有两种相对的形式：一种是以企业规则为导向的内部型体系；另一种是以外部市场为导向的外部型体系。内部型体系依赖阶层规则在团队安排工作、培训，并按照资历与业绩来构建薪酬标准。外部型体系则依赖外部劳动力市场来确定员工的薪酬，员工掌握自身的职业生涯，和相似领域其他同行保持联系，在工作团队内独立地工作。知识体系也有内部与外部两种形式。内部型体系主要依靠企业内部的知识来源，获取的外部信息基本上是公开信息。外部型体系主要通过个人与外部同行的私人网络或私人合作联盟来获取信息。内部型人力资源管理体系和知识体系倾向于支持团队学习和问题解决机制，但可能限制个体员工的创造性和主动性。外部型人力资源管理体系和知识体系有利于支持员工把内部知识与外部知识相结合，促进员工的创造性和主动性，但可能会遇到过程控制的问题。

三輪卓已（2011）认为，每个员工的劳动实际上都包含着知识创造的成分，只不过程度不同而已。组织应该根据知识创造程度的不同选择不同的管理措施。劳动的知识创造程度越高，就越需要提高员工的内生性动机、实施长期评价政策，降低员工的创新风险。劳动所需要的知识的通用程度越高，就越应该采取外部招聘、业绩型报酬、早期晋升等措施。劳动所需要的知识的特殊性越高，就越应该采取内部培养、长期激励、分期晋升的措施。

根据以上分析，本书把人力资源管理对创造性劳动的影响归纳为四个方面，即工作组织管理、能力培养体系、信息交流机制、薪酬与晋升制度。工作组织管理决定员工的工作内容、工作方式、解决问题的程序以及岗位配置，它提供内生性动机、提供积累经验的机会、影响员工的知识来源；能力培养体系包括在岗培训和脱岗培训，提供学习各种新知识新技能的机会与平台；信息交流机制通过构建各种社会网络，促进知识分享；薪酬与晋升制度通过把知识和技能与薪酬、晋升挂钩，激励员工的自主性和创造性。

下面就是从这四个方面来分析日本企业如何支持创造性劳动的。

二 日本企业的工作组织管理

工作组织，指对员工的工作内容、工作方式、岗位配置以及解决问题的程序制度。这些制度对员工得到哪些工作激励、积累哪些经验以及获取哪些知识非常关键。

工作设计理论认为，具有自律性、复杂性、挑战性的工作内容有利于激发员工的内生性工作动机，员工从工作中可获得较大的成就感和满足度。员工的创造性劳动是以思考为基础的行为，而思考本身是高度自主的行为。因此，工作越是要求自律性，越是复杂，越有挑战性，就越能促进员工的思考行为。工作内容还决定了员工所能获取的知识来源。除了要操作，还要进行质量检查、参与设备检修的工人，和只需要操作的工人相比较，显然有更多的机会学习不同的知识技能，有更大的可能性对知识进行整合。工作方式、岗位配置同样也影响员工所能获取的知识和技能的范围与类型。如轮换岗位的员工比只在固定的岗位工作的员工，有更多机会学习不同的知识和技能，在工作中利用知识的机会也更多。解决问题的程序，涉及技术问题的发现及克服措施设定、需要咨询的人员、参与解决问题的人员、问题解决后的报告与研究等。这些制度安排会影响员工知识分享方式、学习和运用知识的机会。

有研究指出，在传统的美国制造企业，现场工人的职责就是操作机械设备制造产品，至于检查质量、修正不良品、监控设备、排除设备故障这些工作，另有专人负责，更不用思考规划和控制生产计划、工艺改进这样的明显带有管理、技术属性的工作（沃麦克等，1999；波特等，2002；拉佐尼克，2007）。然而，在日本企业，工人的工作除了操作以外，还要检查产品质量、修正不良品、监控设备、排除一些简单故障、参与工艺改进和新产品开发。现场员工团队有时还要参与规划和协调生产流程，控制生产节奏。这意味着日本企业员工的劳动需要更多的自主性、判断力和创造力，这属于创造性劳动的范畴。

小池、猪木（1987）的调查显示，日本企业不论行业、规模大小，其工作组织均有以下共性：

（一）在工作中均包含了需要员工发挥自主性、判断力和创造力的内容

工人的工作通常都包括固定与非固定两部分。固定工作指每天都要做的工作，如设备操作、质量检查。非固定工作是根据生产状况灵活实施的任务，具有应对变化、解决问题的性质，如修正不良品、排除故障、工艺改进等。质量原因分析、设备检测、故障处理这些工作，只在问题出现时才需要。如果安排专人负责，存在时间浪费的可能。日本企业为了快速应对市场变化，减少因人员、质量、设备原因造成的生产损失，降低生产成本，要求每个员工参与质量检查、设备检测和故障处理，尽可能把问题解决在萌芽阶段。因此，质量检查、设备检测、故障处理这些需要创造性劳动的工作，就成为现场员工职责的重要组成部分。在机械企业，工人每天除了操作铣床、车床、钻床、加工中心等设备加工零部件之外，还要按照规定数量比例抽取零部件进行检查，如果发现不良品，就要采取解决措施。此外，工人还要负责检测设备运转，发现故障后要立即维修。有研究指出，在丰田汽车公司的生产线上，工人负责质量检查和设备监测，当工人发现不良品或设备故障时，有权拉闸停下生产线检查（沃麦克等，1999；波特等，2002；拉佐尼克，2007）。

小池（1991）指出，企业关于岗位职责的界定有分离、统一两种方式。分离方式强调每个岗位的区别，严格界定每个岗位的职责，员工的工作任务按照岗位来安排，如现场员工负责设备操作，质检人员负责质量检查，维修人员负责设备检测和故障处理。统一方式则不对岗位进行严格区分，允许岗位之间存在职责重叠，员工的工作任务不完全按照岗位来安排，在这种方式下，可以要求工人参与质量检查、设备检测和故障处理，做一部分管理工作。很多企业采取分离方式，主要有两个原因：一是出于效率的考虑，期望通过专业化分工来提高效率；二是为了更好地实施对工人的控制。然而，日本企业一般认为，分离方式不是最有效的方法。他们认为，对于生产过程中的变化、异常，现场员工是最先察觉、发现的人，只有现场员工密切关注作业进程，积极参与质量检查、设备检测和故障处理，才能够真正做到快速应对变化，减少浪费。因此，应该把现场员工也纳入到质量检查、设备检测、故障排除的范围内，发挥操作工人的主动性、创造性，这才是有利于提高劳动生产率的管理手法。

（二）多种、轮换的岗位配置，有利于员工获取多种知识技能

日本企业一般不把员工固定在一个工作单元与工序，而是根据专业关联性，按照从简单到复杂的原则，让他们在工作单元与工序之间轮换。

小池（1991）观察到日本大企业岗位轮换有以下特点：①岗位轮换的频率较高。现场的人员配置经常变化。工人不固定做一个工作，而是轮换着做各种工作。如电机工厂的配电盘组装工人的工作每年变化一次，即每年组装不同型号或规格的配电盘。化工厂的发酵炉控制工上午在控制室内负责监视仪器，下午则负责设备检修。汽车组装工人每三个月改换一次工序。尽管由于企业具体情况不同，岗位轮换的频率有快有慢，但从工人掌握技能种类之多来看，日本大企业岗位轮换的速度是比较快的。②岗位轮换涉及的范围较广。这是与美国企业比较得出的结果。日本大企业的岗位轮换涉及生产部门的大部分工位、工序。岗位轮换不仅在班组内部之间进行，有时也在不同班组之间、不同部门之间轮岗。③岗位轮换实施平等。日本企业的岗位轮换由现场负责人决定。所有工人都要定期或不定期地轮换。④岗位轮换成为常规性制度。有的企业使用技能管理表、技能图来了解员工所掌握的技能种类、技能水平，并据此分配任务和安排岗位轮换。有的企业对每个员工的岗位配置进行记录，把每个人能胜任的工序、能做的任务做成一览表，定期由现场负责人进行鉴定、填写，按照从简单到复杂的顺序进行岗位配置。

藤本（1998）指出，日本技术开发人员的技能培养，采取横向岗位轮换与纵向晋升相结合的形式。横向岗位轮换贯穿于日常的工作设计当中。汽车制造企业车体设计部门采取项目形式工作。项目成员需要多少人、这些人承担哪些零部件的设计、承担项目的形式等，要随着项目进展而变化。在设计初期阶段，车体外壳、电气部件、功能部件等设计需要人员很少，但随着设计进入后期阶段，设计人员的数量将增至20—30倍。年轻的设计人员先是在项目后期阶段参与进来，这时整个项目成员较多，新进人员所承担的任务比较少。积累经验后，将在项目的初期阶段就进入，承担的任务也将增加。随着时间的推移，该设计人员参与的项目越来越多，所承担的工作范围也越来越广，积累的经验日益丰富，技能不断提高。

有的企业通过职务等级晋升来实施岗位轮换，拓宽员工技能面，丰富员工的工作经验。如某汽车企业每年2月组织技术员工与上司进行"自我申报面谈"，确认调动意向和能力情况。调动范围是与其技术关联度高的领域。该企业还规定，部门内、部门间的岗位调动是技术人员晋级的必要条件，如"股长晋级必须有课长之间的岗位调动经验；课长晋级必须有部门间的岗位调动经验"。

（三）提供学习技能和使用技能的机会

在日本企业，当工人发现不良品、设备故障时，首先被要求自己想办法，实在解决不了的，才请求班长、技术人员来解决。根据调查（小池、猪木，1987）显示，有的企业规定，当工人请求班长解决问题时，要陈述自己的判断和解决办法；有的企业规定，30 分钟内可以修好的设备故障，工人自己修理，维修时间超过 30 分钟的故障，由技术人员修理。为了鼓励工人学习解决问题的技能，企业要求工人观摩专业人员的维修过程。如某电池企业规定，工人负责设备小修理，如更换皮带、拆解给料漏斗、更换滚筒轴承等；干燥机的整体拆解等大型维修由设备维修人员负责，但所有工人要参加整体拆解过程。某化工企业规定，当生产出现异常时，工人首先要推测原因，是误操作还是计量、外部设备损坏、容器位置、原料、发酵菌等方面的问题。然而，要搞清楚原因，必须能画出配管图、装置结构以及以往的异常历史。为了让工人掌握这些原本属于技术人员掌握的技能，企业主要采取以下措施：一是采取岗位轮换，让员工有机会接触各种装置，学习不同知识技能；二是建立异常报告制度，要求工人在每次处理完事故之后书写异常报告，详细记录事故现象、原因、处理方法等信息。这些报告多年积累下来，成为工人获取知识与技能的一个重要来源。另外，当事故得到处理之后，要召开事后报告会、研究会，不仅参与事故处理的工人要参加，其他所有员工都要参加。这也成为工人获取解决问题的知识与技能的重要来源。

三　日本企业的能力开发体系

如上所述，日本企业非常重视在工作中锻炼员工，把质量检查、设备检修、故障处理等要求智力和知识的工作纳入现场员工的职责范围，通过岗位轮换提供学习和运用知识技能的机会，还让工人观摩专业维修过程、编写故障处理报告、参加故障处理会议，促进内部知识分享。这些原本属于管理性业务实际构成了在岗培训（OJT）的内容，为员工的创造性劳动提供了基础。

重视在岗培训的同时，日本企业也根据需要采用脱产培训（OFF-JT）以及课堂形式的知识传授。日本企业认为，在工作中学习知识技能是维持生产效率的需要，但在工作中获得的知识技能，是和企业现在的制造方法、设备技术相关的，终将会随着制造方法的进步、设备技术的升级而被替代。因此，员工还必须学习新的知识技能，而学习新的知识技能，就不能采取在岗培训的方式，因为在岗培训依靠经验和内部分享来学习，不是最有效的方法，而要采取脱产培训或课堂形式的培训。很多日本企业设置有专业课程培训来提高员工技能。一般由人力资源部门组织，委托企业属下的工业技术学校、技术培训中心实施。培训内容包括新加工方法、新设备维修技术等。

（一）丰田汽车公司的能力开发体系①

丰田汽车公司有两所培训学校，一所是丰田工业高等学园，专门招收初中毕业生，学制三年，为丰田汽车公司培养核心技能工人。该校学生毕业后有三条出路：一是特别优秀的被选拔到国家职业训练大学的教练员培养专业继续深造，为期四年，由丰田汽车公司提供奖学金；二是一部分优秀的学生被选拔到丰田汽车公司的另一所学校——丰田工业大学继续深造；三是其余学生被分配到丰田汽车公司工作，其中，60%的学生到组装、涂装等直接操作部门，40%的学生到检测、技术、模具等间接操作部门。这些毕业生中有很多人将成为现场管理人员，如被分配到直接操作部门工作的人中，40%成为班长，30%成为组长，25%成为工段长。另外一所学校是丰田工业大学，设有本科、硕士、博士课程，专门培养产业技术人员和研究人员，面向社会招生，其中也包括从丰田工业高等学园中选拔一部分毕业生。

丰田工业高等学园的教育训练包括技能、知识与身心素质三个方面。关于技能，又包括基础实技与应用实习两个模块。在基础实技模块，第一年不分专业，所有学生在教育中心的实习工厂接受训练，一年后学校根据本人志愿、职业适应性检测、必修学科成绩、入门实习成绩、性格等来决

---

① ［日］森野边荣次郎：《丰田的人才战略》，钻石社1989年版，第192—201页；［日］八幡成美：《认定职业训练学校的技术技能者培养现状（2）》，政法大学出版社2010年版，第97—112页。

定每个学生的技能专业与实习车间。在应用实习模块，学生到车间参加操作，边工作边学习生产所需要的各种技能。指导学生的教练，通常由车间的组长担任，组长要为每个学生做出计划，系统地推进训练。

另外，丰田汽车公司还针对在职员工设计了脱产和不脱产的培训课程。如为厂长、课长及工段长、班长与组长，以及课长以上管理员工准备了不同的技能培训课程。①厂长培训课程。以提高指导下属改进业绩的能力为目标，内容包括改进业绩的重要性、创意产生方法、业绩改进方法、丰田生产方式的关键点等，为期 8 天，采取授课、讨论与实习相结合的方式。②课长与工段长课程。以培养实施作业标准、指导作业改进的能力为目标，内容为具体作业的改进方法，为期 10 天，采取授课、讨论与实习相结合的方式。③班长与组长课程。以培养多能工为目标，为期三年。在这个培训中，培训教练要结合各车间的具体需求，为每个学员量身定做培训方案。培训采取在岗培训方式，每个学员配有一名教练，一对一地学习。④课长以上管理人员课程名为生产技术研修，内容为电子信息概论，以及业绩改进的基本观点、着眼点、判断、改进顺序、工序管理、动作分析等，为期 5 天，采取授课、实习、课题研究相结合的形式。针对一般员工，丰田汽车公司还设计了一些非技能培训课程。如青年工人培训课程（WSTC），目的是培养年轻员工的社会观、企业观、勤劳观；组长技能提高课程，针对担任组长已过 3 年的工人，培养他们的现场组织能力。这些培训课程虽然和技能没有直接关系，但对员工提高学习技能的主动性、推进组织学习也是有作用的。

（二）日本电装公司的能力开发体系①

日本电装公司从 1975 年起参加世界技能奥运会（每两年举行一次），共获得 16 枚金牌，被认为代表了日本最高制造水平。公司除了在岗培训以外，还设有电装工业技术大学校、技研中心两个机构，负责员工的能力开发。电装工业技术大学校设有三类技能培训课程：第一类课程是工业高中课程，由该校属下的电装工业高中负责。该课程每年招收 210 名初中毕业生，学制三年，学生毕业后全部进入电装公司的制造、设备制造、开发试做等部门工作。工业高中课程的特点是注重实际操练。该课程三年的总

---

① ［日］生驹昇：《支撑物造的技能集团》，《电装技术评论》2001 年第 2 期，第 120—127 页。

学时是 5580 小时，比一般工业高中多出 2000 小时。而多出的学时主要用来训练操作技能。工业高中的教育目标，就是培养既会金属加工又懂控制系统的复合型技能工人。在课程结构上强调机械、电子教育并重，在训练上注重操作技能与设计技能相结合，采取循序渐进的方式逐步提高学生的能力。如对一年级学生，训练如何使用锉刀进行精细加工、如何操作通用机床等，让他们掌握金属加工的基础知识与精度感觉；对二年级学生实施机械电子教育，教授各种设备控制装置的基本原理，以及如何运用这些设备加工零部件；对三年级学生，让他们设计小型设备、制造零部件、编制控制装置程序和进行最终调试。第二类课程称为高等专业课程。这是以公司高中学历的在职员工为对象、以培养高度知识型技能工人为目的的培训课程，学制一年。每年从公司各部门招收 21 名学员。该课程主要培养学员掌握最新的制造方法、设备技术。第三类课程称为技能开发课程。该课程以培养具有良好精神素质、卓越应用技能和判断能力的技能工人为目标。参加该课程的工人有代表日本电装公司参加国内外技能竞赛的资格。日本电装公司从 1975 年起参加世界技能奥运会（每两年举行一次），共获得 16 枚金牌，被认为代表了日本最高制造水平。技能开发课程的学员，从上面所介绍的工业高中课程、高等专业课程的毕业生中选拔，学制为2—3 年。训练范围涵盖了日本电装公司主要的八个工种。学员在这里获得高难度技能的强化训练。如训练如何在精密器具上组装工件、如何解读复杂设计图、如何设计完美无缺的加工方法与顺序、如何提高微小单位的加工技能、如何准确预测多个部件的组装尺寸等。学员毕业后，一部分人成为该课程的教练，其他人被分配到设备制造、开发试做、产品制造部门，成为这些部门的核心骨干，在与技术人员合作开发新产品、新工艺中发挥关键作用。

另外，日本电装公司还建有技研中心，该中心负责一般工人的技能培训。技研中心根据工人的技能程度与年龄阶段设置了不同的课程。所有工人都可以申请参加。如基础技能研修课程是针对缺乏工作经验的青年员工设置的，主要培训产品制造基本原理、质量管理及安全意识、装置操作方法、新设备操作方法等。高技能研修课程则是为有一定工作经验、需要进一步提高技能的员工设置的，它又分为两个系列：第一个系列是为设备操作人员准备的课程；第二个系列是为设备制造人员（包括模具制造）和设备维修人员准备的课程。设备操作人员系列共学习 15 门课程，涉及控

制、机器人、机械电子三个专业的知识。设备制造与维修人员系列共开有
44 门课程，涉及电子、控制、机器人、机械电子四个专业的知识。高技
能研修课程有两个特点：一个是课堂训练与实际操练相结合；另一个是使
用最新设备操作。学员有大量时间接触新设备和使用新设备进行操练。特
别是针对设备操作人员了解设备功能和结构的机会较少的特点，专门增加
了时间，让他们实际考察设备的内部结构，了解设备功能，增加感性知
识，还增加时间来训练他们如何提前预测、感知设备故障，以及如何进行
设备维修。

通过以上事例可以看到，日本企业通过构建能力开发体系，为员工学
习知识技能提供了很多机会。它们注重把脱产培训和公司的实际需求结合
起来，培训课程、培训中使用的设备等，都根据实际需要来设置。日本企
业还特别注重培训员工的知识技能，而不单纯是操作技能。这是因为，企
业在工作中要求员工判断、推测、分析，运用智力和知识来解决问题和创
造知识。所以说，日本企业的能力开发体系的目标指向，和日本企业在工
作中对员工的知识技能要求是一致的，从而有效地支持了员工的创造性劳
动。但是，需要指出的是，脱产培训毕竟不是经常性的培训，因此，它必
须和在岗培训结合起来发挥作用。

四　日本企业的信息交流机制

创造性劳动的目的是创造新知识新技术。野中郁次郎（1990）指出，
新知识的创造建立在显性知识和隐性知识的相互转化基础上，而员工间的
知识分享对此起着关键作用。因此，促进员工自发地进行知识分享，是创
造性劳动管理的重要任务。

员工的知识分享，可借助信息资源和社会网络两种方式。信息资源指
数据库、互联网、电子图书、出版物或培训课程。员工从信息资源中可以
获取大量的显性知识。社会网络指员工的人际联系，体现为两种形式：一
种是面对面的形式，如正式与非正式的访问、研讨会、学习会、工作午
餐、培训；另一种是非面对面的形式，如电子邮件、微信等。员工通过社
会网络既可以获得显性知识，又可以获得隐性知识。

在这些方式中，日本企业尤其注重借助员工间面对面的交流来促进知

识分享。如日本企业重视把老员工的技术传承给后辈员工，年轻员工进公司之后通常会被分配到老员工手下接受业务指导，当年轻员工有一定工作经验后，就要负责指导后辈员工。日本企业认为，长期的、面对面的指导关系有助于技术传承，为了稳定这种关系，企业还把指导能力作为决定职能资格晋升和干部考核的一个标准（小池，1991；藤村，1996；林，1995）。

布朗（2008）对美国和日本半导体企业工程师的知识体系进行了调查。她发现，日本员工比美国员工更加重视公司内部的面对面交流，把它作为最重要的技术信息的渠道，团队会议和研讨会被列为次重要的渠道。而美国员工比日本员工更加依靠电子邮件以及电子备忘录，相对较少依靠内部的实时通信。日本企业鼓励工程师发表论文、递交专利申请以及在学术会议发表论文，与同事分享信息，采取团队协作的工作方式，低级工程师通过与高级工程师在项目中一起工作并接受培训，规定高级工程师有指导、教育的职责，以此来鼓励分享知识。

随着网络技术的进步，日本企业也越来越多地把网络技术运用到知识分享中。例如，野村综合研究所重视人与人的直接交流和借助信息技术开展自学。在野村综合研究所，每周都有一次午餐会，其实就是一个非正式的知识交流会。在会上，研究人员就各自感兴趣的问题进行演讲。公司对各种研究会进行录像，以便缺席人员自学，同时，还负责将研究会的研究成果下载到所内知识库，并设置了意见回馈栏，以便全员交流和学习。[1]

NTT 东日本公司[2]是向首都圈提供信息通信服务的公司。该公司通过办公布局和网络技术，为其员工创造了多种途径的交流平台，促进了知识的传播和创造。公司本部大楼各层被分为四个区域：基本区、创造区、集中区和放松区。基本区是进行项目决策的场所，在这里，每个人不设置固定的座位，员工到公司后，拿着笔记本电脑、手机和小推车，自由选择座位并登录到网络即可。这个空间既利于新项目小组的迅速组建，又利于现有项目成员之间的技能共享，以及由于座位偶然相邻而产生交流。创造区是项目团队进行讨论的场所，这里配有 42 吋的显示屏。项目团队可以从

---

① ［日］野村综合研究所：《经营可视化的知识管理》，NRI 野村综合研究所，1999 年，第140—141、123—124 页。

② ［日］野中郁次郎、梅本胜博：《从知识管理到知识经营：知识管理的最新进展》，《人工智能学会杂志》2001 年第 1 期。

网上把资料下载到电脑，再投放到显示屏，进行讨论，把创意转变成具体概念。这个区域多用观赏植物分隔，根据项目成员人数调节。集中区是潜心工作的场所，如系统工程师进行编程、系统设计或编写方案。这里被隔成小单元，环境安静，便于集中精力工作。放松区由吸烟室、饮料吧、杂志角构成，员工也可在这里闭目养神，或者交谈。

另外，该公司还构建网络平台来促进知识分享。全公司 1600 名员工每人都有主页，主页里不仅有与员工的工作相关的信息，如业务领域、项目记录等，还有与个人的爱好相关的信息。员工可以通过个人主页相互联系，检索信息、获取信息、交流信息。每个部门也有自己的主页。其中，设有名为"智慧森林"的栏目，主要内容是业务方案书、研讨会 PPT 资料等。该栏目的目的是使优秀的业务技巧在组织内部传播、共享。公司还建立了以下管理制度：业务经理每天阅读部下通过网络上传的方案书，对其认为值得与其他员工共享的方案书做出书面评价，并且将其登录到"智慧森林"；电脑对被登录到"智慧森林"的方案书，按照被检索的次数、得到使用该方案并取得成效的员工的感谢次数，进行排序；公司每半年对排在最前面的两个方案进行奖励，颁发"最佳知识奖"。

五　日本企业的薪酬与晋升制度

在日本企业，员工的解决问题能力，完成工作时的独立性与创造性，通常被视为决定薪酬和晋升的两个重要标准。

日本企业大多制定了职能资格制度。职能资格制度建立在对工作能力评价的基础上，并且与薪酬、晋升直接挂钩。有的企业按照工作描述、岗位测评，制定职能资格的能力标准，如某汽车公司规定铸铁铸造部门二级磨具工需要掌握设备一般知识、壳砂干湿程度、润滑剂知识、起重车操作等 22 项知识和技能（林，1995）。有的企业则规定，二级晋升标准为可独立完成三分之一的工作，三级晋升标准是能独立完成三分之二的工作，并能处理简单问题，四级晋升标准是能独立完成所有工作，并能处理复杂问题（小池，1991）。还有的企业把能力和行为同时作为决定晋升的标准：第一项标准是技能的宽度与深度，即能完成多少任务、完成什么程度的任务；第二项标准是学习态度的积极程度；第三项标准是帮助同事的热心程度、指导别人的能力；第四项标准是提建议的积极程度与建议的质量（小池、猪木，1987）。在日本半导体企业，"解决问题时的创造力和首创精神"是决定工程师的薪酬和晋升的首要标准，资历是第二位的标准（布朗，2008）。因此，员工要想晋升，就必须努力学习知识技能，掌握更多、更难的技术，尤其是要提高解决问题的能力和创造力。

在职能资格制度下，工人也是可以凭借能力晋升到一定职位的。一般来讲，工人可以晋升到管理系列中的较低职位，如课长。在机械企业，工人进厂时没有级别，经过一段时间工作后，可由课长推荐参加职能资格考试，合格后晋升到职能资格等级的最低级——六级，相对应的职位是组长、段长；再经过一段时间工作后，又可由课长推荐参加职能资格考试，合格后晋升到五级，相对应的职位是车间主任，依次类推，最终可晋升到课长。而课长属于管理系列的职位（小池、猪木，1987）。

在日本企业，成为课长的人，有的以前是技术员，有的是工人。企业并不把工人和技术员区别对待，只要有能力就可以提拔。因此，与其他国家相比较，日本工人的晋升空间相对较大，这也是日本工人为什么能长期留在企业积极学习技能的一个重要原因。

能力提高的过程是一个长期、连续的过程，也是工作经验和努力相互作用的结果。如果不对员工的学习过程和能力水平进行公正的评价，并赋予相应的报酬，工人就没有积极性学习知识和提高技能。由于人的行为受物质和精神两方面的驱动，所以，把能力作为决定薪酬、晋升的标准，可以激发员工学习知识、提高技能的积极性。然而，要评价员工的能力不是一件容易的事情。更何况是解决问题的能力，创造力就更加困难。因此，为了公正地评价员工的能力，日本企业非常注重把员工技能进步的过程记录下来。如日本企业在现场经常使用工作表、技能管理表、技能图来管理技能学习活动。这些表、图上记录着工人会做的工作种类、会做的工作内容、会做的程度，以及工人的技能学习过程。而这些内容是考核工人技能、绩效的重要资料，对工人涨薪、晋级产生重要的影响（小池，1991；林，1995；藤村，1996；爱知县劳动部，2000）。

大部分日本企业采取以范围职能工资为主，兼顾个人业绩、工龄的综合型工资制度，通过对工作执行能力的考核来确定晋升、提薪。每年的差距一般不是很大，但长期积累下去有很大的差别。因为日本工人的离职率较低，工龄较长，所以，对他们来说，这种工资制度仍可以起到不小的激励作用。

　　创造性劳动，既是劳动生产率的源泉，也是劳动者社会价值的体现。在原始资本主义体制中，资本方决定雇佣权，劳动者仅是作为劳动力的提供者，在一定意义上，劳动力与机械设备一样是没有社会属性的，是可以替换的。而在知识社会的框架里，劳动者成为知识的使用者、创造者。而知识，尤其是隐性知识是依附于人而存在的。所以，在这个意义上来看，劳动者与机械设备有着本质上的不同，具有了社会意义，不可简单替换。在知识社会中，劳动者的地位相对于资本有所变化。当劳动者的雇佣长期稳定、有创造知识的内在动机和机会、有体面的收入、有集体谈判的权力时，或许可以被称为"人本主义"。要实现如此人本主义，既需要工作组织、能力培养、薪酬与晋升、信息交流四个方面的管理制度的设计，还需要社会意识的形成和政策支持。

第七章　转型国家的企业人力资源管理

——以俄罗斯与印度为例

本书选取两个可能与我国有一定可比性的人口、地域都较大的国家——俄罗斯、印度，分析两国的企业人力资源管理。俄罗斯是公认的转型国家，印度也有一定的转型特征。通过对俄罗斯的大型垄断企业和印度软件企业这两类有代表性行业企业的人力资源管理现状探讨，试图为处于转型中的中国企业人力资源管理变革提供一些借鉴。

一　俄罗斯垄断企业的人力资源管理

俄罗斯 1991 年后政治经济体制发生了重大变化，实现了向自由市场经济的转型，成为重要的新兴经济体国家。俄罗斯自然资源丰富，在其市场化转型和经济发展过程中，依托于自然资源的垄断企业在其国民经济中扮演了十分重要的角色。这类企业的人力资源管理状况在俄罗斯企业中具有典型的意义。

（一）俄罗斯垄断企业人力资源管理现状

1. 俄罗斯企业的人力资源培训

俄罗斯企业普遍认识到人力资源的重要性，纷纷加大对人力资源的投资力度。俄罗斯企业的培训开发活动以内部培训为主，有 70% 以上的员工参加了企业内部培训。

在培训内容上，俄罗斯企业过去主要是记忆某些原理而不是学习操作方法，集中在一般归纳、职能管理、一般管理知识和技能的开发方面。随着信息化以及互联网技术的发展，越来越多的俄罗斯企业正试图运用包括"干中学"在内的更多的方式，为员工提供市场营销和技术技能方面的培训。也有一些企业采取外部培训的方式，为员工提供英语课程和财务课程的培训。在外部培训方式中，俄罗斯企业有时也将管理者和特长员工送到欧美等西方先进的企业去学习相关的技术或者管理理念和方法。俄罗斯的跨国企业都有比较正规的员工培训计划和职业生涯规划，而且更倾向于将员工送往国外进行培训。这样，企业员工接受的不仅是知识培训，还包括在西方国家和先进企业里的直接体验和感性认识，有利于理性知识和感性体验的整合。

在培训方法上，俄罗斯企业更加强调对员工基本技能的培训，强调解决现实问题的能力，强调将知识整合到工作体验中去。俄罗斯企业开展的培训更多的是在系统思考的基础上安排员工的各项培训，试图将培训开发目标与组织的商业效果紧密结合。在培训形式上，俄罗斯企业对西方企业流行的角色扮演等体验式培训方法的有效性持怀疑态度，更倾向于传统的演示法、研究会、模拟和观看西方及日本等先进标杆企业的录像带、在职培训以及师傅带徒弟等培训方法。

同时，俄罗斯企业在培训开发实践中也很注重利用现代技术，尤其是中型企业在运用学习技术方面有日益增加的趋势。多数大中型企业在人力资源开发过程中注重使用多媒体和网络等电子媒介，一些实力雄厚的企业会通过建立企业大学等形式，来加强员工的培训。此外，为了实现教学培训的专业化、连续性和管理一体化，俄罗斯企业为所有的教育、教学过程的参与者建立统一的信息平台，即建立公司教学系统的信息——教育网络平台。

2. 俄罗斯企业的人才培养

李春波（2009）研究表明，大多数俄罗斯大型企业基本建立了完善的人力资源管理体系。该体系要求企业定期、高水平地培训企业相关领导和专家，并根据每个学员和每个专业的具体情况，实行个性化教学。例如，在俄罗斯天然气工业股份公司，领导和专家的培训每1—3年进行一次，教学内容不断更新，而且培训分为五级，即年轻专家、专家、领导、储备人才和高层领导。每级都有自己的主要培训方向，并设置相应的技术、工业经济和劳动组织、企业管理、投资效益分析和战略管理等课程。对于每级培训都制订出标准的培训计划，在培训间隔以及培训过程中，对学员进行测验，根据测验结果把专家编入不同级别领导职务的人才储备库。首次进入天然气行业的专家，特别是年轻专家，要接受一年的培训，以便帮助他们适应行业要求，培养他们的职业素质并接受公司传统。

俄罗斯自然垄断型企业在人才培养中实施全方位的管理模式。除了技术人才培养计划外，还制订了专家级培养计划、管理人员培养计划等，这些计划涉及企业全体员工和管理者，既有层次性，又有连续性。例如，在俄罗斯能源火箭与航天公司的人力资源规划中，企业特别注重对工程类学生的培养，注重对实际工作中如何解决问题的讲解，把对技术人才的培养和对管理者的培养有机地结合起来。同时，俄罗斯能源火箭与航天公司与高等学校联合，建立多层次、多元化的培训体系。又如，俄罗斯天然气工业股份公司对五类人才接受培训的内容也是不一样的。对领导和专家不断实施再培训是公司人才多元化、全面化培训的主要特色，其目的是让他们的知识和技能不断升级，实质上是使他们能够根据公司的需要对市场的变化做出合理的反应，能够解决生产中如何发挥人才潜力的问题。按照培养方向，公司为他们量体裁衣，制订相应的培训提高计划。俄罗斯天然气工业股份公司还高度重视对年轻人才的培养，特别重视年轻人在高等学校和中等专业学校的培养，为他们提供组织上、方法上和经济上的支持。为了协调各方工作，公司在"人才和社会发展局"下成立了人才发展委员会，公司与俄罗斯古博金国立石油天然气大学签署了长期合作合同。在人才政策领域，俄罗斯天然气工业股份公司首要解决的问题就是对新老高级专家的培养。根据公司的发展理念，有目的地培养科技人才要求充分考虑到利用国家的个别高等学校，以俄罗斯古博金国立石油天然气大学为基础，为公司的科研发展培养年轻专家；按照新的科学研究方向，在科学院、教育部和公司的共同管理下，培养年轻专家；与俄罗斯个别重点高等学校合作，在行业主要研究院的领导下，成立高等学校某些专业教研室的分支机构，以获取天然气工业需要的知识。

在人才培养上，俄罗斯自然垄断型企业是以专业化为基础的。例如，在俄罗斯能源火箭与航天公司的人才队伍建设上，强调员工的专业知识，重视员工的业务水平，专业水平高的员工能够得到充分的尊重，并有一定的物质和精神奖励。而且，人才队伍中专业知识的分布与产品的专业构成紧密联系，较少出现专业不对口的情况。从人才培养体系看，注重专业知识的积累。专业知识的积累分为两大部分：一是学生在校学习期间，围绕着产品细分的专业进行学习，快速有效地积累工作中必需的基本专业知识；二是在工作中注重传帮带，有效地把知识从老一代的员工传递给新一代员工，保证公司知识资源的有效传承。

　　3. 俄罗斯企业的人才管理

　　俄罗斯自然垄断型企业在人才管理中非常注重管理的人性化，强调以人为本，达到留住人才，使之为企业做出更大贡献的目的。丰田公司总裁丰田宗一郎说过："员工进入企业是为了过上美好的生活。"这句话与俄罗斯自然垄断型企业的人才管理理念不谋而合。例如，俄罗斯石油公司吸引和留住人才的方式就是向他们提供优厚的待遇和良好的生活保障，使之没有后顾之忧。对于公司里年轻的科技人员，公司会帮助他们在买房时支付一定数目的首付款，而对于年龄较大的员工，则向他们提供免费住房，只要他们在公司工作就可以一直使用。此外，公司还为所有员工及其家属购买各种保险，如果员工的子女得了大病，看病的费用会由保险公司支付。这些良好的保障使企业员工能够安心工作。

　　此外，创造良好的公司内部氛围也很重要。例如，俄罗斯石油公司很重视培养员工的团队精神，同时，尽可能地给年轻人创造机会，让其看到未来发展的希望。正是由于这些良好的保障和发展环境，才使俄罗斯石油公司有了一支稳定的科技人才队伍。

　　4. 俄罗斯企业对一般员工的开发

　　从整体上看，在俄罗斯企业人力资源开发实践中，特别注重针对管理型员工和非管理型员工的特点，对这两类员工的开发目的有所差异。

　　管理型员工的开发。早期，俄罗斯企业对管理型员工的开发目的实际上是为了培养政策执行者。这表现在注重开发管理型员工的量化技能，注重提升管理者的基本知识和技能，包括一般管理领域（如协商）、商业领域（如组织行为）、领导领域（如团队构建）和技术领域（如计算机和软件）等。这种人力资源开发实践的结果往往是使管理者具备与量化技能相匹配的"工程师和问题解决心态"，而缺乏西方管理者具备的"关注人力资源和人才的心态"。也就是说，俄罗斯企业对管理型员工的开发实践与公认的管理者胜任素质开发有很大差异。俄罗斯大型制造业的管理者将更多的时间和精力放在传统的事务管理上，如计划、决策、监督和沟通等，而在服务顾客、质量管理和绩效评估上所付出的努力比较少。上述管理型员工的开发目的与实践表明，俄罗斯企业对管理者的开发比较注重人际关系技能和技术性技能，这符合中层管理者和基层管理者的职位需要，但忽略了概念性技能开发，即战略思维能力开发，无法满足高层管理者的职位需要。随着时代的不断发展，俄罗斯企业逐渐认识到相关问题，在管理开发中开始重视现代管理意识和技能的开发，并将其作为管理开发中的重要事项。同时，对管理者的开发不仅仅是使其成为西方企业的成功操作者，而是使其具备"创造性、足智多谋和勤劳"的素质。总体上，现在俄罗斯企业对管理型员工的开发已经从"教育导向"逐渐向"职业和胜任素质开发导向"过渡和转变。

非管理型员工的开发。俄罗斯企业对于非管理型员工的开发目的非常明确，即提升他们在职能领域中的知识和技能、熟练掌握基本办公程序和商业心理学知识、提高对顾客服务水平及沟通能力等，以此提升员工的工作能力，改善他们的工作绩效。这种人力资源开发实践能够为获取优异绩效提供必要的人力资本储备，对企业等营利性组织具有非常重要的意义，同时，也为员工的"横向职业发展"奠定了基础。很长时间以来，在很多美资企业中，俄罗斯员工缺少美国企业成功运作所需要具备的知识和技能。因此，这些企业的人力资源开发实践还关注是否将西方的相关工作概念整合到俄罗斯的工作环境中。从目前状况来看，俄罗斯企业对非管理型员工的开发目的非常简单和直接，仅仅是使其成为合格员工。因此，非管理型员工开发实践往往忽略了对员工管理潜力的挖掘，在一定意义上，没有为具备一定管理潜力的员工顺利步入"垂直型职业生涯发展通道"提供好的准备，这也是非管理型员工开发实践中存在的不足。

5. 俄罗斯企业人力资源工作伦理开发

宋国学（2011）研究表明，工作伦理开发主要是与工作相关的价值观开发，用以指导员工的工作态度和行为。在工作伦理开发实践活动中，俄罗斯企业设置了沟通、责任和参与意识等方面的开发：

（1）沟通意识的开发。在建设学习型组织方面，沟通与反馈本应该是核心理念，这有利于提倡每个人分担系统问题的责任。但很长时间以来，俄罗斯企业不太注重信息的反馈，其信息流动主要是垂直方向的，管理者不太愿意与下属分享信息和提供反馈。同样地，员工往往只接受信息，不提供反馈。这在一定程度上可能还是受到苏联时期的影响，也与俄罗斯文化中的权力距离大有关，造成上下级之间的隔阂。针对这些问题，俄罗斯企业逐渐认识到沟通的重要性，对各类员工进行适当的与沟通有关的开发和体验，从沟通意识和沟通技能角度提升员工的相关技能。

（2）责任意识的开发。很长一段时间以来，俄罗斯的管理体制不鼓励管理者和员工在解决问题时承担风险和责任。这种个人责任混乱，这是可以归因于俄罗斯文化中的集体主义，如苏联时期的科层组织结构促进集体（而不是个人）承担责任，国家计划决定企业的目标、结构和发展，而管理者并不总是能够控制组织和生产的结果，避免责任就成了他们的共识；另一方面，可以归因于俄罗斯文化中的不确定性规避，俄罗斯管理者在不确定性规避上的得分高于美国管理者，这意味着管理者在遭遇不确定情况时，忧虑的水平高。但俄罗斯企业的管理者却有很大的权力，这有悖于责权对等原则。俄罗斯企业认识到个人责任意识与集体责任意识的同等重要意义，对两者的倡导和提升也逐渐成为人力资源开发实践的重要内容。大多数企业通过相关的教育培训活动提升员工的责任意识，倡导个人利益、企业利益、顾客利益和社会利益相结合，为企业的可持续发展提供良好的基础。

（3）参与意识的开发。这与员工的内在感情（如参与决策、激励、工作承诺、绩效和满意度）和外在组织维度（如员工与组织文化的沟通）有关。在俄罗斯企业中，对于管理层与非管理层来说，追求个人利益而非组织利益是很普遍的现象。这在很大程度上具有苏联时期的特点。当时，国有企业缺少有意义的工人识别系统，就业都是国家统一安排。俄罗斯企业逐渐认识到参与意识的重要性，开始学习美国企业人力资源管理理论中与员工参与有关的内容，并将其应用到组织实践，但结果并不理想。例如，在没有主管参与的情况下，当工厂工人以开放形式讨论其绩效改善时，对其生产效率却产生负面的影响。由此可见，俄罗斯企业相对忽略了工人的主动积极性。

（二）俄罗斯垄断企业人力资源管理特点

1. 十分重视技术研究人员

俄罗斯企业十分重视科技研究人员，这是因为俄罗斯继承了苏联绝大部分科技精英和科技资源，俄罗斯从业人员中受过高等教育和中等教育的人口达到从业人员总数的 87%，其中受过高等教育的占 11.8%。10 岁以上居民中每千人中就有 860 人受过高等教育或中等教育。2009 年，俄罗斯每百万人中的研究人员为 3091.36 人，每百万人中技术人员为 474.98 人。[①]

1990 年以来，俄罗斯 R&D 投入和 R&D 人员在全国劳动力中所占比

---

① 资料来源：世界银行 WDI 数据库。

例呈下降趋势，如1997年的R&D人员数量比1990年下降了近52%。随着俄罗斯经济的复苏，近年来，这两项指标重新跻身于发达国家的行列。《俄联邦2015年前科学与创新发展战略》提出，要稳步提高研发投入，到2015年达到2.5%；要大幅度提高预算外研发投入，到2015年，投入研发的预算外资金要占研发总投入的70%，研发总投资达到40535亿卢布；吸引年轻人才加入创新队伍，到2016年前39岁以下的中青年科研人员要占全部科研人员的36%。

2. 注重对员工的绩效评价

过去，苏联等东欧国家绩效评价并不普遍，因为员工的报酬是与管理者紧紧联系在一起的，而与绩效没有多大关系。工人的月工资有保障，而工作能力不被考虑。近年来，绩效评价在东欧人力资源管理中普遍受到重视。随着在东欧经营的外国企业数量不断增加，用绩效评价的方法确定员工的报酬更加普遍。根据CarlFey和Pontus Engstron（1999）对18家在俄罗斯的跨国企业的研究显示，大约75%的企业使用正规的绩效评价系统，其余的也有非正式的评价系统。在这些企业中，最常见的评价方法是对照目标比较企业或部门的工作绩效，也有些企业是由高层经理对雇员评价。还有一种是采用自上而下和自下而上的评价方法，即由主管评价下属，再由下属评价主管，这种方法在企业里应用得非常有效。

3. 人力资源开发实践中注重与本国特点相结合

成功的人力资源开发实践必须考虑环境因素。员工的价值观、信仰和行为方式，对俄罗斯文化价值观的理解及其影响教育的方式，都会影响人力资源开发实践的效果。在过去经验的基础上，俄罗斯企业人力资源开发实践考虑了本国文化特点和员工特点，并不是一味地照搬照抄美国方式。毕竟西方国家的一些理念，如参与管理、流程再造等，不能直接地移植到俄罗斯来。俄罗斯企业重视工作伦理开发是这一特点的最好证明。

4. 人力资源开发实践中考虑了工作与学习的平衡

俄罗斯企业普遍注重在人力资源开发实践中避免工作效率降低的问题。考虑到员工是接受继续职业教育和培训，企业尽可能减少员工离开工作岗位的时间，故其一般偏向于短期课程、论坛和晚间学位计划。据相关调查，90%的企业将员工送去参加短期会议和论坛，78%的大型企业和60%的中型企业允许员工参与大学或学院的晚间学位教育，很少有企业愿意员工参与全日制教育和培训。

5. 人力资源管理与企业战略相适应

俄罗斯自然垄断型企业都有可行的发展战略，为了落实这些战略目标，企业会制订相应的人才培养计划，来保证目标的实现。例如，在俄罗斯天然气工业股份公司，公司会根据企业的发展战略培训新的科学方向的专家。这些任务的落实由全俄天然气研究院组织成立的高级专家培训中心负责。中心按照企业发展战略，通过竞争选拔全职博士研究生和在职博士研究生。每年，"公司人才和社会发展局"确定该中心要接收的学员数量以及分专业为子公司和下属单位培养的人员清单。公司竞争选拔学员的程序能够综合考虑候选人的受教育水平和职业水平。公司所属子公司通过竞争选拔后派遣的专家和在读博士研究生，要与全俄天然气研究院（高级专家培训中心）及派出企业分别签订合同，并在公司总裁批准的预算费用范围内获得相应的行业社会福利。这样就能保证在公司拨款稳定的情况下，培养一定数量的有能力的专家，特别是能够优先解决科技问题方面的专家，使企业人才培养始终与企业发展战略相适应，满足企业战略发展的需要。

二　印度软件企业的人力资源管理

近些年，印度已经一跃成为世界上软件业增长最快的国家，年均增长率一直保持在50%以上（世界软件业年均增长率是20%），成为仅次于美国的世界第二大计算机软件出口大国。根据美国卡内基—梅隆大学软件工程学会认证的高技术国际技术标准，在获得最高水平五级的世界59家企业中，印度的计算机软件公司占了29家。而世界银行2002年年初对各国软件出口能力的调查结果显示，印度计算机软件的出口规模、产品质量和产品成本三项综合指标已居世界第一位。

印度拥有全球最大的软件外包服务公司，如塔塔咨询服务公司、Infosys和维布络（Wipro）等。相关调查报告说明，随着国际企业在软件开发、电话服务中心、网络管理等各个领域投入大量资金，印度科技正蓬勃发展，印度也正成为全球科技人才流入的重要国家。2013年，在全球科技人才流入的五大城市中，有四座城市在印度，即班加罗尔、浦那、海得拉巴和金奈。

印度信息产业腾飞的经验，最值得所有发展中国家借鉴的，还是印度政府历来十分重视教育，重视人才培养的人力资源开发战略。目前，印度的 IT 产业科研人员数量在世界上居第三位，比较著名的研究机构多达 1700 多家。可以说，印度国内丰富的软件人才和分布在世界各地的印度裔的信息产业领域的精英，正是印度信息产业的根本竞争优势。重视科技人员收入、加大对员工的培训等都是印度软件企业成功的关键。

（一）印度软件企业人力资源管理现状

1. 印度软件企业人力资源部门的地位

印度多数软件企业的高层管理者认为，人力资本能够带动企业成功。因此，人力资源部门在印度企业也更受高级管理层的重视，企业的人力资源战略与公司整体战略紧密结合。印度企业人力资源部门把薪资福利和员工行政管理等基本工作外包，但在几乎所有人力资源职能上都比美国同行做更多的衡量工作。印度企业的各种制度、人员规划和继任管理也比美国企业更加缜密。

此外，印度软件企业的中低层领导很多，使得下级和上级的沟通较为顺利，没有隔阂。因为严格按照国际标准来执行，因此，印度软件企业中的流程管理非常有序，几乎每个很小的，如五个人的一个团队就会有一个负责的人。这个负责人会和上级乃至客户交流，使得客户和企业之间没有什么沟通障碍。

2. 印度软件企业人力资源的招聘和培训

印度多数软件企业认为，学习职能（培训和员工发展）对于构建企业竞争力至关重要，代表印度软件外包行业的"印度软件和服务企业协会"从 2005 年起，开始对进入软件外包企业的从业人员进行英语和素质考试，只有获得资格者才能够被从事软件外包业务的公司所聘用。这些考试基于托福和 GRE 两项考试进行设计，前者测评英语能力，后者测评应试者的语言推理、量化推理和分析写作能力。考试及格者将被认为可以进入外包企业从事软件开发工作。不过，考试合格并不意味着可以马上获得一个职位。通过这些考试，可以帮助印度软件企业对应聘者进行遴选，或是决定进一步培训需求。同时，还可以避免印度软件外包企业人力资源短缺，使得印度软件企业可以尽早从偏远地区寻找合格的软件从业人员，并建立人才数据库。

印度知名的 IT 行业投资家曾经表示，随着外国公司大举涌入印度，印度的人力资源优势正在缺失。许多呼叫中心出现了员工流动频繁的现象，并需要增加工资待遇留住优秀员工，甚至是 Google 公司在印度招聘人员也出现了困难。

众所周知的是，由于印度工程师受教育程度高、工资成本低，海外IT 巨头最近几年纷纷进入印度开设产品研发中心以及技术支持中心。许多印度 IT 人员出国留学之后在美国硅谷等地加盟 IT 公司，这也加剧了印度 IT 人力资源的紧张局面。

（二）印度软件企业人力资源管理的特点

1. 坚持精英教育，强调对文凭和英语的重视

印度企业中流行精英文化，重视人力资源，把能否发现人才、培养人才、用好人才、留住人才作为企业能否生存发展的关键。印度精英文化的一个重要方面就是对文凭、对英语水平的重视。

张树良等（2012）调查表明，印度企业认为，学历越高，知识越多，能力也总是相应地要强一些，英语水平也必然随之要高一些。因此，在印度企业尤其是软件企业的招聘中，有文凭、英语好的人得到青睐的机会多一些。印度软件外包行业成功发展的一个重要因素在于其劳动力通晓英语。随着英语日益成为商务领域的国际性语言，印度大量精通英语的熟练技术工人已经成为推动其软件外包行业增长的主要力量。印度目前是美国以外最大的英语国家，多达 2.5 亿印度人能够流利使用英语。在印度，英语已经成为仅次于印度语的第二大语言。

为迅速弥补其在人才及科技发展方面的不足和差距，印度独立之后就将人才培养定位于高端的精英教育层面。20 世纪 80 年代中期，印度的高等教育规模就上升至世界第三位，仅次于美国和苏联。20 世纪 90 年代，印度的高等教育在校人数接近 700 万人，并稳步提升至目前的 1200 万人的规模水平。2009 年《全球竞争力报告》显示，在公共教育支出占国民总收入比例方面，印度升至第 94 位。

精英教育战略对印度经济较快增长和科技跨越发展起到助推剂的作用。例如，目前印度的软件公司通过电信网络与欧美的客户取得联系，而这个网络的软件就是印度人设计的。此外，美国航空公司、瑞士航空公司、新加坡航空公司和伦敦地铁的运行软件都是印度人设计的，技术堪称一流。美国花旗银行、英国和中国香港的巴克莱银行在各地的自动取款机软件也是印度人设计的。同时，印度对软件公司有着良好的规范体制，如

印度软件和服务公司协会规定，凡拥有 10 名职员以上的软件公司必须达到 ISO9001 认证，因此，到 1998 年已有 127 家印度软件公司获得 ISO9001 认证，成为世界上软件公司获此认证最多的国家。印度的程序设计员英语好，加之互联网的发展又缩短了他们同西方国家之间的距离，使得他们能轻易地争取到海外合同。世界银行的一项调查显示，已有 80% 的美国公司把印度作为国外软件来源的首选市场。印度信息产业的竞争力已经变得日益强大。

2. 招聘时对诚信的重视

印度企业选人的另一个重要指标与它的诚信文化息息相关。印度企业十分崇尚诚信，他们始终认为，一个企业想要长久生存下去，诚信是必不可少的。在印度，很少能看到盗版现象。印度宝莱坞电影集团董事会主席就曾十分感慨地说，如果印度国内有盗版影碟的话，宝莱坞早就垮了。这种诚信文化已经在印度深入人心。正是因为诚信文化的存在，使得印度软件公司并不担心员工因为跳槽而出卖或者泄露公司的机密。因为业内人士只要知道谁违反了信用协议，今后再也不会找他（她）做合作伙伴。可见，印度人力资源管理在选人这个环节是非常重视个人诚信度的。

3. 强调以人为本

知名人力资源管理咨询公司美国 Hay（合益）集团曾对印度 30 多位卓越企业家进行了 18 个月的深入调查访谈，撰写了《印度卓越企业领导力素质报告》，确立了四项使印度的 CEO 们有别于其他国家卓越企业家的关键因素，其中有一项是高度利他主义的经商哲学。这一点充分反映在印度企业的用人过程中。印度企业高度的利他主义引导员工不能仅仅将目光局限于自己，而是更大层面的社会、他人，促使企业员工形成一种为整体着想的导向。而只有心系他人，充分考虑集体的利益，才能真正地进行合作与配合，才能形成一支有力的团队并很好地维系其合作关系。在印度，员工将自己融入群体、融入社会，对企业有很高的忠诚度，很多印度人一辈子服务于同一家公司，很少跳槽。而与员工的忠诚相对应，许多印度企业实践着"员工第一"的理念。HCL 技术公司被《财富》杂志评为世界上拥有最先进管理手段的公司。按其董事长的说法，就是员工第一、顾客第二。印度企业中讲求的人本文化就体现于此。公司尽量在薪酬、福利等方方面面兼顾雇主与雇员双方的利益，并且充分维护雇员对自身合法利益的诉求权，使雇员对就业有稳定感、安全感。雇员为维护自身权利而罢工在印度是司空见惯的事情，解雇工人通常须征得工会的同意。

4. 重视员工培训和创新

霍夫斯坦特在对印度式管理特质的分析中，将印度社会归于弱不确定性回避型社会。印度企业家对企业发展更专注于成长和创新，表现在企业的育人方面就是十分重视人力资源开发和培训。印度很多公司不仅对员工进行技术培训，还为员工提供管理方面的课程，内容涉及"如何创造性地解决问题""如何进行创新管理"等，并且对他们的热情、毅力和行动力提出了更高的要求。

印度多数软件企业在公司内部设立了人力资源开发部和培训部两个并行独立的部门，并将培训部作为软件人才培养的主要渠道。在新员工进入公司后，都会有公司流程和普遍章程的培训，以保证员工对流程的理解和执行。对于具体项目，项目经理在制订项目计划时就会提出所有的培训需求，包括技术上的培训和其他所需的培训。而关于印度软件企业的人力资源开发的模式，具体有以下六个方面的特点：一是重视培训师素质的提高。印度企业对培训师的要求极其严格，要求培训师每学期上岗之前都要参加培训，通过之后才能上岗。二是重视教材和教学方法的国际化。印度软件培训机构不断引入新的管理思想、新的教材、新的软件开发方法，讲究实用性和有效性，重视学员的综合素质。三是重视基础人才的培养。四是实行订单式培训。这是印度软件人才培养的创举。学生在学习时就能参加软件订单和软件项目的研制开发，一旦进入企业就很快成为合格的专业技术人才。五是重视软件人才沟通能力的培养，在这方面占用的时间达到整个项目的40%以上。六是重视学生数学和逻辑思维能力的培养。

经过近20年的努力，印度软件企业成功地培育了一批又一批的人才，也成功地留住了他们，并吸引了国外人才归国。印度企业在信息技术领域取得的突出成就，是与其先进的人力资源开发和培训体系密不可分的。

5. 注重物质激励和精神激励相结合

印度软件企业把吸引人才、激励人才、留住人才作为企业管理的一项长期目标。为此，企业从物质和精神两个方面制定激励机制。在物质方面，印度软件企业采用高薪高福利的策略。印度软件企业非常重视提高科技人员的收入，通过种种措施防止人才外流，吸引优秀人才。

印度软件公司为了留住人才、吸引人才花了很大力气。为防止人才外流，更是不惜血本给予技术人员丰厚的报酬。在印度，一个软件工程师的薪水至少是国民平均收入的 10 倍以上，在知名公司里就业的收入更可高出平均收入的 30—40 倍。如世界 500 强之一的印度信息系统技术有限公司将它提供的一切优惠条件公布于互联网上，不仅员工收入高，而且还包括在园区内的别墅住房、幼儿园、商店、旅行社、各种体育设施、食堂、职工享受的无息贷款、购物补贴、医疗补贴、教育补贴和其他社会福利，职工有优先认股权，可参加企业发展计划的讨论，公司根据职工效力年限给予不同奖励，提供出国学习机会等。INFOSYS 公司不断将公司股份优先转让给员工，短短几年内，已有 200 名员工成为百万美元富翁，近 2000 名员工成为百万卢比大户。通过这些有效措施，印度也的确成功地留住了大量人才并吸引了一批出国人才归国。现在，由于国内提供大量机遇，在美国硅谷和华尔街工作的印度人已经开始带着他们的各种资本回国，成为印度风起云涌的新经济领导者。调查结果显示，2007 年印度职员的平均工资水平上涨 14%，从经理层到车间工人的收入都大幅增长，印度工资涨幅为当年全球最高。

然而，物质激励并非印度企业首要的激励手段。因为员工在满足了物质方面的需要后，只有更高层次的激励——精神激励才能收到预期的效果。而在员工精神需求方面最重要的是得到企业的认同，每位员工都希望自己的努力能得到主管和同事的认同。曾被视为有望与比尔·盖茨比肩的印度著名企业家阿齐姆·普林吉创造了全球著名的软件企业威普罗公司，他的管理理念之一就是为有能力、有才华的人提供公平、自由的发展空间。尽管普林吉持有威普罗公司 75% 的股份，但他任人唯贤，公司里没有一个亲人任职，连两个儿子都没有在公司任职。他的一个激励方法就是给每个员工一个美丽的梦，让他们为了这个梦不停努力，有时甚至不惜牺牲自己短期的利益。透过建立员工的价值标准，普林吉将所有员工的心锁定在一个目标——将公司推向世界级企业，使公司具有与世界技术产业竞争的能力。在这个目标的鼓舞下，公司上下，从董事长到清洁工都朝着企业发展的方向奋力前进，合力推动威普罗一步步走向巅峰。

6. 人才培养的独特化和国际化

在教育方面遵循国际标准，实现教育质量和人才素质的国际化。在人才培养模式方面，推行国际合作培养模式，如在信息技术领域，同美国微软开展合作培养国际顶尖信息网络技术人才。提倡人才流动的国际化，鼓励科技人才和学生赴发达国家工作和学习。印度政府和企业都认为，这种人才外流实际上是智力的提升和积累的过程,其最终的受益者仍将是外流人才的输出国——印度本身。

印度独特的 IT 人才培养模式是领先于世界的,虽然目前正规学校教育所使用的计算机专业教材平均五年才能更新一次,而计算机行业平均每 18 个月技术就更新一次,印度许多培训机构却能紧跟技术的发展,每年更新教材一次,甚至每半年更新教材一次,这样就可以把最新的发展与应用写进教材。同时,学校能及时地更新课程设置和课程设计,以保证学生可以学到最新的、实用的 IT 技术知识,做到学习的时间短,学习的目的明确,学到的知识适用。这样的结果是,往往培训人才还没有毕业就被软件企业一抢而空,从而促进了整个软件产业的飞速发展。

7. 积极开发海外人才资源

目前,海外印裔人才特别是在美印裔人才已成为全球科技创新的重要贡献者。据估计,在海外的印裔人口超过 2500 万人,其中约有 1/10 在美国。在美印裔人口中,具有学士以上学位的人员比例高达 67%,约 40% 的人员具有硕士、博士或者其他专业头衔,该比例比美国平均水平高出近 4 倍。为开发海外智力资源,发挥海外人才的作用,印度政府专门建立海外印裔人才库,并于 2008 年正式开通在美印裔专业人士网络,旨在以网络会员制方式广泛吸引在美印裔专业人才,服务于印度前沿研究和先进技术开发,促进印度科技实体参与国际合作与竞争,将印度打造为具有全球吸引力的国际研发平台。

三 俄罗斯和印度企业人力资源管理对我国的启示

俄罗斯垄断企业和印度软件企业,都在人力资源管理方面为我国提供了非常有借鉴性的启示。对我国企业而言,一方面,需要对俄罗斯和印度企业人力资源管理的经验进行学习;另一方面,也需要注意环境对企业人力资源的影响(李春波,2009)。

(一)加强公司治理结构的建设

俄罗斯垄断企业人力资源管理的经验表明,良好的治理结构是企业人力资源管理有效开展的前提。中国自然垄断型企业经过 30 多年的改革和发展，目前尚未完全摆脱计划经济的胎记与惰性。公司的治理结构尚不健全，公司的代理问题尤为突出。所以，中国自然垄断型企业应加强公司治理结构的建设，理顺企业所有者和经营者的关系，制定有效的激励机制和约束机制。在这方面，我国企业可以效仿俄罗斯垄断企业的高薪做法，调动经营者的积极性。同时，要建立问责制度和决策失误的倒查制度，提高企业决策的科学性和合理性。

但是，我国垄断性国有企业经营管理者的薪酬，又是一个特殊的命题。垄断性国有企业高管的高薪酬，是国有企业的公共属性与一般企业市场化管理模式在衔接上的空白，让国有企业尤其是垄断性国有企业的负责人很容易"两边得利"。在高薪的含金量中，存在着政企不分、政资不分的"择优选取"，使得高薪得主与实际工作能力和做出的贡献脱钩。也就是说，这份高薪不一定物有所值，而很可能是权力自肥的油水。因此，国有企业高管薪酬改革不是单纯限薪。如果把国有企业高管薪酬改革简单理解为减薪或限薪，那么，在现有基础上，几乎找不到合情合理的标准。

因此，归根结底，还是要理顺公司的治理结构。要明确管理者和经营者的角色，明确不同类型的企业中，管理者和经营者的特殊身份，从而制定出符合激励措施的薪酬制度。单纯地降薪、限薪，并不能解决这些问题，反而会损害管理者的积极性。

（二）把人力资源管理规划与企业战略规划融为一体

优秀的人力资源管理必须具备战略高度，必须要在公司战略的制定和实施中，充分考虑人力资源战略。因此，企业要根据战略规划，制定人力资源发展规划，以适应企业发展战略的要求。充分了解行业现状，正确把握本企业的市场定位，重视人才的开发利用，把人力资源的开发管理和人才的保值增值提到战略高度来认识。制定符合本企业的人力资源开发战略，并使人力资源发展战略符合本企业的发展战略。确立人力资源管理的长期发展规划和近期目标，确定合理的管理层次，有效地落实责、权、利三者关系。规范本企业人力资源市场运作方式，合理调整人力资源配置，使人才供需比例实现动态平衡，使人才发展与企业发展步调一致，从而形成良性的人才发展动态系统。

（三）树立以人为本的人才管理理念

以人为本的核心理念就是把人力资源看作是企业最重要的资源。管理的重点是创造一个好的环境，让每个员工都充分地发挥所长，做出更大的绩效。企业的竞争归根结底是人才的竞争，因此，中国企业要树立以人为本的管理理念，要以人为中心开展各项工作，把人看作是企业最具活力、最具能动性和创造性的第一资源。在新经济时代，企业要认识到，人力资源是能够创造更多价值的资源而不是成本。因此，要把注意力更多地放在如何开发人才、合理使用人才和有效管理人才的工作上，不断挖掘人力资源的潜能，进行人力资源的合理配置，培养团队精神，使人力资源发挥更大的作用，创造更大的效益。同时，要注重员工的利益需求，变控制为尊重，变管理为服务，从而留住和吸收更多优秀人才的加盟，使人才优势成为竞争优势。

（四）完善人力资源管理制度和机制

人力资源开发与管理是一项系统工程，包括选人、育人、用人和留人等工作。要加强和完善企业人力资源管理，必须构建科学的人力资源管理体系。建立科学的人才选用机制，坚持公开、公平和公正的原则，给企业内外人员提供平等的竞争机会，从而吸引和选拔出真正的人才。建立规范的劳动用工制度，与员工签订劳动合同，明确劳动职责和报酬标准。同时，完善社会保险，为员工依法办理养老保险、失业保险和医疗保险等各类社会保险，不断改善员工的工作环境和工作条件，增强员工对企业的信任感和归属感。

完善机构设置，注重对人力资源管理者的培养。设立专门的人力资源管理部门，行使人力资源管理的职责，注重培养和吸纳专业的人力资源管理人才进入管理者队伍，使人力资源管理走上科学化、专业化和规范化的道路。

建立客观、公正的绩效评估体系是企业人力资源管理的重要组成部分，与人力资源管理的各项工作关系密切。企业只有建立起科学的绩效评估体系，才能更好地调动员工的积极性，实现员工利益与企业利益的协调。

完善企业的激励机制。企业对员工的激励要注重物质奖励与精神奖励的结合，建立一种多元化的激励体系，培养和增强员工的组织归属感。通过激励机制作用的发挥来激发员工的求胜欲和进取心，形成与企业同甘共苦、荣辱与共的局面。

（五）以专业为导向构建多元化的人才培养体系

企业在人才培养中，要以专业化为导向，做到人尽其才，调动员工的积极性和主观能动性。与大专院校建立广泛的联系，进行校企合作，使这些院校成为企业的人才储备库。同时，企业也要根据自己的实力建立适合企业的培训基地。通过定期的"走出去"、"请进来"、"师徒帮带"以及"互相交流"等方式来对广大员工进行教育和培训，形成多元化的人才培养体系。

此外，整个人才培养体系中还应包括监督和控制体系、评价和奖惩体系。在人才培养中，企业决策者参加培训的积极性如何，培训效果如何，往往决定着企业重大决策的成败得失。因此，这些人更应通过培训增长知识和才干，力求使自己的管理水平与企业的发展保持同步。

（六）重视人力资源的培训与开发

把为员工提供培训机会，既作为提高员工能力的手段，也作为一种重要的激励和保留员工的方式。一个普通的管理者宁愿放弃一次奖金，也愿意参加一次培训。因为，奖金是一次性的，而参与培训能提高员工的工作效率，从而能得到长期的回报。因此，许多企业不仅把对员工的开发培训作为提高员工工作能力的一种手段，而且作为一种重要的激励员工和保留员工的方式。同样，中国员工也特别重视培训发展机会。一份调查发现，"培训发展机会"已逐渐成为中国员工择业过程中考虑的重要因素。在员工培训方面做得好、员工满意度较高的企业将成为员工的主要流向。而目前，我国许多企业员工培训体系存在着严重的问题，企业对员工培训重视不够，投资严重不足。一些国有企业仍然保持计划经济时的组织形式，没有专门的培训机构和培训人员，人事工作仍然是企业行政或后勤的一部分，没有单独设立人力资源管理部门。人力资源开发投资呈大幅度下降趋势。据对部分国有企业抽样调查的结果显示，只有5%的国有企业增加了对员工培训的投资；30%的国有企业每年只是象征性地拨一点培训经费。可见，我国大多数国有企业在员工培训方面，不仅不能为员工提供发展机会而达到激励和保留员工的目的，而且连基本的为适应市场发展和产业升级调整需要而对员工的业务培训都做不到。这些问题不能不引起企业界足够的重视。

总之，人是企业发展中第一重要的生产要素。世界先进企业已经积累了丰富的人力资源管理经验，现在他们仍然在坚持不懈地探索研究与实践，唯恐有半点疏漏。我国企业必须学习和尽快消化吸收国外先进的人力资源管理经验，在此基础上，建立起结合我国特征的人力资源管理体制。

第八章 中国改革开放以来企业人力资源管理变革的探索

　　自 1978 年实施改革开放政策以来，中国的经济社会无论是在宏观管理体制还是在微观运行机制方面，都发生了巨大而深刻的变化，其发展进入了一个崭新阶段。回顾过去 30 多年经济体制改革的历程，国有企业作为中国国民经济的重要组成部分，其改革和发展一直受到政府和社会公众的高度重视。经过 30 多年市场取向的改革，国有企业取得了重大成就。转换了经营机制，初步建立起了符合市场经济原则的现代企业制度，经营活力得以激发，市场竞争力得到提升，许多大型国有企业发展成为国民经济的中流砥柱，部分国有企业成为全球领先企业，具备了较强的国际竞争力。在国有企业得益于改革开放政策而不断发展壮大，实力不断增强的同时，伴随着市场经济体系的逐步建立，中国的民营企业也从无到有、从小到大逐步发展起来，已经成为国民经济体系的主体部分，是吸纳社会劳动力就业，推动经济增长，促进技术创新，加速市场化进程的主要力量。同一时期，中国实施的对外开放政策吸引了大量境外资本来大陆投资，极大地促进了"三资"企业在中国的发展。"三资"企业涌入不仅弥补了长期困扰中国的资金和技术缺口，扩大了中国产品和服务的出口，增加了税收，提供了更多就业岗位，促进了经济增长，还有效地加快了中国经济与世界经济接轨、融合的步伐。

　　过去 30 多年，中国企业，特别是国有企业和民营企业不断发展壮大，是建立在市场化改革的基础上的。在这一过程中，中国企业的管理体制和管理水平也随着企业改革和发展而经历了嬗变，特别是企业人力资源管理理念、制度和方法都发生了深刻的变革，呈现出现代化和市场化的趋势。其间，大量涌入的"三资"企业在向中国输入资金和技术的同时，也引入了许多国外先进的管理模式和经验，对内资企业形成了压力和冲击，并推动了中国企业人力资源管理日益规范化并与国际接轨。回顾中国改革开放以来企业人力资源管理变革历程，分析变革路径和走向，总结发展经验，对于适应转型期宏观环境的变化，应对出现的新问题，进一步推动中国企业人力资源管理市场化、规范化、战略化发展，具有非常重要的现实意义。

一 "放权让利"改革时期的企业人力资源管理变革（1978—1984 年）

改革开放以前，中国长期实行高度集中的计划经济管理体制，政企职责不分，企业实际上成了行政机构的附属物，国家对企业统一下达生产计划，统一调拨生产物资，生产资金统一安排，产品统收统销，企业用工统包统配，没有经营自主权。企业的劳动人事管理形成"三铁"局面：铁饭碗、铁交椅、铁工资。企业按照政府劳动部门指标招工，员工终生就业；企业管理人员属于国家干部，有行政级别，根据组织人事部门的干部指标设置岗位，由政府部门任命或批准任命；在工资分配方面，否定按劳分配原则，实施平均主义，干多干少一个样，干好干坏一个样，否定奖金制度，忽视物质激励。在这种体制下，中国只有国家宏观层面的劳动人事工资计划管理体制，而并不存在组织微观层面的人力资源管理（曾湘泉、苏中兴，2009）。这种僵化的计划经济管理体制扭曲了政企关系，剥夺了企业经营自主权，限制了企业管理权限，束缚了企业员工的主动性、积极性和创造性，抑制了企业经营活力，降低了企业经营绩效。

"文化大革命"结束后，1978 年 12 月，中共十一届三中全会正式决定"把全党工作的着重点和全国人民的注意力转移到社会主义现代化建设上来"，纠正了"文化大革命"中"左"的错误，做出了改革开放的战略部署，着手改革计划经济管理体制，提出"按经济规律办事，重视价值规律的作用"，要让企业拥有更多的经营管理自主权。此后，针对国营企业管理体制与管理制度的改革开始逐步实施，也由此开启了中国企业人力资源管理从传统劳动人事管理向现代人力资源管理转变的变革之路。

1978 年 10 月，经国务院批准，四川省率先在重庆钢铁公司、成都无缝钢管厂、四川化工厂等六家地方国营工业企业进行"扩大企业自主权"试点，试点工作在当年即产生了良好的效果，并显示出巨大的发展潜力。

1979 年 7 月，在总结四川以及之后京津沪等省市试点经验的基础上，国务院先后发布了《关于扩大国营工业企业经营管理自主权的若干规定》《关于国营企业实行利润留成的规定》等五个文件，正式启动了以向企业放权让利、扩大企业自主权为主要特征的国营企业改革。其主要目的是通过向企业下放部分经营权和收益分配权，以调动企业经营者和职工的工作积极性，增强企业活力，改善经营管理，提高经济效益。1980 年 9 月，国务院批转国家经委《关于扩大企业自主权试点工作情况和今后意见的报告》，要求从 1981 年起，在国营工业企业中全面推行扩大企业自主权工作。到 1980 年 6 月，全国扩权企业发展到 6600 多家，这些企业总产值占工业总产值的 60%，年完成利润占全国年度利润的 70%①。为进一步处理好国家与企业之间、企业和职工之间的关系，1981 年 11 月和 1982 年 11 月，国务院分别批转了《关于实行工业生产责任制若干问题的意见》《关于当前完善工业经济责任制的几个问题》等文件，实行工业经济责任制。工业经济责任制明确了国家、企业和职工三者的分配关系，在国家与企业之间的分配方面，主要采取利润留成、盈亏包干、以税代利、自负盈亏等办法来处理，允许企业主要通过经济责任指标分解后的计分计奖、计件工资、超产奖、定包奖和浮动工资等方式来决定职工的收入分配。1984 年 5 月，国务院颁发了《关于进一步扩大国营工业企业自主权的暂行规定》，进一步赋予了企业在经营管理 10 个方面的自主权。

总的来看，在改革开放初期，中国国营企业改革的主要内容包括放权让利、实行经济责任制、利改税、推动横向经济联合、实行"拨改贷"等。企业在计划经济管理体制下获得了劳动、人事、工资等方面一定程度的自主权。从所有制性质来看，除了国营企业以外，包括乡镇企业以及"三资"企业在内的非国有企业也开始出现并逐步发展起来。

这一时期，企业人力资源管理变革的主要内容包括以下几个方面。

（一）企业领导管理体制

1978 年 4 月，中共中央做出《关于加快工业发展若干问题的决定（草案）》（简称《工业三十条》）。《工业三十条》否定了"文化大革命"期间在企业实施的革命委员会和党委的一元化领导制度，规定国营工业企业要实行党委领导下的厂长分工负责制和总工程师、总会计师的责任制，

---

① 董辅礽：《董辅礽纵论中国经济》，上海交通大学出版社 2005 年版。

建立党委领导下的职工代表大会或职工大会制，并分别明确了企业党委和职工代表大会的职责。1980 年，一批工业企业进行了企业领导体制改革试点。如当年 11 月，北京市颁布的《国营工业企业试行独立核算、国家征税、自负盈亏的办法》明确提出，逐步改革企业领导制度，由党委领导下的厂长负责制逐步过渡到职工代表大会领导下的厂长负责制。这期间，中共中央、国务院先后颁布了《国营工业企业职工代表大会暂行条例》《国营工厂厂长工作暂行条例》《中国共产党工业企业基层组织工作暂行条例》和《国营工业企业暂行条例》等一系列文件。这些文件对于国营企业的领导制度以及相关内部管理制度做了较全面的规定，明确了企业在生产经营活动中实行党委集体领导、职工民主管理、厂长行政指挥的根本原则。

（二）企业人事劳动管理

在这一时期，企业还隶属于各级政府管理部门，必须接受企业主管单位的领导，全面完成由企业主管单位综合平衡统一下达的各项计划指标。因此，企业的厂长（经理）、党委书记仍然分别按照干部管理权限，由上级政府主管部门任命。但在 1982 年颁布的《国营工厂厂长工作暂行条例》中提出，所有的工厂，应在实行经济责任制和整顿企业的基础上，根据主管单位的部署，积极创造条件，由本厂职工代表大会制定具体办法民主选举厂长，按照干部管理权限，报上级机关审批任命。厂长应具有相当于中等以上文化科学知识和五年以上企业经营管理经验，熟悉本行业生产经营业务，懂得有关的经济法规，善于经营管理。工厂的厂级行政副职（副厂长，总工程师、副总工程师，总会计师、副总会计师）由厂长提名，报主管部门批准。企业在定员、定额内，有权根据精简和提高效率的原则，按照实际需要，决定自己的机构设置，任免中层和中层以下的干部。厂长有任职期限。厂长在任职期间，可以向委派或选举单位提出辞职，职工代表大会可以做出要求罢免厂长的建议。这些规定赋予了企业厂长部分人事任命权，并使企业职工获得了一定程度的民主管理权利。

固定工制度仍然是这一阶段企业的主要劳动用工形式，但相比于改革开放以前，国家对企业用工的直接干预有所减弱，企业获得了一定的自主权，具备了一定的用工灵活性。1980 年，中央提出了在国家统筹规划和指导下，劳动部门介绍就业、志愿组织起来就业和自谋职业相结合的"三结合"的宏观就业政策，改变了以往"统包统配"的招工制度，突破了单一渠道安置就业的传统格局。相应地，企业有权根据生产需要和行业特点，在劳动部门指导下公开招工，经过考试，择优录用。有权抵制任何部门和个人违反国家规定向企业硬性安插人员。企业可以根据需要从外单位、外地区招聘技术、管理人员，并自行确定报酬。企业可根据需要从工人中选拔干部，在任职期间享受同级干部待遇；不担任干部时仍当工人，不保留干部待遇。企业有权根据职工的表现进行奖惩。对那些严重违反劳动纪律，破坏规章制度，屡教不改，造成重大经济损失的，可给予开除处分。

同期，为改革固定工制度的严重弊病，还进行了劳动合同制试点，主要在新招用的工人中试行，打破"铁饭碗"、"大锅饭"的局面。具体实践中，采取的是"新人新制度（即新招工人实行劳动合同制），老人老制度（即原有固定工仍实行原有制度，但也要本着打破'铁饭碗'的精神，逐步加以改革）"的办法，目标是把以固定工为主体的用工制度逐步改变为多种形式并存的劳动合同制，最终达到所有职工都实行劳动合同制。对城镇合同制工人实行社会保险制度，其中，老年社会保险基金主要从企业提取，地方财政适当补助，个人少量缴纳。截至 1984 年 6 月末，全国 29 个省市区开展了劳动合同制试点工作，招用劳动合同制工人达 76 万余人。[①]

这一阶段的企业劳动人事制度改革扩大了企业用人的自主权，突破了缺乏弹性的制度局限，引入了对于企业管理者以及职工的激励和约束机制，僵化、低效的"三铁"制度受到了冲击，有利于促进企业人员素质改善，实现人力资源合理配置，提高劳动生产效率和经营管理水平，提高企业经济效益，并为下一阶段更深入的改革奠定了基础。

（三）职工劳动报酬分配及奖惩

在改革开放初期，企业仍然主要实行国家统一的职务技术等级工资制度，但在执行国家统一规定的工资标准、工资地区类别和一些必须全国统一的津贴制度的前提下，企业获得了一定的自主权，被允许对职工的劳动报酬实行"各尽所能、按劳分配"的原则，可以根据自己的特点自选工资形式。企业有权根据国家有关政策确定本企业的计时工资、计件工资等工资形式和分配奖金、安排福利等事项。有些企业简化归并了工资标准；

---

① 劳动人事部计划劳动力局：《试行劳动合同制的概况》，《中国劳动》1984 年第 S6 期。

有些企业开始在国家规定的标准等级工资基础上进行改革，实行浮动工资制度，把标准等级工资的一部分转换为奖金形式，根据企业的经济效益以及职工的劳动和贡献上下浮动。厂长可以拟定职工工资调整方案，有权按照国家规定的人事管理权限和审批程序以及职工代表大会讨论决定的职工奖惩办法，对职工进行奖励和惩罚，对有特殊贡献的职工有权晋级。1978年11月，国务院批转财政部《关于国营企业试行企业基金的规定》，明确从1978年起，国营企业按照该规定提取和使用企业基金。根据工业企业完成国家下达的年度计划指标情况，企业可按职工全年工资总额的一定比例（不超过5%）提取企业基金。企业基金主要用于举办职工集体福利设施，举办副业，弥补职工福利基金的不足，以及发给职工社会主义劳动竞赛奖金等项开支。1979年7月，国务院发文改变了按工资总额提取企业基金的办法，企业实行企业利润留成制度。根据不同行业、不同企业的具体情况，确定不同的利润留成比例。把企业经营效果同企业生产的发展和职工的切身利益直接联系起来，目的在于改变企业办好办坏一个样和职工收入分配的"平均主义"现象。1984年4月，国务院发布《关于国营企业发放奖金有关问题的通知》进一步明确，发放奖金要同企业的经济效益挂钩，企业在全面完成国家计划、税利增加的前提下，发放奖金可以不"封顶"。完成国家计划，税利比上年增长的，奖金可以适当增加；未完成国家计划，税利比上年减少的，奖金要适当减发或停发。企业在奖金的使用上有自主权，可以自行决定内部使用奖金的形式。可以采取计分发奖、浮动工资、计件超额工资等形式；也可以少发奖金，而用少发的奖金给一部分职工浮动升级，或搞自费工资改革。

总的来看，这一阶段实施的一系列关于企业职工劳动报酬分配改革的措施，有助于推动企业逐步弱化工资分配中存在的吃"大锅饭"的平均主义积弊，从而调动企业和广大职工发展生产、提高经济效益的积极性。

二 "两权分离"改革时期的企业人力资源 管理变革（1985—1991年）

在改革开放初期，以政府对于国营企业实施"放权让利"为主要特征的企业改革扩大了微观层次的企业经营自主权，改进了对于企业以及职工的激励，并影响了企业经营者以及职工的行为方式。但是，由于这一改革是在计划经济管理体制框架下实施的"体制内改革"，政府虽然赋予了国营企业在人员管理及奖惩方面一些权利，向企业职工及经营者提供了一些物质刺激，但政府部门对国营企业的直接管理职能并未实质性减少，政府对于企业生产经营管理活动的直接干预仍然广泛存在。特别是在"放权让利"过程中，往往存在"权力截留"现象，即中央政府规定应下放给企业的权力，却由于地方政府或主管部门不愿意"放权"而打折扣，从而影响了企业的积极性和活力释放。在这一期间，由于生产计划和价格仍然由政府部门制定，国营企业的利润水平并不能真正反映企业的经营状况，企业工资奖金的发放难以与企业的经营成果真正挂钩；由于国营企业管理技术人员仍然具有"干部"身份，劳动就业仍然维持计划管理，缺乏劳动力市场，社会保障体系缺位，尽管企业的厂长经理拥有一定的劳动人事自主权，但其实际运用这一权力的能力极其有限，并不能真正做到干部"能上能下"，工人"能进能出"。因此，这一时期的国营企业在劳动、人事以及分配制度方面的变革深度和广度都很有限。

1984 年 10 月召开的十二届三中全会通过了《中共中央关于经济体制改革的决定》，标志着中国改革由农村正式走向城市，进入全面经济体制改革时期。这次会议充分肯定了城市企业改革的重大现实意义。会议指出，增强企业的活力，特别是增强全民所有制大中型企业的活力，是以城市为重点的整个经济体制改革的中心环节。这次会议提出国营企业的改革思路是要增强企业活力，确立国家和全民所有制企业之间的正确关系，扩大企业自主权；确立职工和企业之间的正确关系，保证劳动者在企业中的主人翁地位。同时，国营企业实行政企分开，所有权与经营权相分离，使企业成为相对独立的经济实体，成为自主经营、自负盈亏的社会主义商品生产者和经营者，具有自我改造和自我发展能力，成为具有一定权利和义务的法人，并在此基础上建立以承包为主的多种形式的经济责任制。在中央政策指导下，以"两权分离"为理论基础，由厂长（经理）负责的企业承包制取代了简单的"放权让利"，成为这一阶段城市企业改革发展的主要实现形式。

1986 年 11—12 月，原国家经委在北京召开 20 家大中型企业领导人参加的企业改革座谈会，总结了承包经营试点的具体形式，并向国务院报告了企业承包经营的试点情况。1987 年 3 月，六届人大五次会议通过的

《政府工作报告》中明确提出："今年改革的重点要放到完善企业经营机制上，根据所有权与经营权适当分离的原则，认真实行多种形式的承包经营责任制。"当年4月，原国家经委主持召开了全国承包经营责任制座谈会。会议总结了吉林、广东等省以及首钢、原二汽等多家企业实行承包经营责任制的经验，并全面部署企业承包经营责任制工作，决定从当年6月起，全国范围内，在大中型国营企业普遍推行承包经营责任制，对一些小型国有企业实行租赁经营。1987年8月，原国家经委、原国家体改委印发《关于深化企业改革，完善承包经营责任制的意见》。该《意见》指出，实行承包经营责任制，必须坚持"包死基数、确保上缴、超收多留、欠收自补"的原则，兼顾国家、企业、职工三者利益。截至1987年12月底，全国实行承包的预算内国营大中型工业企业已达10826家，占全部大中型国营工业企业总数的78.1%[①]；众多小企业也实行了承包或租赁经营。此后，为了发展和完善全民所有制工业企业承包经营责任制，依法保障企业承包经营责任制规范运行，国务院于1988年2月颁布了《全民所有制工业企业承包经营责任制暂行条例》。该《条例》对承包经营责任制的内容和形式、承包合同、承包经营合同双方的权利和义务等做出了规定，要求实行承包制的企业"包上交国家利润，包完成技术改造任务，实行工资总额与经济效益挂钩"。在此基础上，不同企业根据实际情况，确定其他承包内容。1988年4月，七届人大一次会议通过的《全民所有制工业企业法》（简称《企业法》）确立了国营企业的法律地位，明确规定企业由厂长（经理）负责，实行经济责任制，贯彻按劳分配原则，企业有权确定适合本企业情况的工资形式和奖金分配办法，有权决定机构设置及其人员编制，有权依照法律和国务院规定录用、辞退职工。《企业法》提出，企业可以采取承包、租赁等经营责任制形式。《企业法》的颁布实施，从法律上明确了企业和政府的关系，界定了厂长（经理）和职工的权利及责任，使得这一阶段推行的一些国营企业改革措施获得了法律依据和法律保障。

这一时期，企业人力资源管理变革的主要内容包括以下几个方面。

（一）招工实施劳动合同制，搞活固定工制度

在"放权让利"阶段实施的劳动就业制度改革，进行劳动合同制度

---

① 资料来源于时任国务委员兼财政部长王丙乾在第七届全国人民代表大会第一次会议上所作的《关于1987年国家预算执行情况和1988年国家预算草案的报告》。

试点，赋予了国营企业在劳动管理上一些自主权，也增加了劳动者就业自由度，为后续进一步深化国营企业劳动就业制度改革奠定了基础。到 20世纪 80 年代中期，中国国营企业劳动计划管理体制改革有了实质性突破。

1986 年 7 月，国务院发布了《国营企业实行劳动合同制暂行规定》《国营企业招用工人暂行规定》《国营企业辞退违纪职工暂行规定》等文件。这几个文件进一步明确了扩大企业用工自主权，核心内容是推行劳动合同制度。相关文件要求，企业在国家劳动工资计划指标内招用常年性工作岗位上的工人，除国家另有特别规定者外，统一实行劳动合同制。企业在经营管理过程中，有权根据国家相关法律、法规以及企业规章制度解除与职工的劳动合同或辞退、开除职工。这就在新进职工中打破了原来的固定工制度，有助于提升企业内部人力资源配置效率。文件还规定，企业可以根据生产、工作的特点和需要确定具体用工形式，可以招用五年以上的长期工、一年至五年的短期工和定期轮换工。不论采取哪一种用工形式，都应当按照规定签订劳动合同。企业招用工人，必须在国家劳动工资计划指标之内，面向社会，公开招收，全面考核，择优录用。企业不得以任何形式进行内部招工，从 1986 年 10 月 1 日起，不再实行退休工人"子女顶替"的办法。这就赋予了企业在招工中更大的自主选择权。但是，在《国营企业招用工人暂行规定》中仍然明确要求，企业招工工作，应当在地方人民政府的领导下，由劳动行政主管部门负责管理。其主要职责是审批下达招工计划，执行招工政策，确定招工地区，审查招工简章，对招工工作进行监督和检查。企业招用工人，应当向当地劳动行政主管部门办理录用手续。这意味着，政府劳动行政管理部门仍然对于企业招工实行计划控制和管理，并未从根本上打破计划劳动就业制度，企业仍然缺乏完全的用工自主权。

根据相关文件要求，这一阶段推行的劳动合同制度仅仅适用于企业新招用工人，对于城市企业原有工人并不涉及，企业原有职工仍然保持着固定工的身份。这一时期，全国合同制工人人数从 1986 年年底的 513.3 万人增加到 1991 年年底的约 1588.6 万人，占职工总数的比例从 5.6% 提高到 14.9%。① 这意味着，全国国有经济单位中，超过 85% 的职工仍然是固

---

① 国家统计局人口与就业统计司、劳动部综合计划与工资司：《中国劳动统计年鉴》，中国统计出版社 1994 年版。

定工，捧的是"铁饭碗"，劳动用工制度并没有发生实质性改变。

从 1987 年起，全国企业劳动制度改革由改革招工、用工制度转向搞活固定工制度，逐步对原有的固定工制度进行改革。当年 9 月，原劳动人事部召开了全国搞活固定工制度试点工作会议。这次会议指出，随着经济体制改革的逐步深入和社会主义商品经济的发展，特别是大中型企业推行承包经营责任制和小型企业实行租赁经营责任制以后，固定工制度的弊端暴露得越来越明显，严重地影响了企业的活力和劳动者的积极性，束缚了生产力的发展。而自 1986 年在新招用工人中推行劳动合同制后，固定工和劳动合同工两种用工并存，会引起摩擦和矛盾，不仅会给企业管理工作带来困难，而且对推行劳动合同制也产生消极的影响。这次会议认为，劳动制度改革的目标模式是应将以固定工为主体的用工制度逐步改变为多种用工形式并存的劳动合同制，无论是长期工、短期工、季节工、临时工都必须与企业签订合同，实现企业和职工的相互选择，把职工队伍的相对稳定和合理流动统一起来，建立起有中国特色的社会主义劳动制度体系。这次会议要求，各地劳动部门要按照中央加快改革步伐的精神，结合推行承包经营责任制，全面进行搞活固定工制度的试点。原则上，凡是实行了承包经营责任制的企业、单位都应当进行劳动组合、择优上岗、合同化管理等多种形式的试点；还没有实行承包经营责任制，但已实行厂长负责制的企业，只要企业有要求也可以试点；各级劳动部门要积极支持、热情指导企业的试点，要尊重企业经营者的选择，尊重他们在用人方面的自主权，为搞活企业服务。凡是有条件的地方和企业，可以根据自己的实际情况，积极进行以工资总额与经济效益挂钩为重点的工资制度改革和实行干部招聘制或聘用制为主要内容的人事制度改革，以及工人实行劳动组合、择优上岗、合同化管理等多种形式搞活固定工制度为重点的劳动制度改革相配套的综合改革试点。

优化劳动组合是这一阶段全国许多地区搞活固定工制度的一个突破口。优化劳动组合是企业根据生产经营需要，在先进合理的编制定员的基础上，基于自愿的相互选择，打破原有班组的界限，对经营管理人员和工人通过竞争、考试考核择优进行聘用或组合上岗，建立企业与职工之间相互依存、职工与职工之间团结协作的劳动关系，形成适合生产工作需要、结构合理的劳动组织。它包括两方面的内容：一是打破干部终身制，取消任命制，实行聘任制。从副经理、副厂长、科长、车间主任到一般干部全部实行聘任制。二是对工人实行组合制，班组长和工人在自愿的基础上相互挑选，重新组合。干部聘任和工人组合后，干部签订聘任合同，工人签订上岗合同，规定双方责、权、利及合同期限等。合同期内表现好的，期限届满时，可以续订或续聘；表现不好的终止合同，干部落聘，工人下岗。合同期限届满，本人不愿续聘或续订的，也可以终止聘任合同或上岗合同。

到 1988 年年底，全国实行优化劳动组合的工业、建筑业、交通邮电业、商业企业约 3.66 万个，占这些企业总数的 14%；职工人数约 1335 万人，占这些企业职工总人数的 21%。[①] 优化劳动组合有利于精简机构和人员，进一步落实承包经营责任制，加强企业基础管理工作，提高企业管理水平，突破传统的企业干部管理模式，改变了干部"能上不能下"的现象，缓解了固定工与合同工两种用工制度的矛盾，调动了职工的积极性。

（二）"一脱两挂"的工资制度改革

随着企业推行承包经营责任制，按劳分配的原则得到进一步贯彻落实。十二届三中全会要求，国营企业职工的工资总额要和企业的经济效益更好地挂起钩来。在企业内部，要扩大工资差距，拉开档次，以充分体现奖勤罚懒、奖优罚劣，充分体现多劳多得、少劳少得，充分体现脑力劳动和体力劳动、复杂劳动和简单劳动、熟练劳动和非熟练劳动、繁重劳动和非繁重劳动之间的差别，尤其要改变脑力劳动报酬偏低的状况。国营企业工资分配制度改革成为这一时期企业改革的一项重要内容，改革主要方向是进一步使企业职工工资收入和企业经济效益联系起来，更有效地发挥工资的经济刺激作用，尽可能减少工资分配中的"大锅饭"。1985 年，国务院及所属部门先后发布了《关于国营企业工资改革问题的通知》《国营企业工资改革试行办法》等文件，转变了政府部门对于企业工资制度的管理模式，由微观直接管理变为宏观总量间接调控，赋予了国营企业更多的管理内部工资制度的自主权。从 1985 年起，国营企业与国家机关、事业单位的工资改革和工资调整脱钩，企业职工工资与企业的经济效益挂钩、与个人贡献挂钩（"一脱两挂"）。国家对企业的工资，实行分级管理的体制，国家负责核定省、自治区、直辖市和国务院有关部门所属企业的全部

---

① 陆锡元：《1988 年全民所有制企业优化劳动组合进展情况及问题》，《中国劳动科学》1989 年第 8 期。

工资总额，及其随同经济效益浮动的比例，企业工资总额同经济效益挂钩（"工效挂钩"）。企业可根据实际情况，自行确定采取何种具体工资分配形式，是实行计件工资还是计时工资，工资制度是实行等级制还是实行岗位（职务）制、结构制，是否建立津贴、补贴制度，以及是否有浮动工资和浮动升级等。

这一时期，许多国营大中型企业结合自身实际情况，参考国家发布的企业职工工资标准，实施了多种工资制度改革方案，其中，结构工资是具有代表性的一种工资制度改革模式。结构工资制又称分解工资制或组合工资制，是在企业内部工资改革探索中建立的一种新工资制度，相较于等级工资制度有较大变化。结构工资制是指基于工资的不同功能划分为若干相对独立的工资单元，各单元又规定不同的结构系数，组成有质的区分和量的比例关系的工资结构。结构工资一般包括基础工资、岗位（职务）或技能工资、奖励效益工资以及年功工资等几部分。基础工资即保障职工基本生活需要的工资。岗位工资或技能工资是根据岗位（职务）的技术、业务要求、劳动繁重程度、劳动条件好差、所负责任大小等因素来确定的，它是结构工资制的主要组成部分，发挥着激励职工努力提高技术、业务水平，尽力尽责完成本人所在岗位（职务）工作的作用。岗位（职务）工资标准一般按行政管理人员、专业技术人员、技术工人、非技术工人分别制定。奖励效益工资是根据企业的经济效益和职工实际完成的劳动的数量和质量支付给职工的工资。奖励效益工资发挥着激励职工努力实干，多做贡献的作用。效益工资没有固定的工资标准，它一般采取奖金或计件工资的形式，全额浮动，对职工个人上不封顶、下不保底。年功工资是根据职工参加工作的年限，按照一定标准支付给职工的工资。

北京市革制品厂于 1985 年开始改革等级工资制，推行结构工资制。[①]该厂将工资结构分为岗位（职务）、技能、年功、区类、奖金、津贴六个单元。其中，区类工资是为鼓励职工到远离本厂所在地联营厂工作而设置的，通过区类系数体现在逐年新增的年功工资当中；津贴分为稳定性津贴和变动性津贴两部分，稳定性津贴包括国家规定发放的保健津贴、物价津贴及企业自定的工资与物价指数挂钩的津贴。其工资单元结构分为两组结

---

① 杨团：《关于北京市革制品厂试行企业结构工资制的调查报告》，《经济管理》1988 年第3 期。

构比例关系：基础结构比例关系将结构工资划分为基本工资和辅助工资两大部分，岗位（职务）、技能、年功、区类单元属于基本工资部分，津贴、奖金为辅助工资部分；重组结构比例关系将结构工资的六个单元划分为浮动工资和保留工资两大部分，浮动工资随职工劳动贡献大小而变动，包括岗位（职务）、技能、奖金三个单元和津贴工资单元中的变动性津贴，用以计算车间承包计件工资单价；保留工资为相对稳定的部分，包括年功、区类工资和稳定性津贴。年功工资单元通过岗位系数、技能系数、区类系数及经济责任制考核制度与岗位（职务）、技能、区类及业绩单元相关。保留工资及科室干部的岗位（职务）工资、技能工资都以计时形式发放。由于计时工资发放要按经济责任制进行考核，所以，该厂结构工资的各单元都是活的。该厂实行结构工资制度，理顺了企业内部分配关系，开辟多条增资途径，克服了浮动升级的弊病，增强了职工积极性，促进了企业劳动生产率和经济效益提高。

（三）企业职工劳动社会保险制度改革起步

在计划经济体制下，中国企业实行的是单位保险制度，职工退休工资都由企业负担。随着企业退休职工数量增加，这必然成为企业的沉重包袱。而且，随着城市经济体制改革深化，企业经济效益也处于变动中，效益差的企业职工退休工资及时足额发放也可能存在变数，并可能因此而影响其生活保障。加之固定用工制度开始逐步瓦解，人们的择业观念发生了变化，企业职工的流动性增强，因此，改革原有的企业退休保障制度，建立社会化的企业职工养老保险制度就十分必要。

1984 年，针对当时新老企业由于退休职工人数差异而产生退休费用畸轻畸重的矛盾，国家在四川、广东、江苏和辽宁等省的少数市县进行了国有企业退休费用社会统筹试点，随后在全国逐步推开。统筹层次在市县一级。试点市县对国有企业按照"以支定收，略有结余"的原则，实行保险费的统一收缴和退休金的统一发放。自此，中国的养老保险开始逐步从"企业保险"向社会保险转变，这在一定程度上平均了试点企业间退休费用负担，有助于企业平等竞争。到 1986 年年末，全国先后有 27 个省（自治区、直辖市）的 300 多个市县参加了试点。[1]

1986 年，国务院发布的《国营企业实行劳动合同制暂行规定》提出

---

[1]　焦凯平：《养老保险》，中国劳动社会保障出版社 2004 年版。

了劳动合同制工人退休养老保险办法，明确要求企业缴纳劳动合同制工人工资总额的 15% 左右，本人缴纳不超过标准工资的 3%，进入"退休养老基金专户"，建立积累式的个人账户。劳动合同制工人退休后，退休费标准根据缴纳退休养老基金年限长短、金额多少确定。但是，企业中原有的固定职工因过去没有积累，无法实行这种账户，从而形成一个企业内两种办法并行，加重了企业负担。

1991 年，国务院在总结部分省市养老保险制度改革试点经验的基础上，颁布了《关于企业职工养老保险制度改革的决定》，提出了有关企业职工养老保险制度改革的基本原则和要求：要逐步建立基本养老保险、企业补充养老保险和个人储蓄性养老保险相结合的多层次的养老保险制度；养老保险费用由国家、企业和个人三方负担；基本养老保险基金实行"以支定收、略有结余、留有部分积累"的筹集模式；企业缴纳的基本养老保险费在税前提取；基本养老保险费实行专户储存，专款专用；基本养老金参照价格指数和工资增长进行适当调整；基本养老保险基金应由市、县统筹逐步过渡到省级统筹，原有固定职工和劳动合同制职工的养老保险基金要逐步按统一比例提取、合并调剂使用。这是中国企业职工养老保险制度改革的一个重大决策。在这一改革举措推动下，到 1991 年年底，全国国营企业实行养老保险费用社会统筹的市县达 2300 多个（约占当时中国市县总数的 95%），1200 多个市县的集体所有制企业也实行了社会统筹，全国参加社会统筹的在职职工达 5700 多万人，离退休职工达 1200 多万人。[①]

与企业职工养老保险制度类似，中国城镇企业职工长期实行的劳保医疗制度也属于企业单位层面的自我保障，在城市经济体制改革的新环境下也面临着与养老保险制度相类似的弊端，需要改革完善。从 1985 年起，中国部分地区行业开始试行企业职工医疗费用社会统筹。当年，在河北石家庄地区的辛集市以及元氏、无极、藁城、深泽、高邑六县市先后开展了离退休人员医疗费社会统筹工作。到 1988 年年底，石家庄全地区 13 个县市全部实现了全民所有制企业离退休人员医疗费社会统筹，参加统筹的全民所有制企业 678 家，离退休人员 6034 名。[②]

---

① 刘贯学：《新中国劳动保障史话》，中国劳动保障出版社 2004 年版。
② 中国劳动网，http://www.labournet.com.cn/shebao/dx5.asp。

除了养老保险制度和医疗保险制度改革以外，为了适应企业劳动制度改革的需要，配合国营企业在新招用工人中实行劳动合同制，国务院于1986 年发布了《国营企业职工待业保险暂行规定》，标志着中国正式建立了企业职工失业保险制度。

三　建立现代企业制度和市场经济体制、加入 WTO 后人力资源管理的探索（1992 年、2001 年以来）

20 世纪 80 年代末 90 年代初，国际国内形势发生了重大变化，中国的改革开放事业也经历了短暂的困扰。1992 年春天，邓小平在南方就一系列重要问题发表了谈话，回答了当时已经长期困扰和束缚人们思想的许多重大认识问题，进一步促进了人们思想解放。1992 年，党的十四大报告中明确提出，中国经济体制改革的目标是建立社会主义市场经济体制，要围绕社会主义市场经济体制的建立加快经济改革步伐。此后，中国改革开放和现代化建设事业进入了一个新阶段。

在企业改革方面，十四大报告要求转换国有企业特别是大中型企业的经营机制，把企业推向市场，增强企业活力，提高企业素质。这是建立社会主义市场经济体制的中心环节。通过理顺产权关系，实行政企分开，落实企业自主权，使企业真正成为自主经营、自负盈亏、自我发展、自我约束的法人实体和市场竞争的主体。1993 年 11 月，中共十四届三中全会通过了《中共中央关于建立社会主义市场经济体制若干问题的决定》（简称《决定》），进一步发展了"两权分离"理论，提出了法人财产权的概念，要求企业拥有法人财产权。该《决定》还明确指出，中国国有企业的改革方向是建立"适应市场经济和社会化大生产要求的、产权清晰、权责明确、政企分开和管理科学"的现代企业制度。这是中国国有企业改革实践的重大突破，为国有企业改革指明了方向，标志着中国国有企业改革取向从过去侧重于放松计划管理体制下政府对于企业的管理和控制政策，调整为着力推进社会主义市场经济体制下企业制度创新。1994 年 7 月正式实施的《中华人民共和国公司法》则为国有企业按照现代企业制度进行公司制改造以及始于 1984 年的国有企业股份制试点的进一步发展提供了法律基础。

1994 年，国务院选择了不同类型、基本能代表当时国有企业整体状况的 100 家国有大中型企业进行建立现代企业制度试点。随后，全国各省、区、市根据本地区的实际情况，先后选定了 2598 家国有企业参与现代企业制度试点。① 试点工作的主要内容包括完善企业法人制度，确定试点企业国有资产投资主体，确定企业的公司组织形式，建立科学、规范的公司内部组织管理机构，改革企业劳动人事工资制度，建立企业财务会计制度，发挥党的基层组织在企业中的政治核心作用以及完善工会工作和职工民主管理等八个方面。与之配套的改革措施还包括转变政府职能，改革政府机构；调整企业资产负债结构，建立企业资本金制度；加快建立社会保险制度；减轻企业办社会的负担；解决试点企业的富余人员问题；促进存量国有资产优化配置和合理流动；发展和规范市场中介组织等。这些试点企业在明确企业法人财产权基础上，逐步建立了国有资产出资人制度，建立了现代企业制度的领导体制和组织制度框架，初步形成了企业法人治理结构。经过将近四年的探索，国务院选定的百家现代企业制度试点企业基本完成了改制工作，除三家在试点中被兼并或破产、一家保留原有体制外，其他 96 家都按照《公司法》要求建立了公司体制，其中 76 家改制为国有独资公司。② 通过改制，这些试点企业开始摆脱对行政机关的依赖，由政府部门附属物转变为市场竞争主体，政府与企业的关系由授权经营关系，承担无限责任，转变为投资关系，承担有限责任；原来的厂长（经理）负责制，转变为公司型法人治理结构；企业由依照《企业法》经营，转变为主要依照《公司法》运行。现代企业制度试点将中国国有企业改革继续引向深入。

党的十四大报告明确指出，社会主义市场经济体制是以公有制为主体，个体经济、私营经济、外资经济为补充，多种经济成分长期共同发展。到 1997 年，在党的第十五次全国代表大会上更进一步提出，非公有制经济是中国社会主义市场经济的重要组成部分。这就明确肯定了民营企业和外资企业在国民经济体系中的重要地位，民营企业和外资企业在这一时期实现了加速发展。1992—2001 年，全国民营企业从近 14 万家增加到近 203 万家，民营企业就业人数从约 232 万人增加到约 2714 万人；外商

---

① 秦思雨：《现代企业制度试点回眸》，《企业活力》1997 年第 11 期。

② 许俊：《国家经贸委有关部门负责人谈现代企业制度试点》，《中国经贸导刊》1998 年第 22 期。

投资企业数从约8.44万家增加到20.23万家,①外商投资企业工业总产值占全国工业总产值的比重从7.1%增加到约28%。②民营企业和外资企业在增加社会就业,推动经济增长,促进社会主义市场经济体制完善等方面发挥了积极作用。

这一时期,企业人力资源管理变革的主要内容包括以下几个方面。

（一）企业实行全员劳动合同制,逐步走向用工市场化、法制化、多元化

在20世纪80年代中期开始实施的劳动合同制主要针对新招收工人,采取的是"新人新办法,老人老办法",虽然这有利于减轻改革对于国营企业原有员工的冲击,推动改革的顺利实施,但同一企业内的用工"双轨制"所产生的弊端也是不言而喻的。为进一步深化国营企业劳动用工制度改革,原劳动部于1992年发布了《关于扩大试行全员劳动合同制的通知》,要求在国营大中型企业和新建国营企业试行全员劳动合同制。试行全员劳动合同制的范围包括企业干部、固定工人、劳动合同制工人及其他工人,并且明确指出,试点企业中新进的职工,包括按国家规定统一分配的大、中专毕业生,城镇复员退伍军人,军队转业干部以及外单位流动进入企业的原固定职工等,均试行全员劳动合同制。这样,试点企业不仅打破了工人的"铁饭碗",而且也消除了新进企业干部和工人的身份差异,有利于试点企业实现自主用工,合理配置劳动力资源。全员劳动合同制要求全体职工与企业依照国家规定,在平等自愿、协商一致的基础上与企业签订劳动合同,确立与企业的劳动关系。1992年7月,国务院颁布的《全民所有制工业企业转换经营机制条例》进一步明确提出,企业可以实行合同化管理或者全员劳动合同制。

1994年7月,《中华人民共和国劳动法》颁布,这是中国第一部劳动法律。该法规定了用人单位和劳动者是劳动关系的主体,劳动者与用人单位确立劳动关系,应当订立劳动合同,明确双方权利和义务。《劳动法》的颁布实施,从根本上改变了以往政府部门代替企业充当劳动用工当事一方的做法,也结束了国有企业用工"双轨制",建立了企业和劳动者双方自主选择,协商谈判的市场化用工机制。依据《劳动法》,用人单位可以

---

① 国家统计局,http://data.stats.gov.cn/。
② 中国投资指南,http://www.fdi.gov.cn/。

解除与劳动者的劳动合同，企业的用工自主权得到了法律保障。《劳动法》要求全国各省、自治区、直辖市人民政府根据《劳动法》和本地区的实际情况，规定劳动合同制度的实施步骤。《劳动法》的颁布确立了劳动合同制的法律地位，为实行全员劳动合同制提供了基本的法律依据。据此，原劳动部于 1994 年 8 月发布了《关于全面实行劳动合同制的通知》，要求到 1996 年年底，除个别地区和少数特殊情况的企业外，应基本在全国范围内全面实行劳动合同制度。在《劳动法》以及原政府劳动管理部门的推动下，国营企业全员劳动合同制取得了重大进展。到 1996 年年底，全国城镇企业职工签订劳动合同的人数达 1.06 亿人，占城镇企业职工总数的 96.4%，乡镇企业签订劳动合同制度的职工 1500 多万人，全国城镇企业实现了全面建立劳动合同制度的目标。①

除了推动企业和劳动者在劳动力市场上双向选择，企业自主用工，劳动者自主择业，建立市场化的劳动用工机制以外，这一阶段，中国企业劳动用工的另一个重要变革是推动企业用工形式实现多元化发展。其中，劳务派遣是重要的多元化用工形式之一。中国早在 20 世纪 70 年代末刚刚开始对外开放时即引入了劳务派遣这一用工形式，当时主要是由政府设立的公司（如北京外企人力资源服务有限公司，英文首字母缩写 FESCO）向外国驻华机构或外资公司等经济组织派遣中方雇员。20 世纪 80 年代，随着中国经济发展，一些职业中介机构开始从事劳务派遣业务，劳务派遣由主要面向外资企业和机构进而扩展到一些内资企业，但整体规模仍呈零星状态。到 20 世纪 90 年代中期，劳务派遣这种灵活的用工形式在中国得到了迅速发展，主要是东部经济发达地区劳务派遣发展较快、规模较大。采用劳务派遣用工形式的行业主要有服务业、制造业和建筑业，如电信、银行、饭店、医院、邮政、家政、电力、铁路运输等服务性行业，以及建筑业和制造业的一些部门。仅以中国第一家劳务派遣公司 FESCO 为例，从 1979 年 11 月向外资企业派出第一名中方雇员开始，成立之初，FESCO 外派到外资企业的员工人数不到 100 人，到 1999 年，FESCO 外派员工达 2.6 万人。②

---

① 资料来源于劳动部、国家统计局发布的《1996 年度劳动事业发展统计公报》。
② 北京外企服务集团：《中国人力资源服务行业 30 年发展报告》，《中国人才》2009 年第 11 期。

（二）企业职工全面实施劳动社会保险制度

早在国营企业推行"两权分离"改革时期，中国就实施了企业职工养老保险制度改革，开展了企业职工养老保险的社会化统筹。但整体而言，当时的企业养老保险制度改革仍具有试点性质，还处于探索阶段，企业养老保险主要适用于全民所有制企业①，覆盖面较窄，非全民所有制企业职工仍缺乏与全民所有制企业职工一致的退休生活保障机制，不利于不同所有制企业间员工流动和劳动力市场的形成。当中国进入社会主义市场经济体制建设时期后，"三资"企业、乡镇企业等非公有制企业加速发展，国有企业明确了建立现代企业制度的改革方向，劳动力市场的培育和发展要求进一步深化企业职工养老保险制度改革，建立覆盖各类所有制企业和不同身份企业职工，适应以公有制为主体、多种经济成分共同发展的格局，有利于提升企业人力资源管理水平，促进劳动力自由流动的企业职工养老保险制度。

继国务院 1991 年发布《关于企业职工养老保险制度改革的决定》后，1995 年，国务院在总结各地养老保险改革实践经验的基础上，发布了《关于深化企业职工养老保险制度改革的通知》。该《通知》要求，到20 世纪末，中国应基本建立起适应社会主义市场经济体制要求，适用城镇各类企业职工和个体劳动者，资金来源多渠道、保障方式多层次、社会统筹与个人账户相结合、权利与义务相对应、管理服务社会化的养老保险体系。基本养老保险应逐步做到对各类企业和劳动者统一制度、统一标准、统一管理和统一调剂使用基金。基本养老保险费用由企业和个人共同负担，实行社会统筹与个人账户相结合。可在全国选择一些地方进行深化改革的试点工作。在该文件的推动下，到 1996 年年底，全国共有 28 个省、自治区、直辖市和五个系统统筹部门出台了以"社会统筹与个人账户相结合"为原则的改革方案，20 多万职工按新办法领取了养老金，参加养老保险费用统筹的职工达 8800 万人，离退休人员达 2300 万人。②

为进一步推动中国企业职工养老保险制度改革，在前期试点的基础上，1997 年，国务院又做出了《关于建立统一的企业职工基本养老保险

---

① 1991 年 6 月，国务院颁布的《关于企业职工养老保险制度改革的决定》明确说明，该决定适用于全民所有制企业。城镇集体所有制企业可以参照执行，对外商投资企业中方职工、城镇私营企业职工和个体劳动者，也要逐步建立养老保险制度。

② 资料来源于劳动部、国家统计局发布的《1996 年度劳动事业发展统计公报》。

制度的决定》，明确要求建立统一的企业职工基本养老保险制度。自此，中国建立全国统一企业职工养老保险制度的步伐明显加快。到 2001 年年底，全国各省、自治区、直辖市（除西藏外）均实行了养老保险省级统筹或建立了省级调剂金制度，全国有 10802 万职工和 3381 万离退休人员参加了基本养老保险，养老金社会化发放的目标基本实现。总的来看，这一阶段企业职工养老保险制度改革为促进劳动力合理流动，企业实现用人自由提供了必要的制度保障。

除了推进养老保险制度改革以外，在这一时期，顺应建立社会主义市场经济体制的改革要求，中国企业职工其他方面劳动保险制度改革也在不断深化。1992 年，原劳动部发布了《关于试行职工大病医疗费用社会统筹的意见的通知》，提出为了适当均衡企业医疗费用负担，保证职工的基本医疗，应建立统筹基金制度，统筹范围包括国营企业、县以上城镇集体所有制企业的在职职工和离退休职工，有条件的地区可以包括私营企业职工和外商投资企业的中方职工。到 1994 年年底，全国已有 23 个省、自治区、直辖市的 380 多个市、375 万职工实行了大病医疗费用社会统筹。①1994 年，中国开始在江苏镇江和江西九江进行职工医疗制度改革试点，探索建立社会统筹和个人账户相结合的职工医疗保险制度。1996 年，全国开始在 27 个省市的 57 个城市进行职工医疗保障制度改革扩大试点。截至 1997 年年底，全国参加了"统账"结合方式的医疗保险制度改革的职工人数达到 295.4 万人，参加大病医疗费用社会统筹的企业职工人数达到 1121.8 万人。②1998 年，在总结职工医疗保障制度改革试点的经验教训和广泛征求意见的基础上，国务院正式颁布了《关于建立城镇职工基本医疗保险制度的决定》，这标志着中国正式建立覆盖城镇所有用人单位及其职工，"统账"结合的统一职工基本医疗保险制度。截至 2001 年年底，全国参加基本医疗保险并缴费的在职职工达 5471 万人，约占城镇单位在岗职工总数的 50.7%，城镇职工基本医疗保险制度改革取得明显进展。

在失业保险方面，1993 年，国务院对原发布的《国营企业职工待业保险暂行规定》进行了修改和完善，颁布了《国有企业职工待业保险规定》，进一步扩大了待业保险的适用对象和覆盖范围。1999 年，国务院颁

---

① 资料来源于劳动部、国家统计局发布的《1994 年度劳动事业发展统计公报》。
② 资料来源于劳动部、国家统计局发布的《1997 年度劳动事业发展统计公报》。

布并正式实施《失业保险条例》，明确将保险适用范围由国有企业及其职工扩大到包括国有企业、城镇集体企业、外商投资企业、城镇私营企业以及其他城镇企业在内的城镇企业及其职工，从而有助于企业提高人力资源配置效率。

在工伤保险方面，中国原只有 20 世纪 50 年代颁布并修订的《劳动保险条例》，已经远远不能适应改革开放，特别是社会主义市场经济体制建设时期发生了重大发展变化的社会经济现实环境，鉴于此，结合《劳动法》实施，1996 年，原劳动部颁布了《企业职工工伤保险试行办法》，将原来只在国营企业中实行，在集体企业中参照执行，并且是"企业化"的工伤保险，改革为适用于境内各类企业及其职工，并实施社会统筹的"社会化"工伤保险，从而有利于保障各类企业职工的劳动权益，有效地分散了企业工伤风险，减轻了企业的成本负担。

（三）现代人力资源管理理念开始引入

在进入社会主义市场经济体制建设时期后，中国企业人力资源管理模式的另一个重要变革就是伴随着市场机制的不断完善和发展，企业人力资源管理逐步由传统的政策性人事劳动管理向更具科学性和市场化的人力资源管理转变。早在 20 世纪 90 年代初，人力资源管理开始作为一门正式的学科被引入中国。1993 年，当时的国家教委在新修订的《普通高等学校本科专业目录》中，把"人事管理专业"改称为"人力资源管理专业"；1993 年，中国人民大学劳动人事学院率先在本科高校中设立人力资源管理专业，开创了中国人力资源管理高等学历教育之先河，培养了一批接受正规人力资源管理教育的专业人员，现代人力资源管理的理论和方法在中国得到传播。到 1999 年，全国有 37 所大学开办了人力资源管理专业。[①]

除了人力资源管理专业教育快速发展以外，在这一阶段，随着中国对外开放步伐加快，越来越多的跨国公司、境外投资者来中国投资办厂，开展经营活动。这些外资企业不仅为中国带来了经济发展所急需的资金、先进技术资源，而且还将许多在发达国家和地区成熟、成功经营管理技术、方法和经验输入大陆地区，并通过与国内企业之间的经济交往、人员流动等不断向国内企业扩散。因此，从这一时期开始，中国许多企业

---

① 小彦：《我国人力资源管理发展三十年》，《中国人才》2008 年第 19 期。

在管理实践中开始引入现代人力资源管理理念和方法。但限于自身条件、企业人员素质水平以及政策环境约束，能够主动应用现代人力资源管理的方法和技术的企业主要是一些所处行业对外开放比较早，开放程度比较大，外资企业比较多，市场化程度更高且现代企业制度改革较深入的大中型国有企业和一些发展比较快，具有比较规范企业制度的大型民营企业。

（四）加入 WTO 对中国企业人力资源管理变革的促进

2001 年年末，中国正式加入世界贸易组织（WTO），进一步推动了市场机制的作用发挥和社会主义市场经济体制的确立。外资企业和民营经济等公有制以外的其他经济成分蓬勃发展，在国民经济体系中扮演着越来越重要的角色。2002—2013 年，中国民营企业数量从 263.83 万家发展到 1253.86 万家，占同期内资企业数量的比例从约 37% 上升到约 85%，注册资本从 2.48 万亿元增加到 39.31 万亿元，占同期内资企业注册资本总额的比例从约 16% 提高到约 47%；外商投资企业数量从 25.92 万家发展到 44.6 万家，注册资本从 4.42 万亿元增加到 12.36 万亿元，分别增加了约 72% 和 180%。[1] 民营企业和外商投资企业的城镇就业人数从 2002 年的 2757 万人增加到 2013 年的 11205 万人，占同期城镇就业人员的比例从 11% 提高到 29%。[2]

在这一阶段，在国有企业改革方面，除了继续加强现代企业制度建设以外，另外一个重要改革方向是深化国有资产管理体制改革。2003 年，中国成立了中央和地方国有资产监督管理委员会（简称国资委），进一步建立健全国有资产管理和监督体制，由国资委充当国有企业的出资人角色，统一掌握了对于国有企业"管人"、"管事"和"管资产"的权力。在各级国资委的监督和指导下，中国国有企业立足于产权制度改革，围绕做大做强，进行企业改组改制，完善企业治理结构，不断学习和借鉴先进的管理理念和方法，推动企业管理的现代化，提升企业竞争力。

总的来看，进入 21 世纪以来，中国大部分企业在人力资源管理理论研究的引导下，在人力资源管理专业教育的推动下，并在外资企业现代人

---

[1] 资料来源于国家工商总局发布的各年《全国市场主体发展情况报告》，并经计算所得。

[2] 资料来源于国家统计局，http://data.stats.gov.cn/。

力资源管理方法和技术应用成功示范的感召下，已经普遍接受了现代人力资源管理理念，并在经营管理过程中积极开展人力资源管理实践，在实践中不断学习和创新，在人力资源规划、人员招聘和选拔、培训与开发、薪酬福利与绩效管理以及员工关系管理方面努力探索符合中国特定情境以及企业自身特点的现代化、规范化、市场化、专业化的人力资源管理模式和方法。

第九章 中国企业人力资源管理变革的趋势与总体目标

面对当今激烈竞争的市场，组织必须不断提高劳动生产率，提高产品质量，不断改善服务，新的管理概念和管理方法因之也不断产生。如质量小组（QC）、全面质量管理（TQM）、经营过程重构（BPR）等。其中，经营过程重构是再造工程（Reengineering）的一部分，它意味着对经营过程、组织结构等的重新审视和反思。与 20 世纪初科学管理和 20 世纪 30 年代行为科学的诞生相似，20 世纪 90 年代新的管理概念与方法的出现，必然会给组织管理带来新的生机与活力。

在整个现代管理系统中，人力资源管理是一个重要的子系统，人力资源管理的发展也与整个现代管理的发展一样，经历了一个不断演进的过程，在每一个阶段表现出不同的特征。

一 管理及人力资源管理理论的简要回顾

（一）早期管理思想的萌芽和探索阶段

在 19 世纪末管理思想系统化之前，人类不断从实践经验中总结形成了对管理某些方面的思考与认识。它经历了古代的管理思想、中世纪的管理思想、工业革命时期的管理思想三个阶段。

1. 古代的管理思想

随着远古时代向人类的文明开化，世界各地先后有了生活和生产活动。大约在公元 9000 年前的中石器时代，人类开始组成氏族、部落，出现了一些萌芽状态的管理活动。随后的几千年里，世界各地兴起了许多人类文明，如两河流域、亚非四大古国等，几乎无一例外地都给后世留下了珍贵的管理思想。如古希腊哲学家柏拉图在其巨著《理想国》中问道：

"每个人从事几种行业和坚守本行哪一种更好呢?"经过论述得出结论:
"应该坚守自己的本行。"苏格拉底、色诺芬等许多思想家也都对管理有
一定的论述,形成了连续而又立体的管理思想。

2. 中世纪的管理思想

进入中世纪后,管理思想的发展受到了压抑。著有《君王论》的意
大利人马基雅维利(Niccolo Machiavelli, 1469—1527)是这一时期思想的
集大成者。作为新兴资产阶级的代表人物,他创立了"马基雅维利主
义"。认为结束政治割据、建立强大而统一的国家,君主可以不择手段。
其思想为当时的君王管理国家做出了很大的贡献,但也有一定的负面
影响。

3. 工业革命时期的管理思想

1765 年蒸汽机的发明标志着人类社会进入了工业革命时期。生产关
系变革,工厂制度得以建立和发展,人们对管理产生了极大热情,出现了
诸如斯图亚特、亚当·斯密、詹姆士·小瓦特、罗伯特·欧文、查尔斯·
巴贝奇等杰出的管理思想家。詹姆士·斯图亚特(James Stewart, 1712—
1780)提出了工作方法研究,阐述了刺激性工资以及管理人员和工人之
间的劳动分工。亚当·斯密(Adam Smith, 1732—1790)在著名的《国
民财富的性质和原因的研究》一书中系统地论述了"经济人"观点以及
劳动分工理论,并提到控制职能以及计算投资回收期的必要性等问题。詹
姆士·小瓦特(James Watt Jr., 1769—1819)在英国伯明翰附近的工厂
实施了一系列早期的科学管理措施,如进行充分的市场调查与研究、制定
详细的会计制度、推行职工福利制、制订员工培训计划等。

罗伯特·欧文(Robert Owen, 1792—1871)被有些人誉为现代人力
资源管理的先驱,他对后世的行为科学理论产生了极大的影响。查尔斯·
巴贝奇(Charles Babage, 1792—1871)认为,在科学分析的基础上,探
索出某些管理规律或规则是可行的,并进一步发展了亚当·斯密的劳动分
工理论。这一阶段的人事管理思想有三个特点,即开始视人为经济人、人
事管理的主要职能是招募雇用工人、管理者与劳动者有了明显差别。

(二) 习惯称为"科学管理"的阶段

19 世纪末至 20 世纪初,随着资本主义从自由竞争到垄断的发展,科
学管理思想占据主导地位。被称为"科学管理之父"的弗雷德里克·温
斯格·泰勒(Frederick Winslow Taylor, 1856—1915),通过对工作方法、

时间、动作的研究，认为所挑选的工人的体力和脑力应该尽可能地与工资要求相配合。只要在指定时间内以正确的方式完成了工作，就应该发给他相当于工资30%—100%的奖金；认为要让工人最有效地工作，就需要用金钱来激励。他的著作《科学管理原理》一书很快在全世界范围内被接受，4—5年后，很多企业开始出现独立的人事管理部门。

20世纪初被称为"组织理论之父"的德国社会活动家马克斯·韦伯（Max Weber，1864—1920）发展了一种权威结构理论，并据此来描述一种官僚行政组织的理想模式：体现劳动分工原则、有着明确定义的等级、详细的规则与制度。这一阶段的管理的特点是，逐渐向劳动计量标准化发展，建立了劳动定额、定时工作制。同时，有计划的培训、劳动人事管理专门化，也使得工人的工作分配和岗位安排更为科学合理。

（三）工业心理学兴起阶段的管理思想

这一时期大致从20世纪初到第二次世界大战前后。与泰勒对效率的极端关注不同，工业心理学更加关注工作和个体差异。管理学家发现，人们在金钱、物质之外，还有别的需求，这就出现了人本主义心理学家亚伯拉罕·马斯洛（A. Maslow，1908—1970）的层次需求理论。哈佛大学的埃尔顿·梅奥教授（Elton Mayo，1880—1949）1924—1927年在美国西部电气公司芝加哥附近一家名为霍桑的工厂内实施了著名的霍桑试验。结论主要集中在他的《工业文明中的人类问题》和《工业文明中的社会问题》两本书中。其阐述了以下思想：①人的行为与人的情感有关系；②社会关系对个体的行为有重大影响；③企业中存在着正式组织，也存在着非正式组织；④金钱不是决定产出的唯一因素，群体规范、士气和安全感对产出影响更大。霍桑试验的结论带动了关于组织中人的行为和心理理论的研究，并影响着管理实践。从个人、群体以及组织的各方面来分析人的工作行为，不仅关心单个人，而且研究组织与外在环境等。强调从人的作用、需求、动机、相互关系和社会环境等方面研究对管理活动的影响，研究如何处理好人与人之间的关系、做好人的工作、协调人的目标、激励人的主动性和积极性，提高工作效率。在工业心理学的影响下，这一阶段的人事管理思想有如下特点：承认人的社会属性、承认非正式组织的存在、承认管理的艺术。

（四）人事管理向人力资源管理过渡时期的管理思想

这一阶段是第二次世界大战后至20世纪70年代。劳资矛盾、人际关系、工作满意程度等问题更加突出，出现人际关系运动。彼得·德鲁克（Peter Drucker，1909—2005）是当代西方影响最大的管理学者。他祖籍荷兰，1909 年生于维也纳，1937 年移居美国，终身以教书、著述和咨询为主，2005 年辞世，著述颇丰。其代表作有《管理实践》《有效管理者》等。他提出了目标管理、商业模式、有效的管理者、企业家精神、直觉和创造精神、冒险精神等管理新观点。这一时期，还强调就业机会的均等。1964 年，美国《民权法案》第七章《公平就业法案》（EEO）对就业中的各种歧视做了禁止性规定，标志着人事管理进入了比较严格和规范的时代，同时，也为人事管理向人力资源管理过渡产生了极大的推动作用。这一阶段的人事管理思想有如下特点：人事管理规范化、强调均等就业机会、出台了人事管理法规。

（五）20 世纪 70 年代后的现代人力资源管理

20 世纪 70 年代到现在，管理进入了多学派林立的"管理丛林"时代。彼得·德鲁克作为经验主义的代表人物在这个阶段产生了重要影响。1974 年出版的代表作《管理：任务、责任、实践》一书中，对组织与管理做了深刻、精辟的论述，认为"人是我们最大的资产"，组织应使员工富有成就，以便激励他们完成工作，并通过完成工作来使组织富有活力。他还对组织与员工管理的内容与技巧提出了独特见解，如管理员工应做好目标制定、工作管理、信息沟通、成就评价和人的培养等，其职务职责要用客观、科学的方法来描述，如目标管理与工作分析。他还提倡加强信息沟通、员工培训等。

与此同时，人本主义学派认为，组织应当采用人本管理模式，坚持"以人为中心"和"人是第一资源"。强调组织中发挥个人作用的同时，强调团队的作用，鼓励员工在组织中得到发展，认为个人的发展对组织是有益的。主张人力资源管理的重点应放在对员工进行开发和利用以及强调对员工工作进行主动性、积极性、创造性的充分调动上。由于这些观点占据了重要地位，传统的人事管理开始向现代人力资源管理转变。传统的人事管理是以任务为中心，对人实施刚性管理，工业时代的标准化、大型化、集中化仍然相当程度地影响和左右着人事管理的思想和方法。随着人们更多地要求管理人性化和个性化，以人为本、柔性管理进入人力资源管理实践，把人作为最重要的资源和第一生产力来看待。这一阶段的人事管理思想有如下特点：以事为中心的管理转化为以人为中心的管理、以管理为主转化为以开发培训为主、刚性管理转化为柔性管理。

二 中国企业人力资源管理的实践探索

研究者和经营者不仅要把握人力资源的管理工作,还要从大的方向上了解中国人力资源管理变化的现状和趋势。通过梳理我国企业人力资源管理的实践,可以更清楚地感知现在和预测未来的人力资源管理所面临的变化。中国企业人力资源管理实践已经处于转型期,正在变革之中。前所未有的全球化趋势,信息网络化以及创新创造的多重而巨大的力量牵拉、推动、裹挟着中国企业人力资源管理前行。

(一) 人力资源管理的全球化

许多大型跨国公司正在国际市场上"合纵连横",纷纷在他国建立分厂(如较早的海尔在美国建厂),外派员工或本土化用工。组织内员工的差异比较大,种族、信仰、文化、知识和技能等方面不同,对人力资源管理提出了更高的要求。如何帮助海外分公司构建有效的人力资源管理系统,如何采取有效的方法调动全球员工的积极性,如何将母公司与海外公司的企业文化进行有机融合等,都是人力资源管理所需要解决的问题。因此,全球化的过程必将从观念上、文化上、组织上和方法上促进人力资源管理发生全方位的变化。换句话说,人力资源管理在经济全球化的大背景下,必将有一个新面貌。这方面中国企业比起工业化国家、拥有众多成熟跨国公司的国家有一定差距。

(二) 人力资源管理的人本化和服务化

人力资源管理的根本思想过去强调"事",现在则注重"人"。"人本主义"充分尊重员工的期望与自我发展,强调个人与团队合作的协同,鼓励参与管理活动。员工参与是有效管理的关键,使人性得到最完美的发展是现代管理的核心,服务于人是管理的根本目的。未来人力资源管理就是为员工创造良好的工作环境,帮助或引导员工成为"创新人"、"文化人"、"自我实现人",在特定的工作岗位上创造性地工作。其目标就是在达到企业目标的同时,实现员工全面自在的发展,即实现人和企业的和谐发展。

人力资源管理部门需改变对员工"管理"的观念,逐步向开发员工能力、调动积极性、提高工作满意度等以人力资本为中心的思想方面发展，以实现人力资源管理的最大值。在各种生产要素对经济增长的贡献度中，我国人力资本对经济增长的贡献率大体为35%，而发达国家的这一比率大体为75%。我国企业领导人和高层管理者首先也要成为育才型领导，培育下属成为领导者的第一职责。这就意味着，管理者主要通过授权、指导、管理、培训、辅导等手段，给予下属和员工充分的成长空间，使他们通过学习、培训和创新，不断增长知识、技能和才干，提升自己的能力，超越自我，从而达到提高自己的工作绩效，也就相应提高了企业的整体绩效。

人力资源管理逐步由行政权力型转变为服务支持型。不仅服务于公司的整体战略，更重要的是把员工当作客户，持续提供面向客户的人力资源产品服务。企业通过让关键员工满意的服务来吸引、留住、开发所需的人才。企业必须赢得员工的满意与忠诚，把外部客户资源与内部人力资源结合起来，才能致力于提升企业的人力资本价值。而我国现在还有企业习惯于人力资源的"自来水时代"，不愿意加大对职工培训和开发的力度，始终受制于高素质人才的缺乏，组织竞争力无法提升，仅维持着旧的生产模式，面临必须转型升级否则无法生存。

（三）人力资源管理的战略化与自主化

1. 人力资源管理部门由事务性部门走向战略性部门——战略化

人力资源管理的方法发生了改变，由原来的人力资源部门集中、监督式的管理更多地向员工自主式管理转变。人力资源管理不仅仅是人力资源管理部门的责任，而且是全体管理者及全体员工的责任。人力资源部门的主要职责变为集中制定人力资源政策，帮助并监督各职能部门、个人执行政策；直线经理增加了人力资源管理的职能和责任；员工增加了自主管理的责任，有更多的参与管理和决策机会。

2. 人力资源管理人员由办事人员走向职能专家——专业化

作为人力资源管理的对象，人无疑是最复杂的，企业员工不仅有物质欲求，更有精神需要；不仅需要与人交往，还要求得到别人的尊重与友好对待；不仅需要胜任工作，取得成绩，而且需要不断得到培训……因此，人力资源管理的难度越来越大。相应地随着科学化程度的提高，其专业化程度也会越来越强。

3. "知识型员工"、"核心员工"是人力资源管理的重心

国家的经济主体核心是企业，企业的核心是人才，人才的核心是知识创新者与企业家。然而，知识型员工一般具有较强的个性，喜欢在一个民主、自由、充满人情味的环境中工作，并渴望得到他人的理解、关心和尊重，更追求自由化、个性化、多样化和创新。因此，如何开发、利用和发展知识型员工的创造力与潜能，提高知识型员工的工作热情，培养他们的责任感和团队归属感，增强企业的凝聚力，则成为企业人力资源管理的重心。当然，要注意以"知识型员工"、"核心员工"为中心需兼顾平衡所有员工。

4. 更加重视人力资源的价值链管理

通过对人力资源的价值创造、价值评价和价值分配来营造对人才的激励和创新。通过价值评价体系和评价机制的确定，使人才的贡献得到承认，使真正优秀的、企业所需要的人才脱颖而出，同时，结合企业薪酬分配系统，使企业形成凭能力和业绩吃饭，而不是凭政治技巧吃饭的人力资源管理机制。

中国正在进入一个以知识为主宰的全新经济时代。在这样一个高速变化的时代，人力资源与知识资本优势的独特性成为企业重要的核心技能，人力资源的价值成为衡量企业整体竞争力的标志。因此，中国的人力资源管理将迎来历史性的变革，漠视人力资源管理的企业将没有机会分享到后工业化时期经济发展的巨大成果。

三 中国企业人力资源管理的理论探索
——变革的基本依据

从当前中国人力资源管理理论研究与实践看未来的发展变革，将呈现以下趋势。

（一）由随意性大的经验管理走向科学管理——科学化趋势

尽管实现文化管理是当今企业的向往所在，然而，对当前中国的多数企业而言，首先是必须步入和经历科学管理。

（二）由人治走向法治——制度化趋势

加强管理的基础工作，立法和执法工作，要由"人治"走向"法

治"，科学管理首先要求建立科学的人力资源管理制度，同时，真正确立制度的权威性。

（三）人力资源管理由封闭式管理走向开放式管理——社会化趋势

为了提高人力资源管理的效率和效益，企业逐渐趋向于将一部分低附加值的工作外包给中介机构。中介公司不仅为企业提供了专业化的可能，也有利于企业不断增强自身的核心竞争力。外包是人力资源走向开放式管理的一项重要产物，是人力资源管理社会化的必然趋势。

（四）企业文化日益成为激励的关键因素

人力资源激励由薪酬"独木桥"走向薪酬与文化"并行道"——激励不仅是物质化的趋势。根据按需激励的原则，企业要设法满足员工的社交、提高其工作的积极性与主动性。薪酬激励这一座"独木桥"对此已无能为力，唯有靠企业文化的激励作用。

有先进的理论，也必须密切联系实际，理论应用不好、产生问题的原因，往往来自于人的思想观念、方法运用等因素。主要原因在于一些企业从思想观念上拒绝接受新事物，排斥外来科学理论；一些企业管理者从思想认知上没有摆脱中国传统的人治方式、手段，将政治权术对人的管理的局部有效性无限地扩大；有些接受科学理论，但盲从地信服，没有了解西方理论产生的背景因素，没有找到中国企业与西方企业的差异，只是机械地使用西方理论和工具，导致水土不服；一些企业管理者的出发点是追求表面形式，而非真正意义的人力资源管理理念及工具应用，只注重新鲜理念的"洗脑"作用，不重视理论应用在实践上的行为转化，忽视了过程执行；思维出现偏差，缺乏对人力资源管理模块的系统整合能力；在掌握理论、使用工具与实践运用中，不知道连接理论与实践的主要思路、方法，思维出现混乱，不知如何进行使用等。

近年来，在前人的实践和理论基础上，人力资源管理的研究和实践飞速发展，跨国人力资源管理、战略人力资源管理、虚拟人力资源管理、人力资源会计、人力资源审计等新的概念层出不穷，知识管理、薪酬管理、绩效管理、多元文化管理等细分领域不断深入，如此日新月异的变化不仅说明了人力资源管理在企业管理中的作用与日俱增，更预示了人力资源管理在未来企业中还将有长足发展。在未来，我国企业和国外企业的合作更加频繁、竞争也愈加激烈，要想在持续的发展与竞争中胜出，必须紧紧跟随世界发展趋势，合理地运用管理方法，这样才能让企业保持长盛不衰，将企业带入一个新的高度。

四 中国企业人力资源管理变革的可能趋势

唯物辩证法告诉我们，事物的不变是相对的，变化是绝对的。而在重要的转型期，变革往往是剧烈的甚至具有质变性质。据研究，被称为中国资产阶级启蒙思想家的严复，翻译《天演论》的主观目的不是介绍生物进化论的观点、传播优胜劣汰的自然法则，最主要的是警示国人的因循守旧——不变革就会亡国。变革趋势中有些是全世界共同共通的东西。

在传统的企业管理中，一直习惯讲人、财、物、产、供、销六要素，人是第一位的。人是能动的有决定意义的内在要素，从特定角度说，人力资源管理的重要性无论怎样强调都不为过。世界著名跨国公司摩托罗拉有一句经典名言：管理≈人力资源管理。企业的当家人往往亲自管理人力资源。对人力资源管理者的素质要求也非常之高，实际上既是企业利益的维护者，也是员工利益的代言人，其角色实际是上传下达、左右逢源；而很多 HR 并没有意识到他们的这种双重角色。

（一）可能的趋势之一：职能部门机构本身可能弱化

即企业人力资源管理部门自身职能的弱化，也即是人力资源管理向直线管理部门的回归。

冷战结束后，国际经济一体化进程得到进一步加强，企业之间的竞争日益激烈，几乎所有的企业都面临来自国内、国外的激烈竞争。随着信息技术日新月异的发展，企业的组织形式和管理方式发生了巨大的变化。传统的规模经济在知识经济社会里已不再占有昔日的优势，取而代之的是一些规模小、技术含量却很高的小型企业，为顾客提供高附加值的产品和服务。在中小型企业里，管理部门，尤其是职能管理部门的浓缩是降低成本的有效方式。在这些企业中，人力资源管理部门、行政管理部门，有时甚至还有财务会计部门，都可能合并为一个部门，统一为企业提供综合职能支持。另外，巨型跨国公司在新的市场环境中发现其巨大规模不再是优势，出于激烈竞争的压力，也在集团内部实行所谓的"内部企业家"式的管理方式，比如把全球几十万人的大公司整编成数百个相对独立的、自负盈亏的成本—利润中心。这些成本—利润中心享有巨大的自主权，在财务、人事、生产、销售等企业管理方面享有独立的管理权。这样的成本—利润中心与单个的中小公司十分相似，其人力资源管理部门的职能弱化同样不可避免。

（二）可能的趋势之二：人力资源管理职能的分化

人力资源管理的全部职能可以简单概括为人力资源配置（包括人力资源规划、招聘、选拔、录用、调配、晋升、降职、轮换等），培训与开发（技能培训、潜能开发、职业生涯管理、组织学习等），工资与福利（报酬、激励等），制度建设（组织设计、工作分析、员工关系、员工参与、人事行政等）四大类。如果说这四大类职能是在其发展过程中逐步形成与完善的话，那么，随着企业外部经营环境的变化，以及社会专项咨询服务业的发展，这些职能将再次分化，会向社会化的企业管理服务网络转移。企业的管理职能是企业实现其经营目标的手段，企业可能根据其业务需要对这些手段进行重新分化组合，以达到其在特定环境下的最佳管理。人力资源管理的四大类职能活动是相互联系也是相互独立的，对其进行不同方式的分化组合在理论上是可行的，在管理实践中也经常可以看到。

（三）可能的趋势之三：人力资源管理的强化

人力资源管理的强化趋势，似乎与上述两方面的内容相矛盾，实则是同一个问题的不同侧面。上述两方面提到的弱化和分化，涉及的只不过是人力资源管理的一部分职能，而非全部职能。实际上，在某些职能不断弱化与分化的同时，人力资源管理的另一些职能却在逐步加强。根据组织宏观管理理论，具有凝聚力和长期高成长能力的组织，都具有一个被组织大多数员工认可的共同理想与使命。从某种意义上说，组织的一切管理活动都是为了实现组织的理想与使命。因而，人力资源管理也更趋于强调战略问题，强调如何使人力资源为实现组织目标做更大的贡献。人力资源管理的强化主要关注：组织对风险共担者的需求是否敏感，开发人力资源迎接未来挑战，确保员工精力集中到增加组织投入的附加价值上等。

五　中国企业人力资源管理变革的总体原则框架

从理论上说，中国企业人力资源管理变革的总体目标实现需要制度、文化、国民性三要素的综合配套。日本、韩国、新加坡以及我国台湾、香港等东方文化色彩浓厚的国家和地区转型成功，转向创新导向的管理模式，都与这三要素密切相关。在我国，知识员工逐步成为员工主体，特别是已成为组织创新的主体，制度基本建立、正在完善中，文化创新和国民性提升也在渐进进行中，中国企业的管理及人力资源管理的变革创新已是时不我待。

目前的基础特别是改革开放 30 多年来取得成就的基础上，仍然是双轨或多轨并行。现实制度改革已有的经验，人力资源管理需要因地而异、因时而动的理念，需要组织环境与组织变革。人力资源管理的时代情境——变革的时代到了。由于资源环境的约束，逼迫产业转型升级，倒逼素质提升，必须在更大范围、更高层次包括海外投资就业、配置人力资源。

中国企业新型的劳动关系，要求信息更透明对称，员工民主化管理诉求增加，话语权增大。

不同类型企业人力资源管理变革有共同规律，也有独特规律。总体上看，国有企业以外的其他的企业转型变革的任务小，主要是如何发挥人才的作用，战略性人才储备和继任计划等问题。在我国转型期，主要是大型国企的人力资源管理全面市场化变革，根本原因又是大型国企的产权改革未到位。

因此最基本的理论依据为市场是配置资源的主要方式。为此，我国企业的人力资源管理需要有系统性的转型变革，总体原则是市场化、法治化、中国式，即中国情境三方面。具体包括以下内容。

从计划体制到市场体制；从人力资源市场的区域性到全国性甚至全球性；从雇佣形式的基本固定化到灵活化，非典型雇佣、多元化雇佣；从员工与用工单位的隶属关系到合同关系；从劳动关系的终身制到聘用期限制；从入职看重社会资本到看重自身人力资本；从只强调与组织匹配到同时要求与岗位匹配；从脑力体力密集到用工减量轻型化；从长官意志到人力资源管理的法治化；从组织的战术工具到战略化定位；从维持组织常规运行到创新发展导向；从干部工人分离到以岗定薪身份基本一样等。

组织通过从单一雇佣到多元化雇佣（典型雇佣、非典型雇佣）；通过分类分层差异化管理，加强针对性，通过差别提高管理效率。最核心的是建立并渐趋完善与现代企业制度相适应的人力资源管理模式。通过研究寻找转型期中国不同类型企业人力资源管理变革的共同性规律，各自的独特性规律，使人力资源特别是人才带来竞争力和效益。

关注不同区域企业、不同类型企业的差异。我国有东北等老工业基地传统色彩浓厚的国有企业人力资源管理模式，有长三角地区外资和科技企业较多的人力资源管理特色，有珠三角以加工制造为主企业的人力资源管理实践，有承接东部产业转移的中西部地区企业的人力资源管理新情况，特别是中部正在转型崛起的劳动力大省的情况、劳动密集型企业的情况。比如在不少劳动密集型的企业，独生子女进入劳动力市场后，当地户籍的不愿干，外地的流动性又太大。如此等等，都是需要切实研究的问题。

转型变革的突破口是所有新员工一律采用新的劳动关系，主要是劳动合同制。采用切实可用的人力资源管理工具。转型变革的路线是由易到难，先民企外企，后国有企业，先一般竞争性国有企业，后是垄断性的国有企业。转型变革的核心模块主要有市场化招聘，绩效考评与胜任力培训开发，晋升与解除劳动合同等。

六　中国企业人力资源管理向新目标转型变革的路径

具体的路径有七个方面的思路。一是新人老人、体制内外，既要考虑差别公平的既有现实和情理，又要逐步遵照"同工同酬"的法则。二是转型期"老三会"、"新三会"之间以及与经理人的关系问题。三是考虑知识型员工的特点、"80后"、"90后"青年员工的特点（如受网络影响大、有些游戏人生等），新型的劳动关系日趋复杂，合同的签订、执行需要更加细致。四是解决新增员工市场化招聘中社会资本往往大于其自身人力资本的问题，即入口用市场化保证人力资源管理效率。五是薪酬制度设计。引入集体谈判机制，让员工参与薪酬决策。六是按照意愿与有关知识型员工签订发明创新的"知识产权合同"，保证知识型员工的创新收益。七是帮助员工做好职业生涯规划。使员工提升就业能力、增强身份意识和组织忠诚度，努力实现最优解即员工职业发展和所在组织发展"互嵌双赢"。

（一）政府宏观人力资源管理："看得见的手"与"闲得住的手"

政府宏观人力资源管理的目的是健全市场体系，弥补市场缺陷。如员工在进入企业组织前，高等教育和职业教育的人才培养要以提升就业和创业能力为核心。

目前有些宏观政策如关于长期无固定期限劳动合同的问题，其实也不是效率导向的，是让企业等用人单位承担了过大的成本、过多的社会责任，也不利于人力资源自身的成长。建议在社会保障等配套制度更为健全的时机，再次修改《劳动合同法》。明确是否签订长期无固定期限劳动合同，不以签订时间长度或已签订次数论，主要由劳动者和用工单位双方协商，以预防长期无固定期限劳动合同员工的职业惰性，以及因之而产生的全社会效率损失。

而从近些年企业的实践看，有许多需要认真研究解决的问题。2014年1—6月，武汉市主动离职3.3万人，离职率达到7.5%。过于频繁的离职对企业和个人都有损失。不少企业转型升级是大势所趋。产业转型升级后必然会首先减少低端劳动者，需要从更高的层面通过职业教育等进行订单式培养，实现再就业。技术性劳动者可以弹性延迟退出劳动力队伍。

（二）产业和区域、社会中观人力资源管理：从"二号婆婆"到"热心媒人"

中观人力资源管理目前也是热心管理，"当婆婆"，而不是热心服务。其实应更多依靠行业性协会、区域性协会等来做单个企业做不好或成本过大的人力资源服务工作。中国有些城市特别是一些一线城市之外的沿海城市高端技术人才留不住，如温州，有人认为是当地政府服务配套不够，如认为主要是当地政府廉租房配套建设不够。东北等老工业基地要加快市场化进程，用法治化规范市场化，严惩不合法不规范的坑蒙拐骗行为。加快国有企业混合所有制改革。清理整顿企业人力资源管理中的一些潜规则，有些可以明确为显规则，如大庆的招工，油田职工子弟可以明确加一定分值。西部地区需要加快启动市场化，西北西南地区企业的人力资源管理都要体现区域特征。珠三角地区产业转型升级中，规范企业人力资源管理，其中要重视东方文化的元素。长三角等较发达地区，逐步形成人力资源管理的中国样本模式。中部地区的发展任务很重，企业人力资源管理要有己之长、因己而异。

（三）企业微观人力资源管理："看不见的手"与看得见的法规

员工进入后，企业在人力资源管理方面的社会责任主要表现就是开发人，培养人，提升人力资源素质。而现在企业用人倾向更灵活，项目用人，劳务派遣，任务外包减少用人等，情况变得更为复杂。

企业微观上，要在法律和政策框架下让雇佣双方自由选择和博弈。作为市场经济微观经济主体，企业必须成为真正的市场主体。外部的充分市场化，内部的真正模拟市场化——竞争化，市场导向、竞争机制才是长久不竭、不衰的活力源泉。特别是中小企业人力资源管理变革，因为中小型的企业形态占比最大，就业人数最多。

现在企业里，一般干部和工人身份基本一样，都是以岗定薪。2008年1月1日《劳动合同法》实施以前，有合同的要算作合同时间；没有合同但有事实劳动关系的，也应算作合同时间；但与劳务派遣公司的合同一般不算。

企业微观层面也有比较成熟和成功的，如《华为基本法》及其《招聘流程》以及人力资源管理正在变革中的腾讯公司。

人力资源管理应成为企业组织的战略伙伴并拥有决策权，而不仅仅是事务性行政和执行决策。美世咨询2007—2008年曾做过一项研究，发现人力资源在企业组织中的战略地位，只是有名无实，还不是真正的战略伙伴。障碍主要是，54%的受访者认为，人力资源部只是忙于运营事宜而不能进行更高层次的讨论；50%的受访者认为，人力资源部员工不具有处理组织战略性事项的能力；39%的受访者认为，高层管理者不认为人力资源管理具有战略职能；33%的受访者认为，人力资源部缺乏提供支持决策的更好技术；31%的受访者认为，人力资源部不能完全理解业务；21%的受访者认为，一些人力资源工作者不被高层管理者信任；12%的受访者认为，人力资源部具有一定的信息甚至技术，但缺乏分析信息的能力；11%的受访者认为，人力资源工作过度关注劳资关系问题。

人力资源管理职能的有效性和战略性是互为因果的。在中国的调查存在三个最大问题是，人力资源职能中的领导力不足，对人力资源业务的价值认知不够，人力资源员工自身的技术和能力不强。

与2003年的研究比较，很大一部分人力资源职能的领导直接向他们的CEO报告。在中国对人力资源管理者自身的调查中，63%的受访者认为，人力资源具有战略意义；25%的受访者认为，人力资源工作者具有决策权；50%的受访者期望相对较少时间用于行政性事务，而更多时间用于战略性事项。①

2014 年 8 月东莞台资鞋厂罢工，惠州港资雷士照明罢工都是劳资激烈矛盾的爆发。若是正常发生的事件首先应由双方协商解决，第三方包括政府不必要过早过多介入。

（四）科学民主协商机制：三方的手握在一起

比较科学民主的协商机制应当由三方组成，即代表政府的劳动行政部门、代表职工群众的地方总工会和代表用人单位的企业代表组织（企业联合会、企业家协会、商会等）。三方协商机制，实际上是一种平等对话的机制。政府、企业组织和工会组织三方的职能不能替代，各有侧重和相互独立，相互没有隶属关系，切实代表和维护各方权益。

1. 政府代表

工会法中明确规定政府劳动行政部门是政府的代表。一直以来，我国参加国际劳工大会的政府代表也是劳动行政部门。由此可以看出，劳动关系三方代表中政府代表应该由政府劳动行政部门担任。

2. 企业组织代表

计划经济时期，全国各地建立了企业联合会（企业家协会），应该说该组织代表的是国有企业。随着新建企业的迅猛发展，企业所有制形式呈现多元化，企业组织形式也呈现多元化，民间的商会、个体经营者协会、青年企业家协会、女企业家协会等相继出现，作为企业方代表，它们都可以成为三方协商机制的一方。目前，在中央层面，还是由中国企业联合会作为企业方代表。

3. 职工代表

由于三方机制是协商劳动关系方面的重大问题，它超出了具体企业的范围。因此，代表职工参加三方机制的是各级总工会。

在十一届全国人大三次会议的新闻发布会上，全国总工会基层组织建设部部长郭稳才表示："我们全总正在做一个从根本上解决工会主席权益保护的事情，进行组织形式和用人机制的创新。就是从社会上招聘职业化的工会干部，由上级工会发工资，把他们放在乡镇街道、社区工会，来维护职工的权益，这样就摆脱了'端老板的饭碗不敢维权'的状况。"通过职业化的工会干部为职工维权，我们企业的人力资源管理又将面临新的挑战。

----

① 资料来源于《中国经营报》2008 年 2 月 4 日。

七　中国国有垄断企业的人力资源管理变革

党的十八届三中全会提出了国企员工能进能出、岗位能上能下、待遇能高能低的人力资源管理思路。从可操作的角度出发，通过考核，明确一定期限未达标的新进的员工能够出得去、管理岗位的能够下得去、普通老员工的待遇能够降得低。对于一般员工的管理比较容易操作，难度大的是对国有企业高管人员。

国有企业的人力资源管理必须是组织、人事、劳动三个部门的协调统一。

国有企业的高管激励是一个重点难点问题。2013 年 A 股 153 家上市公司公布股权激励方案，国有控股上市公司仅占 9%，还包括 2008 年以后一些未经国资委审批进行高管持股的国企。且股权激励股份占总股本普遍小于 1%，规定收益占薪酬总水平最高比例原则上不得超过 40%。同时国有企业的领导人要求 60 岁退休，少数可以到 63 岁。可李嘉诚、巴菲特都超过 80 岁了仍然是企业的主心骨。

国企高管薪酬管理。2013 年起中石油、中石化的用人权上收到总公司。2014 年年初，大庆油田出台新招工政策，职工子女若毕业于非石油专业的二本或三本高校，将不能直接接班，必须经过委托培训一年以后再经过考试择优录用。

国企领导人的选任问题是国有企业改革中和产权明晰并列重要的大事情。国有企业要成为真正的企业，国企领导要成为真正的企业家而不是目前这样的角色，承认企业家的人力资本价值，允许高管持股。中央关于国有企业的薪酬、职务消费等规定都需要进一步研究细化。经理人市场发育，经理人选任方式，选任的标准，胜任力匹配，任期目标，任期科学考核等，都需要研究。

但不同的意见认为，为什么要公开选聘？企业是国家的，国家说了算。掌权者认为任命的就是最好的。因此最根本的是把国有企业进行分类，尽可能少地保留国有控股的企业；绝大多数都变成一般的商业公众公司。

附：两家国有企业人力资源管理的案例（2014 年 7 月 14 日调研）

1. 中航工业上海航空电器有限公司

目前公司有员工 1165 人，其中有劳动关系的 953 人。博士研究生学历的 5 人，硕士研究生学历的 133 人，本科学历的 414 人，大专及以下学历的 401 人；管理人员 292 人，专业技术人员 372 人，技能人员 289 人；30 岁以下的 460 人，31—45 岁的 319 人，46 岁及以上的 174 人，平均年龄 34.6 岁；在公司工作 1—3 年的 252 人，4—5 年的 118 人，6—10 年的 226 人，10 年以上的 357 人（5 年以下的占一半）。每年新增 50 人左右，退休 20 人左右，净增 30 人左右。员工从技术层次上分为一线操作人员、工艺人员、研发设计人员。

对现有的人力资源进行诊断，对各个岗位价值进行评估。研发、工艺都很重要，但最主要的问题还是年龄小的员工不安心一辈子做一线工人。虽然机械化作业增多，一线操作工人需求减少，但无论如何减少，不可能全部自动化、标准化，质量的差距往往就在这里，也就是老百姓说的做工。

公司制定了《劳务派遣用工暂行办法》（司规 0723.2013），适用于职工食堂服务员等临时性、辅助性、替代性岗位。

公司实行了监控过程、关注结果的绩效管理，但他们自己认为对关键部门、关键岗位的绩效评价未能很好地体现出战略导向。正在向战略人力资源管理目标逐步推进，使人力资源成为公司核心竞争力的源泉。长家分离（管理人才和技术人才分离）的做法具有经验性。

2. 上海贺利氏电测骑士有限公司

上海贺利氏电测骑士有限公司是一家德资企业。一线工人的劳动条件太严酷，已把人体的某一器官部位如眼睛、手指长期单调地使用到极限。资方不是以提资留人，更没有采取措施培育工人，最前端生产流水线上的工人只以高流动性来应对这种工作环境、工作条件。长此以往，中国还能成为世界工厂吗？

"不用不招、现用现招、不行再招、只用不养"的功利性行为在许多企业都存在。

从组织角度说，存在组织惰性；从员工角度说，存在职业倦怠和职业惰性。这些使组织和管理者施行的奖惩变得困难。

新生代员工能力和技术水平分化严重。就业呈现轻型化趋势。劳资矛盾，劳管对立（市场经济在微观企业的反映）都有表现。年龄小的不安心一辈子做工人，技术工人的持续成长和技术工人队伍的培养是一个大问题。未来苦脏累险的岗位需要的人员越来越少，会逐步被工业机器人替代。无一技之长的壮工就业会越来越困难。企业需要的员工总体上趋于减少，智力劳动型员工可能不会减少。过去由于劳动力结构原因引起的壮工工资快速升高不会成为趋势（不是脑体倒挂）。

老员工主要是稳定和社会保障问题；青年员工（新生代员工）主要是就业能力提升和职业成长问题；激励中年员工、防止他们的职业倦怠和职业成长停滞是人力资源管理的难点。

变革的根本原则，重点模块之变革在于新生代员工、知识型员工，以及他国市场化的做法在我国的应用。我国非市场化做法的政府管控因素（如《劳动合同法》）需要研究。

第十章 中国情境下聘用制员工①的
组织管理

　　组织是现代社会中实现集体目标不可缺少的机构和制度安排，存在于许多领域中。如人们日常接触的企业、政府机关、学校、医院，还有通过各种媒体间接认知的军队、非政府组织等。由于不同组织的构成要素——组织目标、组织活动、组织成员、组织资源、组织环境、组织结构与设计、组织文化等存在着差异，呈现在世人眼前的组织是多种多样的。

　　不同学者从不同视角、依据不同标准进行了分类。如马克斯·韦伯（Max Weber）依据权威类型将组织划分为传统组织、神秘组织、合理合法组织三种类型；塔尔科特·帕森斯（Talcott Parsons）依据组织目标类型将组织划分为经济生产组织、政治目标组织、整合组织、模式维持组织四种类型；彼得·布劳（Peter M. Blau）按照组织目标和获利者的类型等将社会组织划分为互利组织、私有者的赢利组织、服务组织、公益组织四种类型；艾兹奥尼（A. W. Etzioni）根据为使其成员服从组织并参与到其中而采取的支配手段，将组织划分为强制性组织、功利性组织、规范性组织；理查德·斯格特（W. Richard Scott）根据不同的视角将组织分为理性的、自然的和开放的三种系统。

　　在我国，组织分类一般依据20世纪80年代的《中华人民共和国民法通则》，将组织机构分为企业、机关、事业单位、社会团体四个大类。后来，随着社会和经济的发展，出现了一些新的机构。这些机构是根据国家法律法规新确定的组织机构，或者是按照现行法律新成立的组织，但是，无法归入上述四类的组织机构，作为新增的一类划分到其他组织机构。

　　在中国提到聘用制员工，人们往往会想到临时工、聘用工、聘用护

---

① 聘用制员工的含义是，非传统体制内的、新环境下最大量使用的以劳动合同形式聘用的员工。

士、高校外聘员工、聘任制公务员等。为什么人们对聘用员工的认识上这么不一致，甚至有些混乱呢？主要是因为我国以前的人事制度比较单一，各类组织在改革的过程中，基本都用到过聘用这种手段和方式。如 20 世纪 80 年代在国有企业中层干部中实行聘用制，20 世纪 80 年代和 90 年代在基层政府实行乡镇干部聘用制，21 世纪初的事业单位全员聘用制和聘任制公务员，以及其他领域中发生的聘请外国专家和退休专家返聘等。

关于中国不同组织聘用制存在的实际情况，本书对现有的研究文献进行了简单的初步分析。截止到 2014 年 9 月，中国知网"中国学术期刊网络出版总库"、"特色期刊"、"中国优秀硕士学位论文全文数据库"、"中国重要会议论文全文数据库"、"国际会议论文全文数据库"五个数据库中，标题中含有"聘用制"的共有 633 篇。其中，关于企业的 32 篇[①]，关于机关的 153 篇，关于事业单位的 436 篇，关于社会团体的 1 篇，关于其他组织机构的没有，属于理论研究而不是具体某种组织机构的文献有 10 篇。根据标题含有"聘用制"的方式选择文献，虽然不可能将所有关于聘用制研究的文献全部包括进来，也不可能精准地反映聘用制在几类组织中存在的重要程度，但还是能够确定聘用制员工管理研究的国有企业、机关、事业单位三个方向。

一　国有企业聘用制员工的管理

（一）国有企业和国有企业改革

1949 年新中国成立后，在借鉴苏联经济体制模式的基础上，由当时特定的社会历史条件决定，中国选择了计划经济道路。刘国光（2002）认为，新中国在成立初期选择计划经济体制的原因可以归纳为五个方面：一是受苏联的影响；二是解放区供给制的做法；三是三大改造时期的统购包销；四是自给自足的自然经济和家长制、等级制的封建残余；五是新中国当时对社会主义的认识——认为社会主义就是计划经济。计划经济是以公有制为基础的，其实新中国成立时并不具备实行计划经济的条件。国家

---

① 在 32 篇含有"聘用制"的企业研究论文中，聘用制员工的说法主要存在于以国有企业为研究对象的文献中，是指没有"编制"的非正式员工。

在通过发展公营经济、没收"官僚资本"和"敌产"、"外资转让"、"公私合营"等方式,形成了以国营企业为支柱、集体企业(城镇集体企业、农村集体企业)作为重要组成部分的单一公有制经济形式。

计划经济是通过制订指令性计划,直接调控企业生产活动,对主要的生产资料实行计划分配,对消费品的主要部分实行计划收购和计划供应。作为用工单位的国营企业和集体企业并不是一个自主经营、自负盈亏的主体,更多地表现为政府的附属物,是政府直接配置资源实现其带动经济增长的工具和手段。企业在人事方面并没有自主权,企业的经营者由政府选定任命,企业的用人指标由劳动部门核定下发。尤其是国营企业,招工指标由政府通过行政手段统一进行计划、招收和统一调配。这里的国营企业就是国有企业的前身。劳动者也不能够自由流动和自主选择职业,基本被二元的户籍制度隔离成城市就业人群和农村就业人群。劳动者如果没有城市户口,就基本不能在城市企业工作和就业。因此,绝大多数农民被限定在土地上从事农业生产。少量的农业户口青年通过升学、参军、接班等形式转换了身份,成为城市里的工人或干部。还有一部分少量农民通过自己的人脉关系努力争取进入为数不多的村镇集体企业。总体来说,劳动力这种生产要素在很长一段时间是不能自由流动的,被动地在各自身份领域内就业。

当然在新中国成立初期计划经济在恢复国民经济、保证重点建设和保障人民生活等方面发挥了重要作用。但是,随着国家资本在总量上日益强大,在运行机制上日益僵化,计划经济的弊端逐渐显现,形成了平均分配、政企不分、条块分割的组织体系,缺乏横向的市场联系。所以,计划经济是通过国家计划来配置资源,忽视人的物质利益和经济发展规律,不能调动经营者和劳动者的积极性,致使企业的生产效率低下,没有活力;加上后来多年的国内的政治运动,国民经济出现危机,接近崩溃的边缘。

中共十一届三中全会以后,在全面改革计划经济体制的战略下,在搞好搞活国有企业方面,进行了提高国家资本运营效率、转变控制方式、增强国有企业竞争能力等一系列改革和探索。

(二)国有企业聘用制员工形成的原因

改革开放以后,随着国有企业改革和社会主义市场经济建设不断发展,出现了聘用制和聘用制员工。其形成的具体原因主要包括以下几个方面。

1. 国家在人事制度方面的改革和放权

在计划经济时期，劳动关系比较单一，企业用工制度实行"终身制"，形成了国有企业的"大锅饭"、"铁饭碗"分配制度和人事制度。这种制度能够满足劳动者较低水平的生活保障，但是，却降低了工作的积极性，造成生产效率低下，劳动力资源浪费，国家经济发展出现严重问题。

1979 年 4 月，国家经委召开扩权试点座谈会，明确提出要扩大国营企业的生产经营权、财权、物资权、外贸权、招工权、奖惩权以及机构设置和干部任免等方面的权力。1981 年，中共中央、国务院发布《关于广开门路、搞活经济，解决城镇就业问题的若干决定》，提出"要实行合同工、临时工、固定工等多种形式的用工制度，逐步做到人员能进能出"，企业用工形态多样化。1984 年 5 月，国务院发布了《关于进一步扩大国营工业企业自主权的暂行规定》，从生产经营计划、产品销售、产品价格、物资选购、资金使用、资产处置、机构设置、人事劳动管理、工资奖金、联合经营十个方面给予企业更多的权利，进一步放宽了政府对企业的约束。1984 年 10 月，党的十二届三中全会通过《中共中央关于经济体制改革的决定》，指出"要使企业真正成为相对独立的经济实体，成为自主经营、自负盈亏的社会主义商品生产者和经营者，具有自我改造和自我发展的能力，成为具有一定权利和义务的法人"。1986 年 7 月，国务院发布了《国营企业实行劳动合同制暂行规定》《国营企业招用工人暂行规定》《国营企业辞退违纪职工暂行规定》《国营企业职工待业保险暂行规定》。1991 年 10 月，中央组织部、人事部印发《全民所有制企业聘用制干部管理暂行规定》（人发〔1991〕5 号），认为"企业内部实行干部聘用制，是干部人事制度改革的一项重要内容，是从优秀工人中选拔干部的一种重要方式"。国营企业在逐步获得自主经营权的过程中，先进行了中层干部的聘用制改革。这种聘用制改革是企业的局部人事改革，为职工聘用制奠定了基础。聘用制的灵活用工形式，有助于企业把劳动力成本长期控制在较低的水平。随着企业的自主经营、自负盈亏的独立法人资格逐步确立，国有企业雇用的员工被分为"编制内"与"编制外"。"编制内"的员工与企业之间存在稳定、规范的劳动关系，但"编制外"的员工不仅与企业间的劳动关系不稳定，而且各方面权益都不能得到应有的保障。"编制外"员工就是本书所说的最早的聘用制员工，现在已经成为我国国有企业重要的用工形式。

2. 经济体制改革形成新的企业外部环境

改革开放以后，国有企业生存的外部环境发生了很大的变化，为国有企业聘用制员工的形成提供了条件。

（1）劳动力的自由流动。改革开放前，国家限制农村劳动力流动，排斥农村劳动力在城市中的就业，并通过特定的工资、社会保障制度、行政控制等手段严格控制劳动力在区域之间、单位之间、部门之间流动。改革开放以后，特别是农村实行家庭联产承包责任制以后，劳动力可以在农村和城市之间进行流动，可以在不同类型的工作组织（单位）之间以及不同的职业和行业之间流动，可以下岗或失业以及再就业。虽然还有一些户籍制度、人事档案等方面的限制，但是，劳动力作为重要的生产要素可以比较自由地进行流动。

（2）庞大的剩余劳动力规模。改革开放以后，由于农村剩余劳动力大量涌入城市、国有企业减员增效、新增劳动人口就业等方面的原因，劳动力供给突然增加。而国民经济的发展速度、产业结构的调整，无法快速吸纳规模巨大的劳动力，长期的就业缺口持续存在。虽然近些年在东南沿海局部出现了"民工荒"的现象，均属于技能工人的供给无法满足市场需求所引发的结构性矛盾。

（3）国家社会保障体系建设。建立涵盖职工失业保险、医疗保险、养老保险以及城市居民最低生活保障等内容的现代社会保障体系，能够保障劳动者的基本生活水平，为国有企业解决冗员和企业办社会等问题创造了条件。我国的社会保险制度建设之初是为了配合国有企业改革，是国有企业改革的配套措施。1993 年，在《中共中央关于建立社会主义市场经济体制若干问题的决定》中，把建立社会保障制度作为我国社会主义市场经济基本框架的五个组成部分之一，明确了我国社会保障体系的基本内容。进入 21 世纪的今天，虽然我国社会保障制度仍需进一步发展和完善，但是，已经初步形成了适应社会主义市场经济基本要求的社会保障体系框架。

（4）劳动用工形式多样化。改革开放以后，与传统的劳动者由单位雇用的主流就业方式不同的各种就业形式获得了很大发展。这些非正规就业方式在劳动时间、收入报酬、工作场地、社会保险、劳动关系等方面不同于建立在工业化和现代工厂制度基础上的标准劳动关系。根据中华全国总工会上报全国人大常委会法工委的《国内劳务派遣调研报告》（2010

年），全国劳务派遣人员有 6000 多万人，占国内职工总数的 20%。除了劳务派遣外，还有临时工、合同工、小时工等多种形式。

（5）法律制度不够完善。我国《宪法》《劳动法》和《劳动合同法》中均有同工同酬的规定，但并未对同工不同酬做出更详细的限制。如《宪法》着重强调的是男女间的同工同酬，并不局限于劳动法律关系或民事法律关系；《劳动法》也强调了按劳分配过程中应同工同酬；2013 年《劳动合同法》经过一次修订，明确规定劳务派遣工与"正式工"享有同工同酬的权利。但这些规定都只停留在原则性要求的层面，并没有明确的法律界限和具体的法律追究惩罚机制。

3. 国有企业身份的特殊性

我国国有企业除了经营性职能，还承担着其他一些社会责任。政府在改革过程中，增加企业的自主权，同时又担心社会的稳定以及困难职工的生活问题。于是，国有企业开始采用"新人新办法，老人老办法"，即原有职工保留固定工身份，而新员工则签订劳动合同。另外，国有企业的老员工和上层经营者之间，已经形成一个既得利益群体，不愿意让更多的人来分享现有利益而降低自身的收益。再有，有些地方的国有企业在解决户口和编制上存在一些限制。

4. 劳动者的身份认同

中国传统的中央集权和计划经济形成人际权力距离较大，虽经过长期社会发展不断缩小，但仍未消除。权力距离是人们对组织或机构内权力较少的成员对权力分配不平等这一事实的接受程度。尽管"编制外"员工与"编制内"员工的待遇差距较大，但传统文化影响下的人们往往更多地关心自己的努力程度，而非质疑制度设计的合理性。因而，国有企业的外聘员工，普遍接受了这种差别，甚至认为"编制"身份的差异是合理的。

5. 工会的角色偏离

我国国有企业工会是党领导的职工自愿结合的工人群众组织，支持行政管理者依法行使管理权力，组织职工参加民主管理和民主监督，与行政管理方面建立协商制度，保障职工的合法权益，调动职工的积极性，促进企业和事业单位的发展。基本职责是维护职工合法权益。但是，在现在的国有企业中，工会更像是一个官僚组织。有的企业"编制内"和"编制外"会员之间的待遇都不相同，甚至有的企业不让"编制外"员工加入工会。因此，工会在保护劳动者方面的作用比较弱。

（三）国有企业聘用制员工的管理

聘用制作为一种用工制度，有其产生的历史原因和特殊背景。这种制度本是多因素综合作用下的一种过渡性安排，现在却变得表现形式日益多样、应用领域日益广泛。双轨制的劳动关系制度对我国经济和社会产生了影响。

1. 双轨制的适应性效率问题

适应性效率是制度经济学的一个概念，最早由诺思提出。关于适应性效率并没有一个统一的定义，主要是指制度对经济发展的适应性。具体一点说，经济是随时间不断发展变化，作为经济组成部分的制度是否可以随着新情况的出现和变化进行自我调节，从而取得对新环境的适应性的能力就是适应性效率。关于"双轨制"劳动制度适应性效率的研究并没有定量的实证研究，更多的是一些定性研究。姚先国（1992）指出，劳动力双轨价格扰乱了劳动力资源的合理配置，阻碍了劳动力资源的充分利用，增加了劳动成本，降低了经济效益。如果说劳动力价格双轨制对于改变统包统配的劳动制度具有某种积极意义，那么现在这种双轨制已毫无积极作用可言，而是已经成为保护落后、阻滞生产力发展的巨大障碍。王继承（2010）指出，劳动用工"双轨制"模式有利于降低劳动力成本，缓解改革就业矛盾，维持原固定职工的暂时稳定，扩大大中专毕业生和下岗职工的就业。"市场轨"的劳动管理模式对于"计划轨"的劳动管理模式具有"鲇鱼效应"和"学习效应"。

2. 双轨制生产效率问题

关于双轨制劳动制度对企业生产效率的影响，大多是一些逻辑推理的定性研究。张志学等（2013）构建了一个系统分析用工"双轨制"影响企业生产效率的机制模型，并以中国 30 个省份 12314 家企业为样本对其进行了实证检验。张志学等的研究得出结论：一是基于普遍的视角，用工"双轨制"程度（以合同工比例为代理变量）对企业生产效率具有显著负向影响；二是基于权变的视角，这种负向关系分别受到正式工与合同工之间的工资差距以及企业所有制性质的调节。具体而言，正式工与合同工的工资差距越大，"双轨制"程度对企业生产效率的负向影响越大。并且，对非国有企业而言，"双轨制"程度与企业生产效率呈负相关；对国有企业而言，"双轨制"程度与企业生产效率呈倒"U"形曲线关系。基于定量研究的结果，双轨制在我国并不利于企业生产效率的提高。

3. 员工公平性问题

始自亚当斯（Adams）的公平理论关注的是对分配结果的公平性评价，认为人的公平感要受到所得绝对报酬和相对报酬的影响。由于初期的分配公平理论忽略了分配过程的公平性，锡博特（Thibaut）和华尔克（Walker）提出了程序公平的概念，认为人们会依据决策结果所产生的程序对决策结果做出反应，并且在本质上，人们认为公正的程序是首要的。拜斯（Bies）和默格（Moag）关注分配程序执行过程中上级的人际处理方式，提出了互动公平的概念。虽然后来拜斯认为，互动公平是程序公正的一部分，但将其划分为认识公平的另一个维度是有助于深刻了解公平内涵的。互动公平关注的是在程序实行过程中，程序的执行者对待员工的态度、方式等对员工的公平知觉的影响。组织支持理论认为，员工的公平感受对于员工的态度和行为都有着重大的影响。员工在组织中感到公平，使员工觉得组织与自身的关系比较密切，无形中产生对员工的支持和激励，从而促进员工增强对组织支持感。

国有企业双轨制的劳动制度在公平的各个维度上都有问题，在不同的企业表现的程度不同。有的企业物质报酬差距很大，即使是"编制内"员工的工作努力程度与效果不如"编制外"人员，也能享受更高的物质报酬；有的企业其他福利缺失或偏低，"编制外"员工的五险一金缴纳基数低于"编制内"员工的缴纳标准或存在个别项目缺失；有的企业"编制外"员工与企业并非存在正式的劳动合同关系；有的企业文化中都存在着对待"编制内"和"编制外"员工的态度差异。

4. 劳动要素流动问题

现代经济学将劳动要素的自由流动作为理论和政策的基本点。虽然"双轨制"在一定程度上解决了企业的劳动要素流动问题，但国有企业的"编制"因素仍是劳动力自由流动的最大束缚。董全瑞（2011）认为，等级规则按身份和出身分配资源从而分配收入，而身份和出身的延续就是阻碍流动性，从而使各代之间等级次序稳固化、持久化。既没有下层向上层流动的机会，也没有上层不合格者的淘汰。刘洪、马璐（2011）研究发现，优秀的行政管理或者专业技术员工进入"编制"，要经过每一级人事部门的烦琐审批，任何一个环节没有通过，人才就无法引进；而对于在"编制内"的富余员工，很难做分流安置工作，单位不得不背着沉重的包袱，员工冗余严重。因此，双轨制在劳动要素配置上还存在缺陷，有待进一步完善。

5. 员工的社会认同威胁

塔杰菲尔（1986）对社会认同威胁的认识是，个体通过与群体相比较，不能得到肯定、积极的评价，无法确定自己处于一定的社会群体、社会类别或社会范畴，是对个体社会认同的威胁。王沛、刘峰（2007）认为，塔杰菲尔的定义只是描述一种客观的状态，与主体的心理联系不够紧密，并没有涉及社会认同威胁的心理结构以及组成成分。他们认为，社会认同威胁，是指在社会比较的情况下，由于群体地位的差异，某一群体的个体在认知、情感上，对自我、所属群体身份的不承认，而产生的一种心理上的疏离感和剥夺感、自卑感。社会认同威胁一般包括群体认知、群体态度、群体行为和群体疏离感四个基本要素，其中，群体态度是最关键的基本要素。国有企业"双轨制"的劳动制度，将员工分为"编制内"员工与"编制外"员工，强化了身份差异意识。根据理论研究，个体面对社会认同威胁大体是采取脱离群体、留在群体中尝试改变群体状态和接受群体资格合理性但对群体持消极评价等应对方式。马璐、刘奂辰（2012）研究认为，"编制外"员工的社会认同威胁，容易造成"编制外"与"编制内"人员的紧张工作关系，影响"编制外"员工对组织的认可度，导致"编制外"员工工作积极性降低，缺乏上进心等问题。游浚、胡建军（2011）研究认为，员工的工作不安全感越强，则工作满意度和组织承诺度越低。

二　机关组织聘任制员工的管理[①]

我国的机关是指国家权力机关、国家行政机关、国家司法机关、政党机关、中国人民解放军、武警部队、政协组织等机构。在 153 篇含有"聘用制"的机关研究论文中，涉及地方各级人民政府的 21 篇，涉及各级地方人民政府以外的地方行政单位的 47 篇，涉及中国人民解放军和武

---

① 中国目前情境下机关组织繁多，有些在转型中仍兼有企业功能；同时研究它也是为了企业组织的对比借鉴。

警部队的 83 篇。本书主要研究人民政府及其参照执行单位工作的聘任制员工——聘任制公务员，因此不能不研究公务员。

（一）中国的公务员制度

1949 年新中国成立后，我国在干部人事制度上仍延续革命战争年代党管干部的原则，除军队系统干部实行单独管理外，其余所有干部都由中央及各级党委组织部进行直接统一管理。改革开放以后，这种与计划经济体制相适应的传统干部人事制度逐渐不适应经济社会发展的需要。1986年 7 月，中央决定从根本上改变旧的干部人事制度。1987 年 9 月，中央专门成立了政治体制改革研讨小组，下设干部人事制度专题组，专门讨论中国政府人事制度改革的方向。1987 年 10 月，党的"十三大"报告明确提出：当前干部人事制度改革的重点，是建立国家公务员制度。1988 年 3月，全国人大七届一次会议审议通过《政府工作报告》，国家公务员制度和公务员条例的起草工作得到国家最高权力机关的批准，国家公务员制度从理论走向实践。七届全国人大一次会议还审议通过了《国务院机构改革方案》，决定组建人事部。人事部成立后，即着手进行公务员制度的准备工作，研究、制定了推行公务员制度的目标、步骤和实施方案，并组织力量对《国家公务员暂行条例（草案）》做进一步修改。同时，着手组织起草有关公务员考试录用、考核、奖惩、职务升降、回避、纪律等一系列配套规定。1989 年年初人事部开始组织公务员制度的试点工作。1993 年4 月，国务院第二次常务会议通过《国家公务员暂行条例》。2005 年 4月，中国首部《公务员法》在全国人大获得通过。

《公务员法》的颁布和实施，在中国干部人事制度发展史上具有里程碑意义。《公务员法》以法律的形式明确了公务员管理方面的一系列重大问题，标志着公务员管理进入法制化的新阶段，标志着中国特色公务员制度已经形成。与之相配套的单项法规也陆续出台，整个公务员法规体系日益完善。

（二）公务员聘任制产生的原因

公务员制度的建立和施行是我国干部人事制度的重大变革。在推进机关干部人事管理的科学化、民主化、制度化，优化干部队伍，促进机关的勤政廉政，增强机关的生机与活力，提高工作效能等方面发挥了重要作用。但是，随着新技术不断出现和影响日益扩大，我国经济市场化改革的逐渐加深以及经济全球化的逐渐推进，政府面对的环境日益复杂，社会对政府公共服务的要求越来越高，现有的公务员制度与现实经济基础的不适应性矛盾越来越突出。这些矛盾产生的原因，有的是立法技术方面的问题，有的是法律过于笼统导致执行依据不足或执行过程偏离的问题，有些是法律本身未涉及需要完善的问题，有些是出现了新情况、新事物而带来环境的变化产生的不适应问题。本书主要针对与聘任制公务员相关的因素进行说明。

（1）公务员制度理论基础自身的局限性。现行的公务员制度是建立在理性官僚制理论基础上的。理性官僚制度要求专业化分工、等级制、非人格化运作以及终身雇佣，这样会导致组织队伍僵化，缺乏灵活性。

（2）我国公务员绩效管理不够细化和执行过程中的偏差，存在很多不足和缺陷，导致公务员在日常工作中感受不到压力，工作中呈现一种得过且过的状态，效率不高。

（3）我国公务员法虽然设计了公务员的退出制度，但是，缺乏有效的退出机制和手段，造成优秀的留不下，平庸的走不了，人员流动性差，工作积极性不高。

（4）高端专业性人才的需求与现有薪酬制度之间的矛盾。随着时代的发展与进步，机关部门对金融、法律、信息技术等领域的高级专业人才需求日益迫切，但公务员的货币工资水平不高，无法与一些企业所提供的相比较，导致政府机关在与企业的人才竞争中处于劣势。一方面无法吸引优秀人才的加入；另一方面造成现有的技术人才大量流失。

（5）机关辅助性工作的需要。在机关中，除了一些主体业务之外，还有一些为主体业务服务或作为补充的辅助性工作，如书记员、资料管理员、数据录入员等。对这样一些辅助性岗位可以进行聘任，可以降低人员使用成本，似乎也没有必要花大成本进行公开招考。

（6）公务员权利保障机制不完善。当公务员与用人机关发生纠纷时，传统的公务员制度只能在机关内部解决。这样的解决方式和方法，缺乏第三方监督而且不公开，可能导致解决缓慢或不能公平解决，公务员的权利得不到有效保障。

（7）国外公务员雇佣制的经验。在国外一些发达国家，政府与其工作人员之间的雇佣合同关系在法律上得到普遍确认。如美国、德国、瑞士、新西兰、澳大利亚、加拿大、英国等国公务员法都明确规定，政府与雇员之间的关系是雇佣合同关系甚至劳动合同关系。

（三）公务员聘任制和聘任制公务员的管理问题

我国《公务员法》规定，机关根据工作需要，经省级以上公务员主管部门批准，可以对专业性较强的职位和辅助性职位实行聘任制；机关聘任公务员，应当按照平等自愿、协商一致的原则，签订书面的聘任合同，确定机关与所聘公务员双方的权利、义务；聘任合同应当具备合同期限，职位及其职责要求，工资、福利、保险待遇，违约责任等条款；聘任制公务员按照国家规定实行协议工资制，具体办法由中央公务员主管部门规定。从以上的法律条款可以看出，公务员聘任制是《公务员法》的有机组成部分，是完善法律制度和解决多层次、多样性人才需求的重要内容。它引入了市场机制，可以根据工作需要与职位要求提出用人需求，通过公开招聘或直接选拔的方式招揽人才，具有自主性、契约性、开放性、灵活性、时限性等特点。

1. 我国实行公务员聘任制的基础

聘任制公务员的提法是 2005 年国家《公务员法》通过后确定下来的，但并不是聘任制公务员的首次提出。早在 20 世纪 80 年代和 90 年代，我国就有了相关公务员聘任制的具体实践和制度基础。

20 世纪 80 年代初期，地方基层政府不能直接从农村招收干部，导致乡镇干部存在来源不足的问题。不少地区开始在乡镇实行干部聘任制，通过契约合同来管理干部。如甘肃省分别于 1984 年和 1987 年为乡镇党政机关补充近 4800 余名招聘干部。当时的干部还没有被称为公务员，但从他们从事的工作性质来看，就是现在的公务员。因此，可以说是公务员聘任制的实践开端。

2002 年 6 月，吉林省率先出台了《吉林省人民政府雇员管理试行办法》，首开政府雇员制的先河。吉林省的政府雇员是省政府根据全局性工作的特殊需要，从社会上雇用的为政府工作的法律、金融、经贸、信息、高新技术等方面的专门人才。政府雇员不具有行政职务，不行使行政权力，不占用政府行政编制，服务于政府某项工作或某一政府工作部门。政府雇员的职别分为"一般雇员"、"高级雇员"和"资深高级雇员"三种。一般雇员是政府一般性服务工作需要的专门人才，高级雇员是政府高层次服务性工作需要的特殊高级专门人才，资深高级雇员是在优秀政府高级雇员中产生的更高级人才。2003 年年底，吉林省人民政府与首批政府雇员签订聘用合同。不久，在上海、无锡、武汉、长沙、珠海、深圳等地都推出了这项制度。2003 年 11 月，中共中央组织部、人事部、最高人民法院联合下发了《人民法院书记员管理办法（试行）》，明确规定对新招收的书记员试行聘任制和合同管理。2005 年最高人民法院又专门下达编制，要求地方法院用于招收聘任制书记员。这些都是公务员聘任制的具体实践。

在制度层面，我国 1993 年公布的《国家公务员暂行条例》中，就明确规定了公务员部分职位实行聘任制。2002 年，中共中央下发的《党政领导干部选拔任用工作条例》，也规定了党政机关部分专业性较强的领导职务实行聘任制。这些都是公务员聘任制实行的制度基础。

2. 公务员聘任制的发展情况

机关部门实行公务员聘任制的目的是为了打破现有公务员僵化的等级制度结构并提供一定的灵活性，提高组织自身工作效率，增强组织人员的生机与活力。2006 年正式实施的《中华人民共和国公务员法》，对我国公务员聘任的范围、方式及管理办法做出了具体的规定，为我国公务员聘任制的实施提供了法律依据。

2006 年，最高人民法院会同人事部、财政部、社会保障部联合下发了《关于对聘任合同解除或期满后的人民法院聘任制书记员社会保险关系适用有关政策的通知》。现在，全国各级法院有几万名聘任制书记员。

2007 年，国家人事部确定在深圳和上海浦东开展公务员聘任制的试点工作。深圳拿出专业类和辅助类职位 31 个，公开招聘 41 名聘任制公务员。上海浦东向社会公开招聘 6 个公务员职位，职位类型集中在金融规划、经济分析、教育管理等专业性较强的领域。2008 年 3 月，温州市人事工作会议决定试行公务员聘任制。先在市直机关有关部门开展高学历紧缺岗位公务员聘任的试点，选拔一批具有博士学位的人才补充到机关部门。

2008 年 8 月，扬州经济技术开发区向全市率先招聘政府雇员，10 名硕士、博士应聘上岗，一年后，其中 5 人被提拔使用，分别担任建设局、招标办、开发总公司等部门副科级干部。

2011 年，中组部、国家人社部下发《关于印发聘任制公务员管理试点办法的通知》。2012 年，江苏、河南、四川、湖北等地纷纷开始公务员聘任制的试点工作。

3. 聘任制公务员管理问题

聘任制公务员在实行过程中，主要存在以下两方面的问题。

（1）机关主体之外的环境存在问题，主要是现行法律制度不够详细和完善。国家公务员法在公务员聘任的范围、聘任的条件与程序，以及聘任公务员的工资、福利待遇，还有人事争议的仲裁及司法救济等方面，都缺乏明确、完善的规范。此外，我国聘任制公务员市场没有形成，作为聘任制公务员的职业意识和责任感较差。这些问题属于机关主体以外的问题，机关主体通过自身的努力改变外部环境的可能性比较小。因此，在本书中不进行进一步详细讨论。

（2）机关主体实践过程中由于自身工作原因产生的问题。具体包括录入问题、考核问题、薪酬待遇问题、效率问题、公平问题、灵活性等问题。

①国家公务员法规定可以采取公开招聘和直接选聘这两种方法选拔合适的聘任人选。在具体实践过程中，如果参照公务员考试录用程序进行，相对可以保证客观公正的原则，能够招到一些符合岗位需求的员工。如果是直接选聘，因为没有相关的具体程序规定，容易产生"暗箱"操作，会出现聘任人员与工作岗位不匹配的情况，甚至出现"寻租"腐败等现象。

②机关部门的工作不容易量化，而且完成工作质量的高低没有统一标准，考核工作本身就有一定难度。在实际考核过程中，一般由聘任制公务员自己写一份总结，陈述德、勤、能、绩、廉等方面的工作情况，由领导和同事打分，考核基本都能通过。考核工作与实际的目标偏离，变成形式主义、"走过场"。

③公务员法规定聘任制公务员按照国家规定实行协议工资制，在具体实施聘任制公务员的地区，对于工资、福利、保险的待遇设定往往不尽相同。一般来讲，辅助性岗位聘任制公务员的工资福利待遇比服务单位的非聘任制公务员要低，出现同工不同酬的现象。

④一些机关单位并没有将聘任制公务员认同为自己人，而是当作合同工或临时雇员来看待，有时还有可能成为部门工作失误的"替罪羊"。即使是一些被高薪聘用的聘任制公务员，在实际工作过程中，也缺乏实际权力，工作积极性不高。

⑤聘任制公务员与用人单位签订的合同有工作年限限制，被聘用人员

无法制定一个长期的职业规划，晋升的机会不多或几乎没有，工作前景和稳定性缺乏保证，工作责任感和职业意识不强，有的时候工作表现不够尽职尽责，效率低下，甚至有的存在腐败行为。

⑥基层政府对于高层次专业人才有着更高的需求，而大多数基层政府由于财力有限，无法担负引进高层次聘任公务员的高额酬金，因此，在基层机关单位很难推广高层次人才聘任制，其实施范围有限。

三 事业单位①聘用制与外聘员工的管理

根据国家《事业单位登记管理暂行条例》第二条的规定："事业单位是指国家为了社会公益目的，由国家机关举办或者其他组织利用国有资产举办的，从事教育、科技、文化、卫生等活动的社会服务组织。"事业单位是经机构编制部门批准成立和登记或备案，领取《事业单位法人证书》，并取得法人资格的单位，或者是上述法人单位的分支机构和派出机构。2014年5月，国务院法制办、中央组织部、人力资源社会保障部负责人在就《事业单位人事管理条例》有关问题回答记者提问时指出，我国现有事业单位111万个，事业编制3153万人。

在关于聘用制研究的文献中，关于事业单位的研究最多，达到436篇，占检索文献的2/3以上。但本书研究的对象不是事业单位的聘用人员。他们虽然被称为聘用员工，实际上他们是有编制的。虽然签订聘用合同，但解除聘用关系基本不可能，是实际上的"铁饭碗"。只要他们不违法、违纪，即使工作不认真、不出成绩，也不会被解聘。

本书研究的对象是事业单位的外聘人员，很多人尤其是事业单位内部的人将这部分人员称为聘用员工。这部分员工与国有企业里聘用员工和机关里的聘任制公务员类似，没有编制，或有编制但不稳定。最本质特征就是没有真正融入组织当中，都不是"体制内"的人员。

（一）事业单位人事制度改革

事业单位是我国的一种特殊的社会组织，承担了国家以公益性为目的的活动或事业。中编办对事业单位进行了如下的分类：一是承担政府的职

---

① 在我国，不少所说的事业单位其实也有营利功能，有企业的性质。

能行为或为政府提供保障服务类的单位，即行政保障类；二是以承担国家公益性活动为目的，提供基础性、公益性服务的单位，即教育、卫生、医疗、养老等机构，即公益类；三是从事有偿性经营活动的，具有一定的发展能力的，有一定收入的单位，即经营类。

在新中国成立之初，虽国家财力非常困难，但也责无旁贷地承担起兴办教育、科技、文化、卫生等公共服务组织的责任。由于当时生产力水平低下并实行计划经济体制，基本上照搬了苏联的事业管理模式，事业单位被纳入严密、庞大的经济社会发展计划内，由国家统一拟定发展目标、集中配置物资指标、包办公共服务组织、包揽事业经费、控制事业单位人员、集中分配事业产出，形成了高度集中的事业单位管理体制。国家集中了必要的人力、物力和财力，大力发展科学、教育、体育等事业，不仅摆脱了贫穷的经济状况，同时改变了落后的社会面貌，取得了公认的成就。

综上所述，我国事业单位管理体制的形成和发展，具有一定的历史必然性和现实合理性，与当时传统的计划经济体制是相适应的，曾为推动中国各项社会事业的发展发挥过重要的、积极的作用。但是，随着社会经济等各方面的发展，传统管理体制的固有弊端越来越明显。如事业单位行政化、工作效率不高、官僚主义习气、分类不科学、缺乏自主权、激励机制不足等，与生产力不相适应的状况更趋严重，尤其是人事制度方面。

在新中国成立以后的一段相当长的时间里，我国并不存在独立的事业单位人事制度。事业单位的各项管理制度参照党政机关的设置和模式，事业单位人事制度与国家机关人事制度，同属于机关事业单位人事制度。1993年，国家决定推行国家公务员制度，将国家行政机关包括其他国家机关、党群机关工作人员纳入公务员制度管理。在这之后，事业单位人事管理制度才成为有一定独立性的人事制度体系。

1. 事业单位人事制度改革的探索阶段

1995年年底，全国事业单位机构和人事制度改革会议在河南省郑州市召开。这是新中国成立以后首次召开的以"事业单位人事制度改革"为主题的全国性工作会议，会议不仅确立了"科学化的总体布局"、"社会化的发展方向"、"多样化的分类管理"和"制度化的总量控制"的改革思路，同时，也讨论了《关于事业单位人事制度综合配套改革意见》和《事业单位聘用制暂行办法》等配套文件。1996年，中共中央办公厅、国务院办公厅下发了《关于印发〈中央机构编制委员会关于事业单位机构改革若干问题的意见〉的通知》，推行多样化分类管理，核定编制总量并进行总量控制。1998 年，中央编办发布《事业单位登记管理暂行条例实施细则》，对事业单位的登记管理做出规定。探索阶段的重点在于推行事业单位分类管理，实行政事分开，拓宽并加深了事业单位机构编制管理的广度和深度，建立并强化了相关制度。但从具体实施情况来看，效果并不理想。

2. 事业单位人事制度改革的逐步推进阶段

2000 年 6 月，中央下发《深化干部人事制度改革纲要》，对事业单位人事制度改革的目标、思路和原则提出了明确要求。同年 7 月，中组部、人事部联合下发了《关于加快推进事业单位人事制度改革的意见》，通过推行岗位聘用制度，实现人员的身份管理向岗位管理的转变。2002 年，国务院办公厅转发了人事部《关于在事业单位试行人员聘用制度的意见》，明确了聘用制度的相关政策规定，为事业单位试行聘用制度提供了政策依据。2004 年 6 月，国家人事部为贯彻落实《中共中央、国务院关于进一步加强人才工作的决定》精神，加快事业单位人事制度改革步伐，确定了 15 个事业单位人事制度改革的试点联系点。2005 年 11 月，国家人事部颁发了《事业单位公开招聘人员暂行规定》，对招聘具体工作做出明确规定。

3. 事业单位人事制度改革全面加快实施阶段

2006 年，国家人事部、财政部发布《关于印发事业单位工作人员收入分配制度改革方案的通知》及其实施办法，在事业单位实行岗位绩效工资制度。同年，人事部发布了《事业单位岗位设置管理试行办法》和《〈事业单位岗位设置管理试行办法〉实施意见》两个文件，对现有事业单位实行科学分类，分别采取不同的岗位设定和管理方式，规定其管理岗位、专业技术岗位和工勤技能岗位占用编制的比例。2007 年，中央办公厅、国务院办公厅下发了《关于进一步加强和完善机构编制管理严格控制机构编制的通知》，要求强化省级机构编制部门对本地区各级事业单位机构编制的管理职责，各地区各部门不得将行政职能转由事业单位承担，不再批准设立承担行政职能的事业单位和从事生产经营活动的事业单位。2008 年，中央编办下发了《关于事业单位分类试点的意见》，事业单位分类改革在部分省份试点，为事业单位目录编制和分类改革步骤提供了原则指导。2009 年，在上海、重庆、浙江、广东、山西五省市进行分类改革试点。2011 年 3 月，《中共中央、国务院关于分类推进事业单位改革的指导意见》对进一步深化事业单位人事制度改革提出了要求，并进行了部署。同时，要求事业机构编制原则上只减不增。若必须增加机构或编制，采取机构有撤有设、编制有减有增的办法，实行部门或区域、行业、系统内调剂，动态管理。2012 年 4 月，中央再次发布《中共中央国务院关于分类推进事业单位改革的指导意见》，该意见进一步明确了要深化人事制度改革。2014 年，国务院正式颁布《事业单位人事管理条例》，这是我国第一部系统规范事业单位人事管理的行政法规，标志着我国事业单位人事管理进入了法制化的新阶段。

（二）事业单位外聘员工产生的原因

事业单位人事制度改革是事业单位各项改革中启动最早的，也是进展比较明显的。经过 20 多年的不断努力，全员聘用制度在全国不断推进，国家人事管理行政法规也于 2014 年颁布。但是，事业单位仍存在用人机制转换不到位和一些重点难点问题，其中之一就是规模庞大的编制外人员的管理问题。

目前，事业单位人员由编制内人员、编制外人员和劳务派遣人员三部分构成。编制外人员包括档案内部管理的编制外人员和档案外部管理的编制外人员。编制外人员一般实行企业化管理，与事业单位签订劳动合同。

（1）事业单位编制数量有限且控制严格，与社会公益事业发展需求的矛盾是事业单位外聘人员产生的最主要原因。1996 年的事业单位定编和 2011 年的事业单位编制管理政策强化，使得事业单位不可能大量增加编制。但是，随着社会经济快速发展，人民对教育、医疗等一些重点社会公益事业提供的产品的需求，在数量和质量上都不断提高，在人员编制无法得到及时增加的情况下，招聘编制外人员成为解决人手不足矛盾的必然选择。

（2）学校、医院等基本公益服务的事业单位具有收费许可证，可以通过向社会提供需要的产品，获取收入，来支付外聘人员的工资、福利等成本，为在市场中招募外聘人员奠定了资金基础。

（3）事业单位用人自主权随着事业单位人事改革不断扩大，聘用编制外人员可由各单位自行决定。外聘人员聘用程序比较简单，用工比较灵活，使得事业单位编制外人员不断增多。

（4）事业单位后勤社会化改革的推行，一些辅助性、服务性、保障性的工作，不再由编制内人员承担，而是通过招用外聘人员来承担。

（5）编制内人员不愿意去做一些脏、累、差的工作，只得聘用编制外人员去做，某些事业单位不同程度地存在着"正式工看看，临时工干干"的现象。

（6）一些事业单位人事管理粗放，没有充分挖掘现有在编人员的潜力，在编人员工作量不饱满，人浮于事。对于增加的工作量不是通过提高内部工作效率的方式解决，而是不断扩大用工规模，使编制外用工数量不断增加。据有关部门统计，事业单位聘用编制外人员平均占在编人员数量的 10% 以上。高校、医院等部分行业，一些基层的事业单位，比重更高些，有的超过 60%，甚至聘用人员数量比在编人员数量多的单位也不鲜见。

（三）事业单位外聘员工的管理问题

事业单位大规模使用编制外人员，增加了国家对公共服务的供给，吸纳了部分下岗失业人员和就业困难人员，一定程度上缓解了就业难问题。为保障和改善民生、促进经济发展，发挥了重要的作用。但事业单位在外聘员工管理方面存在着一些问题，社会关注度越来越高。

1. 事业单位管理外聘员工缺少相适应的法律依据

2014 年，国务院正式颁布了《事业单位人事管理条例》，但是，该条例中并没有关于外聘人员的条款。一直以来，事业单位用人制度只有针对编制内人员的管理规定，对编制外人员的规定尚不明确，外聘人员劳动关系管理主要是依据《劳动合同法》，但是，在实际操作中，劳动部门对事业单位和编制外人员的劳动争议往往不予受理。法律依据不完善是事业单位编制外人员管理不规范的主要原因。

2. 部分事业单位法律意识不强

《劳动合同法》明确规定，只有临时性和辅助性岗位方可实行劳务派遣，被派遣者与本单位同岗位人员实行同工同酬；签订两次以上固定期限劳动合同，续订的须签无固定期限劳动合同。但是，有些事业单位在对待一些技术岗位外聘人员时，也采取达到固定期限就千方百计辞退，或通过设立劳务派遣公司和劳务代理等形式规避用人单位的风险和责任。还有一些事业单位不与编制外人员签订劳动合同，不给外聘员工缴纳"五险一金"或不全部缴纳。这类做法容易引发社会矛盾，影响社会稳定，给单位带来法律风险。

3. 事业单位编制外用工制度化程度较差

大部分事业单位编制外用工由用工单位自主决定，经上级主管部门或相关部门审核批准的所占比例很低。有的单位没有统一的招聘规划和制度，单位内部各部门各自聘用，在招聘方式、招聘程序方面比较随意，有些单位或部门没有公开透明的招聘录用程序，存在所进编制外人员素质良莠不齐，甚至存在为照顾某些职工的熟人或亲戚关系而录用人员的现象，不能保证岗位工作需要。一些单位制定针对外聘人员的劳动纪律以及内部规章制度不系统，编制外员工对是否需要遵守、遵守哪些规章制度，以及违反规章制度的后果不清楚。有的单位对于编制外员工没有绩效考核，也没有工作效能检查，缺乏相应的激励制度和培训计划等。总之，许多事业单位针对外聘员工的人力资源管理制度或多或少地存在缺失。

4. 同工不同酬现象比较严重

在许多事业单位中，从事相同岗位工作的编制内、编制外人员之间的薪酬福利待遇存在较大差异。更为突出的是，在一些对专业技术要求比较高的事业单位，即使那些编制外人学历和能力都很高，甚至已成为单位的业务骨干，但由于是编制外人员，待遇和发展机会比编制内人员要差很多。这在一定程度上影响了编制外员工的积极性和单位事业的发展。

5. 外聘员工责任意识和单位认同感差

事业单位将员工分为编制内和编制外，在薪酬、福利待遇等方面的差异，强化了身份差异意识。有时，事业单位还有一些歧视行为，如将外聘员工称为临时工，一些编制内不愿做的工作让外聘员工来做，出了事情拿外聘员工做"挡箭牌"。这样不公平的单位文化，使得外聘员工没有主人翁责任感意识，对单位的事业发展也不关心。

四　关于聘用制员工管理的建议

由于社会组织用人自主权的增加和劳动者自主择业的要求，产生了很多种就业方式和劳动关系，劳动关系突破传统的单一状态，表现多样的特点。前文描述的三类组织的劳动关系状况，也都存在用工差异化的情况。国有企业、事业单位和政府机关这三类组织中的编制将员工分成两类，这两类人的境况和待遇差异较大。其中的编制外员工对于这几类组织来说都非常重要，如何管理好这类员工对于组织的发展和前途具有重要影响。

（一）关注组织外部环境变化，做好人力资源管理的准备工作

随着我国的经济体制改革、政治体制改革不断加深，新的法律法规会不断出现，组织外部环境会不断完善，各类组织对于外部环境变化要有所准备。如果能够对一些法律法规政策进行比较明确的预判，也可以事先进行一些调整。如2013年7月1日开始实施的修订后的《劳动合同法》，同工同酬是一种发展趋势，相关单位可以在缩小编制外人员与在编人员的报酬差距方面做一些预先调整，以增强主动性，降低被动调整的成本和影响。

（二）依法加强内部制度建设，细化制度，使其具有可操作性

相关单位要认真学习《劳动法》《劳动合同法》等一般性劳动关系法律，以及《公务员法》《事业单位人事管理条例》等行业法律法规，制定编制外人员管理指导意见，完善编制外用工管理制度。制度要完整，从编制外员工入职开始，建立包括公开招聘制度、岗位管理制度、薪酬制度、绩效考核制度等在内的科学、完整、合理的聘用制员工管理制度。

（三）以岗定薪，同工同酬

对于编制外人员的基本薪酬水平，应当根据其所从事岗位的价值来确定，科学地评价岗位的价值，因岗定薪，岗变薪变。兑现同工同酬的待遇，编制外人员的基本社会保险和医疗待遇也要与同岗位的编制内人员保持一致。

（四）建立健全非在编人员的绩效考核体制

完善以岗位贡献为主的薪酬激励机制，形成编制内考核与编制外考核的相辅相成。健全对编制外人员的考核激励机制，加强岗位工作考核。将组织的日常工作考核与年终考核相结合，把绩效工资与工作业绩挂钩，不流于形式，打破"干多干少一个样"和"干与不干一个样"的局面，保证多劳多得，让优秀人员得到优厚的待遇。

（五）打通编制内与编制外的通道，建立动态的流动机制

在编制不能完全废除的情况下，可以将优秀的编制外人员转为编制内人员。同时，将考核不合格的编制内人员淘汰，形成相互竞争。如果能够形成良性人力资源流动，编制的差别也会越来越小。

（六）做好被淘汰人员的过渡或再就业工作

要提升聘任制员工的就业能力。对于被淘汰人员，单位不能简单推向社会，也不能一包到底，应妥善考虑下岗职工的安置问题。在人员出口方面，应通过建立与聘用制度相配套的、保证人员正常流动的解聘辞聘制度，在建立统一的社会保障基础上形成人员退出机制。

（七）注重人文关怀，加强组织文化建设

牢固树立"一家人"思想，注重与编制外员工进行思想上的沟通，了解他们的思想动态，在生活上、学习上关心编制外员工。将编制外员工当作自家人，在政治上不歧视、经济上不克扣、生活上不排斥，使编制外员工真切感受到自己在组织中同样被关注、被信任、被尊重、被重视，进而培养和增强他们依靠组织、融入组织、立足组织发展、为组织建功立业的愿望。

第十一章　新生代员工管理：问题与对策

新生代员工，也被称为"80/90 后员工"或"Y 世代员工"，是指 20 世纪 80 年代以后出生并步入职场的劳动者。目前，新生代员工已在职场崭露头角，并逐渐成为主力军，在各类组织中发挥着越来越重要的作用。然而，在职场环境中，这类员工与其前辈在工作价值观、工作诉求等方面有显著差异，从而引发了一些亟须解决的管理问题。正因为如此，新生代员工管理成为学术界和实践界一个备受关注的问题。

一　新生代员工管理的重要性和必要性

（一）新生代员工已成为职场主力军，发挥着越来越重要的作用

根据最新的全国人口变动调查数据，截止到 2012 年年底，我国总人口为 13.54 亿人，其中 1980—1989 年出生的人口为 2.14 亿人，占比为 15.83%，1990—1999 年出生的人口为 2.02 亿人，占比为 14.89%（国家统计局人口和就业统计司，2013）。如果以 22 岁为大学毕业年龄，这些"80 后"人群已全部进入职场，部分"90 后"也已经走向工作岗位。可以说，新生代员工已占据了职场的相当大比重。在腾讯、百度、联想等互联网和新兴技术公司，新生代员工已经成为绝对的主力军和中坚力量。在宝洁公司，60% 以上的管理者都是新生代员工。即便是在国有企业，新生代员工也逐年增多，为传统企业增加了新鲜血液。一般来说，新生代员工具有一定的专业特长和较强的学习意识，有更高的职业认同和成就动机，使他们的工作更具有开拓性和创造性，这对企业以后的发展具有重要影响。在此背景下，探讨如何对这类员工进行有效管理，以发挥他们的价值和优势是极为必要的。

（二）传统的人力资源管理理念和模式难以适应新生代员工管理的需要

与前辈相比，新生代员工是一个具有鲜明特色的群体（伍晓奕，2007）。他们个性鲜明、崇尚自我、追求创新、思维灵活，在为企业带来机遇的同时，也给企业管理带来了新的挑战。新生代员工有其独特的成长环境、思维模式及行为特点。他们往往具有较强的独立性、自主性和多变的职业观念，这使得他们在激励诉求方面更加多元，在工作—生活平衡方面更加敏感，对职业生涯发展方面更加看重（Cennamo & Gardner，2008）。面对这些新问题，越来越多的企业意识到，一些在过去有效的管理方法对新生代员工效果不明显，即传统的管理理念及模式已无法满足新生代员工管理的需要。因此，结合企业和新生代员工的诉求，形成一套能兼顾双方需要，实现共赢的人力资源管理理念与模式，是当前企业发展的必要工作。

（三）新生代员工在职场中存在诸多问题，有待于系统的人力资源管理解决对策

近年来，随着新生代员工大量进入职场，一些问题逐渐浮出水面，并成为企业面临的共同问题（徐振梅、王锐兰，2008）。不少企业管理者指出，新生代员工存在责任意识缺乏、心理素质欠佳、组织忠诚度低、工作主动性差、合作意识弱和流动性强等问题，会对企业发展造成不利影响。然而，新生代员工作为中国社会发展的一个缩影，这些问题的存在是有其社会、经济原因的（魏水英，2009）。企业管理者不能简单地以目前的既定价值标准居高临下地看待这些新生代员工，而是需要充分了解他们，找到产生问题的原因，进而通过针对性的人力资源管理策略解决这些问题，发挥新生代员工对组织的重要作用。

二　文献回顾、不足与研究思路

（一）文献回顾

为全面回顾已有研究文献，笔者收集了2006—2013年国内研究者发表的与"新生代员工管理"相关的期刊论文（不包括学位论文、会议论文和报纸类文章），并对文献进行文本分析。

　　具体地，两位研究助理分别以"80/90后员工（管理）"、"新生代员工（管理）"为检索词在中国知网进行题名和关键词检索，最终得到289篇期刊论文。在此基础上，对所得文献逐一研读，删除与主题不符的13篇文献，最终得到276篇。随后，研究助理以276篇文献为基础，就研究主题、研究内容、研究方法进行编码。编码由两位助理在确定共同标准后分工进行，两人在分别完成各自负责文献的编码后，对编码进行了汇总并分析，得出以下结论。

　　1. 研究数量呈增长趋势

　　总体上看，对"新生代员工管理"的探讨大致上呈逐年增长态势，如图11-1所示。从收集的文献来看，对该问题的考察在2005年以前处于空白状态，到2006年仅有2篇与该领域相关的文献。最近几年，随着新生代员工走进职场并逐渐成为主力军，对新生代员工管理的研究逐渐兴起并成为一个热点问题。2013年发表了60项相关研究。

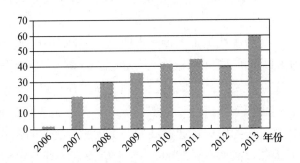

图11-1　国内有关"新生代员工管理"的研究数量

　　2. 研究主题日益多元化

　　早期研究聚焦于"如何激励80后"、"80后员工的压力管理"等问题上，主题较为单一。近年来，研究主题逐渐被拓宽，所开展的研究涵盖新生代员工的认知、态度、行为、管理等各方面，呈现出多元化和百花齐放的态势。从文献主题来看，研究者们已开始对新生代员工的"职业生涯发展"、"培训开发"、"薪酬管理"、"工作—生活平衡"、"组织承诺和工作满意度"、"心理契约"等主题展开了讨论。这些新兴研究主题加深了人们对新生代员工心理和行为特征的了解，有助于学术界开展更全面的研究，对管理实践界也有一定的借鉴意义和启示作用。

3. 研究内容趋于具体化

在研究内容方面，呈现出从笼统到具体的变化趋势。最初研究往往表现出"大而全"的特点，多从"如何有效对新生代员工进行管理"这类主题入手，研究主题过大，故在论述过程中也只能泛泛而谈。近年来，研究者们意识到了上述不足，开始从更具体的问题切入。如，最近几年，针对"新生代该如何管理"的研究开始从"职业生涯管理"、"培训开发"、"薪酬管理"等更具体化的主题切入，变得更为细化，讨论得也更加深入。另外，还有研究专门对新生代员工的职业价值观（李燕萍、侯烜方，2012；秦晓蕾、杨东涛，2010）、人格特征（卢肖等，2012）、心理契约（杜涛，2012）、反生产行为（王石磊等，2013；刘苹等，2013）、激励因素偏好（高柯，2013；杨东进、冯超阳，2012）等问题进行了考察，从不同角度加深了人们对新生代员工管理的了解，推动了相关研究的深化和发展。

4. 研究方法日益多元化

在研究方法方面，近些年的研究逐渐规范化，其中一个重要表现是从定性研究转向定量研究。早期研究主要以自身主观经验或社会调查结果为依据，其研究过程和方法的严谨性和规范性有待完善，故研究结论说服力也不强。从最近几年的研究文献看，量化研究开始出现并呈逐渐增长趋势，从2010年的6项增加到近3年的每年16项。这些研究主要通过问卷调查的形式进行，研究过程较为严谨，所得研究结果也较为令人信服。

（二）已有研究文献的不足

回顾现有文献后不难发现，围绕"新生代员工管理"，学术界已进行了广泛探讨，得到了很多重要发现（丁夏齐、龚素芳，2011）。然而，这些研究还存在一些问题，亟待解决。

第一，很多研究将员工的典型特征（如自我意识强、多元化职业观念）与职场中存在的问题（如离职率高、团队协作意识差）混淆，认为这些典型特征就是新生代员工存在的问题。实际上，前者是新生代人群存在的问题，这些问题不仅仅体现在工作情境中，而后者则是职场环境中可观察到的，对组织发展有一定危害的心理和行为表现。显然，前者是导致职场问题的原因之一。

第二，针对新生代员工在职场中存在的问题，以往研究阐述得不够系统和全面。大多数研究的观念较为分散，未形成系统框架。为解决这个问题，本书对以往有关新生代员工管理的研究进行文本分析，试图全面呈现新生代员工职场中存在的问题。

第三，对新生代员工职场中存在的问题，以往研究依据媒体报道和主观经验而做出判断，科学性有待商榷。尽管一些研究采用了问卷调查法进行了考察，但大多数研究是基于媒体报道或个人的主观经验而罗列新生代员工在工作情境中存在的问题，可能有一定的偏差。实际上，对于存在什么样的问题，企业管理者最有发言权。因此，本书试图通过针对企业管理者的访谈，厘清新生代员工在职场中存在的问题。

第四，相比新生代员工在职场中存在的问题，对"组织在新生代员工管理中存在的问题"的讨论非常少。这表明，大多数研究将关注点放在新生代员工的问题上，而忽略了组织在新生代员工管理上存在的问题。实际上，导致新生代员工职场问题的原因之一是组织在新生代员工管理上存在的缺陷与不足，但这方面的研究非常少。为此，本书将对新生代员工进行访谈，分析组织在新生代员工管理上存在的问题。

（三）研究思路

针对已有研究存在的不足，本书将基于文献分析、质化访谈和社会调查三方面证据，系统呈现"新生代员工在职场中存在的问题"以及"组织在新生代员工管理中存在的问题"，进而提出针对性的解决对策。之所以关注这两个问题，是因为本书认为，新生代员工在职场中存在的问题是由两方面诱发的：一方面是其成长过程中的家庭和社会环境带来的自身特征；另一方面则是组织在新生代员工管理中存在的不足与缺陷，如图11-2所示。因此，对新生代员工的管理问题进行有效研究，需从这两方面着手，其中，又以组织管理策略的调整和优化为主。这是因为，组织管理策略的改变和优化，既能直接解决新生代员工的职场问题，又能通过与新生代员工自身特征的匹配和融合来解决职场问题。

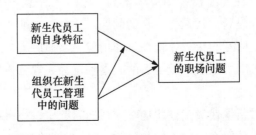

图 11-2　新生代员工职场问题的诱发因素

三　分析方法和过程

（一）文献分析

笔者对2011—2013年国内公开发表的131篇文献进行分析。之所以选择这三年，是因为这些研究较新，思路和方法也相对清晰，内容涵盖了2011年前文献涉及的内容。文献分析包括三个步骤：①编码准备。对文章按照发表年份进行统一编码（如201101、201325）。②试编码。两位研究助理对30篇文献进行试编码，确定出要编码的3个方面（"新生代员工典型特征"、"新生代员工在职场中存在的问题"、"组织在新生代员工管理中存在的问题"）以及待编码的项目（如"个性张扬"、"自我意识强"、"离职率高"）和标准。③正式编码。在确定出需编码的项目和标准后，两位助理进行分半独立编码。编码过程中，如出现新的编码项目，两位助理共同讨论，以确保编码项目的一致性。各自编码完成后，进行汇总，将各模块汇总后的项目按照在文献中出现的频率进行排序。经过上述三个步骤，得到了如下结果。

1. 新生代员工的典型特征

这一部分呈现了"80后"员工在认知、情绪、心理和行为等方面的20多项典型特征。总体来看，这些特征按照性质可以分为积极、中性和消极三类。积极特征包括受教育程度较高、可塑性强、敢于挑战权威和规章制度等；中性特征包括自我意识强、不喜欢受约束/崇尚自由平等、需求/价值取向多元化、刚参加工作不久/资历浅等；消极特征包括不能吃苦耐劳、说不得/骂不得、轻浮、缺乏集体观念等。

在131项研究中，有75项都谈到新生代员工自我意识强，42项研究指出新生代员工崇尚自由平等，40项研究指出新生代员工受教育程度高。新生代员工的其他典型特征包括喜欢新鲜和具有挑战性的工作、藐视和挑战权威、等级观念弱等。图11-3列出了以往研究提及较多的10项特征。

2. 新生代员工在职场中存在的问题

图11-4给出了以往研究指出的新生代员工在职场中存在的最主要的10个问题。

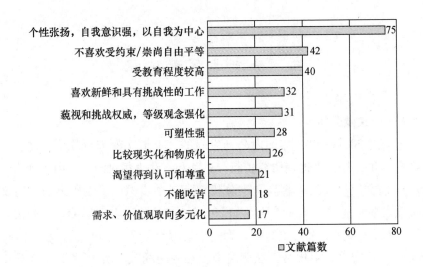

图 11 - 3 新生代员工的典型特征

3. 组织在新生代员工管理中存在的问题

相比新生代员工在职场的问题，对"组织新生代员工管理中存在的问题"的讨论非常少。仅有的少数研究主要围绕员工激励（如激励方式单一、缺乏公平性）、职业生涯管理（缺乏职业生涯规划）方面展开。

(二) 访谈

在文献分析同时，笔者进行了访谈。访谈对象包括新生代员工以及新生代员工管理者这两类人群。笔者主要采用了一对一的面谈或电话访谈。因时间限制，每次访谈为 15 分钟。

1. 对管理者的访谈

对管理者的访谈主要围绕"新生代员工在职场中的问题"展开。通过各方面渠道，笔者获取了 9 个访谈样本，主要来自北京，少量样本来自天津和深圳。9 名被访者在来源组织、职位等级、所属行业及其所有制类型方面均有所差异，能在一定程度上保证所得结果的外部效度。访谈对象的基本情况如表 11 - 1 所示。访谈内容主要包括新生代员工在本组织的总体情况、新生代员工在职场中存在的问题、原因以及可能的解决对策。

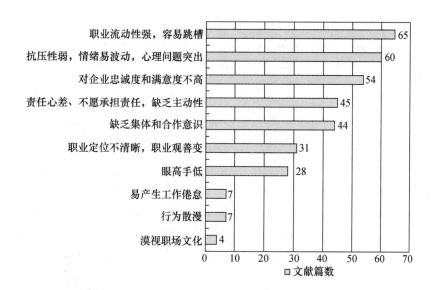

图 11 - 4　新生代员工在职场中存在的主要问题

2. 对新生代员工的访谈

对员工的访谈主要围绕"组织在新生代员工管理方面存在的问题"展开。12 名被访者均来自北京，涉及信息技术、研发、服务、制造、销售等行业和国有、外资、民营以及事业单位等所有制类型。被访员工最小为 23 岁，最大为 32 岁，平均年龄为 26 岁。访谈对象的基本情况如表 11 - 2 所示。访谈内容主要包括所在组织在管理新生代员工方面存在的问题，以及可能的解决对策。

表 11 - 1　　　　　　　　　被访管理者的基本信息

编号	所在地区	所有制类别	所属行业	职位
M - 01	北京	国有	食品	绩效主管
M - 02	北京	股份制	银行	培训主管
M - 03	北京	民营	信息技术	基层主管
M - 04	北京	事业单位	事业单位	办公室主任
M - 05	北京	外资	咨询	项目经理
M - 06	北京	民营	餐饮	分店店长
M - 07	北京	民营	家居	公司副总
M - 08	天津	国有	石油	办公室主任
M - 09	深圳	民营	制造	车间班长

表 11 – 2　　　　　　　　　　被访员工的基本信息

编号	所在地区	所有制类别	所属行业
F – 01	北京	国有	通信
F – 02	北京	民营	销售
F – 03；F – 04	北京	民营	信息技术
F – 05	北京	事业单位	事业单位
F – 06；F – 07	北京	外资	咨询
F – 08	北京	外资	研发
F – 09	北京	民营	房地产
F – 10；F – 11	北京	民营	制造
F – 12	北京	民营	家居

（三）问卷调查

除文献分析和访谈外，笔者还收集了近年来一些知名机构（如中国人民大学、韬睿惠悦、前程无忧、中智集团等）开展的社会调查报告，以及一些使用大样本的规范性实证研究。这些社会调查报告和学术研究发现能帮助研究者更好地判断新生代员工在职场中存在的问题。

四　管理者视角下新生代员工的六大职场问题

（一）新生代员工离职意愿强、离职率高，且易出现集体性离职

1. 问题呈现

从文献分析结果来看，131 项研究中有 65 项提到新生代员工的高离职和强流动性问题。数据调查结果也发现，新生代员工最显著的问题是强离职意愿和高离职率。学术研究方面，李凤香（2011）比较了 20 世纪 50年代、60 年代、70 年代和 80 年代员工的离职意愿，结果发现，20 世纪80 年代后出生的新生代员工的离职意愿显著高于其他三类员工；王晓莉（2010）以珠江三角洲的 1256 人为研究对象，发现"80 后"员工两次跳槽的间隔仅为 1.94 年，远低于"70 后"的 5.02 年和"60 后"的 10.82年，表明新生代员工跳槽非常频繁。大规模的社会调查发现了同样的问题。根据 2011 年北京外企服务集团（FESCO）对企业招聘与离职管理人

员的调查，"80 后"新生代员工是离职的高危群体。国内知名调查机构正略钧策通过对大陆 11 个不同行业进行调查发布的《2012 中国薪酬白皮书》指出，"80/90 后"新生代员工的离职率整体较高，达到了 30%，远高于企业员工平均水平（陈勇，2013）。国内最大的人力资源服务商前程无忧发布的《2014 离职与调薪调研报告》指出，毕业生离职率三年处于高位，新生代员工的频繁流动带来了管理难题。报告同时指出，企业中"85 后"员工比例越高，企业中员工的平均离职率也越高。如果企业中新生代员工的整体所占比例较高，那么对企业来讲，新生代员工的频繁流动就将成为企业人员管理中的最大挑战。

本书的访谈也得到了同样发现。在被访的 9 名企业管理者中，7 人都指出，新生代员工的离职率较高，尤其是在民营企业和服务行业。

一位 IT 公司的基层主管说："我们公司去年做了一次员工满意度调查。结果发现，30% 的员工都有跳槽想法，其中大多数是年轻人。据我了解，相比起来，我们这还不算高。如果这些人都走了，公司瞬间就倒了。所以，这个问题非常严重，当时特别害怕。"（M-03）

深圳一家民营线路板公司的车间班长回忆了近三年来的工作经历，说："我是个'70 后'，在这个车间最大，其他人都是'80 后'、'90 后'，最小是 1995 年的。我想着和他们没有什么代沟，但工作中还是有很多摩擦。我感受最深的就是，年轻人心不定，在这里干不了多长时间就去其他地方，但在每个地方都干不长。我知道的一个 1989 年的，干了三年，换了六个地方了。"（M-09）

值得注意的是，在相对比较稳定的国有企业和事业单位，即便新生代员工没有做出实际的离职行为，他们也有较强的离职意愿，而且往往出现在来单位的三年左右。

北京一家事业单位办公室主任指出了这个问题："我们是事业单位，能解决北京户口。每年很多年轻人挤破头进来。刚来公司的头一两年工作很积极，但慢慢地就各有打算了。经常看到这些小孩上班看什么金融、财务的书，考各种证，聚在一起就讨论换工作。你想想，天天想着换工作，工作能干好吗？我们这事业单位，工作清闲，待遇也不错，不知道这些小孩怎么想的。"（M-04）

2. 原因分析

尽管新生代员工的高离职率和高流动率是普遍现象，但原因却不尽相同，目前的研究发现也不尽一致。王晓莉（2010）对 205 名新生代员工的 434 次跳槽经历进行分析，指出影响新生代员工离职的原因可以归纳为 12 个方面：物质待遇、物理工作条件、管理制度、人际关系、领导方式、工作压力、职业发展空间、工作与员工个性的匹配性、工作成就感、企业前景、工作地点的交通便利程度以及家庭因素，其中对物质待遇和工作环境的不满意，工作本身与个性的不匹配、缺乏职业发展空间以及企业发展前景不乐观是主要原因。刘曹慧（2013）针对一家咨询公司的调查发现，公司氛围与文化不好是员工离职最主要的原因。阿里巴巴董事长马云则指出，导致新生代员工离职的主要原因有三个，即收入是否体面、是否有发展的机会以及公司环境是否为员工带来成长的快乐（宋欣，2012）。由此可见，新生代员工的高离职意愿和离职率是一个多因素共同作用的结果。

从本书对新生代员工的访谈来看，离职意愿和离职率高的原因包括薪酬、工作、团队互动、组织管理和个人五类因素。

第一，薪酬因素，主要包括薪酬水平和薪酬公平性。新生代员工普遍认为，薪酬的高低对离职有一定影响，但不是决定性因素。另外，访谈发现，对于工作性质单一和专业技术水平较低的工作，薪酬的影响较高；对于性质复杂和专业技术水平较高的工作，薪酬的影响相对较小。此外，薪酬公平性比薪酬水平更能影响新生代员工的离职情况。

第二，工作因素。访谈发现，员工对工作的感受会在很大程度上影响他们在当前组织工作的意愿。那些对自身工作没有兴趣的员工，往往会选择离开现有组织。一名事业单位的"80 后"在谈到自己的工作时说："我觉得自己的工作没什么意义。我每天上班到下班就坐在电脑前，写写材料，一点挑战性都没有。我觉得专科生都能干这个工作。每次同学聚会，我听其他同学谈起自己的工作都眉飞色舞，我一点兴趣都没有。领导安排我写什么，我就写什么，写得好不好也不知道，自己也没法提高。我想换个工作或做点更有价值的事。"（F-05）

第三，团队互动因素。不适应集体性工作、同事关系不和睦以及不和谐的团队氛围是导致新生代员工离职的重要原因。一名员工向访谈者表示："我想离开这里主要是因为同事关系不好。我们虽然是一个部门，但实际上没什么合作，绩效和工资都是按个人业绩来定。这样一来，大家为了业绩，就钩心斗角，有时候还会暗中使坏。在这样的地方工作心太累了。"（F-02）

第四，组织管理因素，主要包括绩效和薪酬管理制度、领导风格、沟通体系、企业文化等。一名准备跳槽的员工在分析所在企业高离职率的原因时，说："我们公司完全是老式的管理方式，好像还生活在上个世纪。没有绩效考核，干得好坏全是领导说了算，干好干差一样的钱。干什么，怎么干全是领导说了算，做得好是领导的功劳，做得不好是自己能力不行。这种单位谁愿意待下去。"（F-10）

第五，个人原因，主要是个人志向、家庭因素以及职业发展需求，其中缺少发展机会是新生代员工离职的重要原因。一名来自大型通信企业的培训专员说："我硕士毕业之后，就来这个地方了，各方面都挺好的，但看不到头。我们是集团下属的管理学院，主要是做高管培训。我主要负责课程开发，但在这边比较受限。我想去总部人力资源部，但很难。做业务我也不懂，所以我想换个环境，不然就一直这样了。"（F-01）

（二）新生代员工心理承受能力弱，抗压性差，缺乏韧性

1. 问题呈现

在131篇文献中，60篇提到了新生代员工心理承受能力差，抗压性弱和缺乏韧性。如李军、刘学（2013）、乔兵（2013）等研究者从新生代员工的成长背景和性格特征出发，指出新生代员工普遍存在心理抗压能力不强、脆弱，情绪起伏大、不稳定等弱点，呼吁企业关注新生代员工的心理健康和情绪。

笔者对管理者的访谈也发现了这一现象。

一位餐饮公司的店长说："我带了一个分店，有十几个服务员。说到抗压性，我给你举个例子。我这儿有个'90后'的小女孩，平时大大咧咧。前几天，她上错菜了，那个顾客说了她几句，结果她和人家吵上了，最后还哇哇地哭了。你说这抗压性是不是太差了。做这一行的，什么人都能碰到，什么情况都能遇到。就这心理素质，怎么做事。"（M-06）

这是访谈过程中，一些管理者给出的非常典型的例子。显然，这与近些年发生的"80后"员工不堪压力跳楼、自杀事件有关。

一位民营企业的副总说："现在的年轻人没吃过什么苦，很娇气。工作中有点挫折，就灰心丧气，不去想如何把问题解决好，反而去逃避。现在，网上经常出现'80后'员工怎么怎么着了，现在的年轻人就应该经历这种磨炼。我这边有个1989年生的小伙子，各方面都挺优秀，我本来想提拔他，但是，上次交给他一个重要的活儿，他干得一团糟，我当面批

评了他，后来想想幸好他没出什么大问题，不然，报纸上又会铺天盖地地说了。说到底，还是心理承受能力太差。"（M－07）

2. 原因分析

新生代员工的低抗压性有两方面原因：一方面，从成长环境来看，新生代员工大多是独生子女，从小到大在父母悉心照顾下，出了什么问题都有父母帮助解决，不利于培养和锻炼他们的抗压性与韧性（李军、刘学，2013）；另一方面，与前辈相比，新生代面临巨大的经济和家庭压力，如买房、养育子女和赡养老人等。除此之外，随着市场竞争的加剧，新生代员工的工作压力越来越大。这些压力已经超过了他们所能承受的范围。

在本书的访谈中，一名房地产基层销售员说："我是在北京打拼的外地人，在北京无房无车，压力非常大。每天早晨起来，想到要上班，我就非常累。但必须还得想着今天要见多少客户，打多少电话。有时一天下来，吃饭的时间都没有。工作一整天后，我感觉精疲力竭，整个人好像都被掏空似的。但没办法，像我们这种既不是'富二代'，也不是'官二代'的'穷二代'，要想在大城市站稳脚跟，只能靠自己。"（F－09）

新生代员工的高工作压力也得到了实证研究和社会调查的证实。朱敏（2008）通过实证研究得出"80后"员工的工作压力源，包括职业发展、工作本身、期望压力、组织角色与组织氛围，且前三项占主要地位。在社会调查方面，北京电视台财经频道领衔的"80后生活情态与发展路径调查"指出，新生代员工面临着巨大的工作压力，其中工作量大、长期得不到晋升和看不到未来是压力的主要来源。从2011年开始，孙健敏等（2014）对中国从业人员的工作压力状况进行了系统调查。他们对全国31个省、市、自治区9060名从业人员进行了调查，发现35岁以下的新生代员工的工作压力显著高于年长员工，压力从高到低来自于职业发展、人际关系、工作—负荷和工作—家庭关系。由此可见，如何解决好他们的工作压力问题，不仅关系到员工的身心健康，而且还关系到企业的生存和发展。作为企业管理者，单纯地抱怨新生代员工抗压性弱并不能解决问题，新生代员工的压力管理，已成为企业人力资源管理中不可忽视的问题。

（三）新生代员工对工作的满意度低、对组织的承诺感和认同度低

1. 问题呈现

以往研究还指出，与年长员工相比，新生代员工对工作的满意感，以及对组织的承诺感和认同度都较低。在所有的131项研究中，54项都提到了这个问题。

在数据支持方面，刘红霞（2010）以来自北京、山东、河北、浙江和福建五省市 10 家企业的 613 名员工为研究对象，发现"80后"员工的组织承诺感显著低于"80前"员工。李凤香（2011）的研究表明，"80后"员工对工作的满意度和对组织的情感承诺均显著低于"80前"员工。根据全球著名的咨询公司韬睿惠悦的一项调查，不同代际的员工确实对公司的满意度有显著差别："60后"和"70后"员工对所在公司的满意度平均为 52%，而"80后"和"90后"的新生代员工的满意度仅为44%，他们在薪酬福利、培训开发、职业生涯管理、组织沟通方面的满意度均明显低于"70后"员工。

在本书的访谈中，有六位被访者提到了这一问题。针对工作满意度，一家家居装饰公司的副总说："我们每年都做满意度调查，包括对工作本身、同事、薪酬、领导、企业文化等各个方面。但每年的结果都差不多，越年轻的员工越不满意。我们也不知道该怎么解决。"（M-07）

也有一些管理者对新生代员工对组织的低承诺感和低认同度表示了担忧。一位银行培训主管说："我们是一家股份制银行，这几年，我们规模有很大的扩张，招了很多新员工。但这些新员工和我们以前不大一样。我们对公司特别有感情。虽然和四大行比，我们是有差距，但其他银行再好，我们也觉得还是自己的好。走在路上，看到就特亲切。但现在的'80后'，就没这种感觉了。他们可能是在这几年积累经验，其他银行要是要他们，我估计他们很愿意去。这几年，我们重点培养的苗子留不住的不少。"（M-02）

2. 原因分析

新生代员工对工作和组织的消极评价已经成为一个普遍现象。究其原因，这并非由某一个因素诱发，而是多方面共同作用的结果。访谈结果表明，造成工作满意度、组织承诺和组织认同低的原因也是薪酬、工作、团队互动、组织管理和个人因素五方面。需要强调的是，与工作满意度和离职意愿相比，组织承诺和组织认同反映了员工对组织更深层次的情感依附性。在访谈中，研究者发现，与工作、薪酬等因素相比，新生代员工在组织中获得的尊重、认同和工作成就感，以及组织声誉和文化更能影响其组织承诺和组织认同。一名研发工程师在对自己工作过的两家公司进行比较后说："我很喜欢现在的工作，很有挑战性。我现在主要是根据客户需要设计网络集成系统。在这个公司，我们的名片上印的都是工程师，这让我很有认可感。我刚来这个公司没什么资源，同事会给我推荐客户，有时还会邀请我加入他们的项目。这里有很好的学习氛围，每个星期都有技术公开课，只要你愿意讲，你也可以在讲台上讲，那些资深专家会给你提出很好的建议。总之，我很荣幸成为我们公司的一员，我现在每次听人家提起我们公司的产品，我就特别自豪。"（F-08）

从人力资源管理角度讲，员工对工作的满意度、对组织的承诺感和认同度是组织健康发展的重要指标。企业管理者必须找到导致这些问题的具体原因，才能有针对性地解决。

（四）新生代员工工作不主动，敬业度差，责任意识缺乏

1. 问题呈现

所有的131篇文献中，45篇提到了这个问题。如巩志娟等（2011）、陈建峰和王创理（2013）等通过对调查报告和文献的分析，都得出了新生代员工敬业度确实缺失、责任感差这一结论，并呼吁管理者妥善解决这一问题。

在访谈中，不少管理者指出了这个问题。一位事业单位性质的研究院办公室主任说："现在年轻人工作不主动。以前，我们都是下了班主动留下来再看看还有什么活能干的，但现在的年轻人一到5：30就走了，除非领导要求，他们不会主动说要加班。"（M-08）

"新生代员工工作不主动，敬业度差，责任意识缺乏"是社会对新生代员工工作状态的普遍印象，但实际上，这其实是社会大众对新生代员工"生活在前，工作在后"的工作—生活关系理念的不认同。根据中智集团2013年发布的《新生代员工管理现状研究报告》，在被调研的上海21个行业的4841名新生代员工中，66.8%的受访者认同"当事业与生活相冲突时选择生活"。因为新生代员工对工作—家庭观念与以往员工不同，他们不愿因繁忙的工作，而牺牲自己与亲友相聚的机会，以及自己在生活方面的享受与追求。一名家居设计师说："工作只是我生活的一部分，我们这代人和父母那个年代不一样，工作并不是生活的全部。不是有个经典的辩论嘛，是work to live（为了生产而工作），还是live to work（为了工作而活着）？我想工作和生活平衡。我不会把所有的时间、精力放在工作上，但是这不意味着我不好好地工作，我工作效率照样可以很高，工作结果也照样可以很好。"（F-12）

2. 原因分析

究其原因，这主要是因为新生代员工的职业价值观发生了重要的变化（Wong 等，2008；周石，2008）。陈坚、连榕（2011）认为，中国"改革开放一代员工"比"文革一代员工"和"社会主义建设一代员工"更重视休闲。这一判断得到了后续研究的证实。刘凤香（2011）考察了我国员工工作价值观的代际差异，发现相比 20 世纪 50 年代、60 年代和 70 年代员工，20 世纪 80 年代员工更看重上班时间的方便性和灵活性，这反映了他们对宽松、舒适的工作生活方式的追求。最近，尤佳等（2013）利用来自国内各行业的 866 个员工样本，发现中国职场的休闲价值观随代际发展稳步上升，即相比"文革代"，新生代员工更在意个人生活与工作的平衡和互相促进。这些不同于年长员工的工作价值观，使得新生代员工更坚持自己的生活方式，而非工作。本书认为，这并不是新生代员工本身存在的问题，而是一个社会发展的必然现象，应引起组织管理者的重视。

（五）新生代员工集体意识淡薄，团队合作力差

1. 问题呈现

集体意识淡薄、团队合作力差也是新生代员工在职场中存在的问题之一。在 131 篇文献中，44 篇提到了这个问题（白晓君，2012；江海燕，2013）。

在本书的访谈中，有四名被访者提到了这个问题。如一名咨询公司的项目经理在谈到其下属时，说道："我组里头的几个年轻人总体来看还不错，专业水平比较高，也比较敬业，但他们好像更喜欢单枪匹马，不喜欢共同作战。我们做项目咨询的，必须要团队合作。谁和谁搭配，谁做哪一块，谁负责都有可能是随机的，在一起熬夜写报告的时候也是要头脑风暴，一起讨论的。但是，这几个年轻人一个个拿出去是能手，但在一起有时反而没优势了。可能是独立惯了。必须我明确点名谁和谁配合，他们才能在一起工作，自己没有一起干活的意识。"（M－05）

2. 原因分析

新生代员工的这一问题有着内在和外在两方面原因。从内在因素来看，新生代员工大多是独生子女，自幼缺乏与兄弟姐妹的沟通，习惯从自身角度思考问题，因此，容易形成自我意识强、以自我为中心的性格特征，使得他们的集体意识和团队合作力相对较差（白晓君，2012）。另外，新生代员工喜欢网络上与人交流，不愿面对面地与人交往，因此，沟通和协调能力不足，也不善于妥协和忍让，并不喜欢与人合作。从外在因素来看，这可能与工作性质、领导风格、团队氛围和组织文化等有一定的关联。随着知识经济时代的到来，能有效与他人开展合作是员工必不可缺的技能，这种技能也是组织竞争力的重要来源。因此，这个问题需引起组织重视。

（六）新生代员工未表现出组织期望的工作激情和绩效

1. 问题呈现

本书还发现了一个以往研究和社会调查未反映出来的问题。在社会大众和企业管理者看来，新生代员工思维灵活、眼界开阔，具有创新精神，精力充沛，应该在组织中发挥着重要作用。然而，通过访谈发现，不少管理者认为新生代员工没有表现出组织期望的工作激情和绩效水平，尤其是在央企和事业单位更是如此。一名在大型央企总部负责绩效管理的主管说："我在公司负责绩效管理有很多年了，这些年，'80后'员工越来越多，他们几乎都是研究生，绝大多数是名校毕业，公司对他们期望很高。但从这几年的感觉来说，他们的工作表现激情并不高，而且工作表现并不比早些年进来的员工好。很多时候，他们仅仅完成了本职工作，没有让公司眼前一亮。当然了，还是有不少出类拔萃的。"（M-01）

还有一位事业单位的管理者表达了类似的看法，她说："这些年轻人工作缺乏干劲，没有朝气，没有初生牛犊不怕虎的闯劲。工作上瞻前顾后，很多时候没有主见，需要有人在旁边告诉他（她）做什么，怎么做。"（M-04）

2. 原因分析

对于这一现象，该绩效主管给出了理由："造成这种现象的原因是多方面的，既有员工本人原因，也有绩效评价的原因，当然，也有企业本身顶层设计的原因在里面。如我说的绩效评估是让主管来打分，我们实行强制分布，这样一来作为部门主管可能就会权衡后再打分。员工本人方面也是存在问题的，尤其是一些员工还不适应国企文化，而且在不同领导手下绩效差异很大，这可能和领导方式也有关系。"（M-01）

对新生代员工的访谈得到了更多的原因，尤其集中在企业管理方面，主要包括绩效与薪酬的不匹配、员工意见得不到尊重、上级授权少造成员工的参与度低等，这些问题打击了员工的工作积极性和激情，不利于激发其工作表现。

第一，绩效与薪酬的不匹配。一些员工指出，企业的绩效管理与薪酬管理不配套，"做与不做差不多，做多做少差不多"。在这种情况下，新生代员工的工作激情会被打击，影响了工作表现。

第二，员工意见得不到尊重。与年长员工不同，新生代员工对权力有更大的诉求，希望能在组织中表达自己的看法和声音。然而，在一些企业并没有这种自下而上的沟通和建言机制，员工的尊重感得不到满足，打击了其工作热情。

第三，低授权限制了参与度。管理学研究普遍指出，员工的参与会在很大程度上提升员工的工作激情和内在动机，从而表现出优异绩效（谢玉华、张群艳，2013）。在访谈中，一些员工指出，在他们所在的企业中，等级层次较为明显，上级几乎决定了一切，作为下属只能按部就班地去完成，而没有参与决策过程。

五　员工视角下组织新生代员工管理

如前文所述，相比新生代员工在职场中存在的问题，以往研究和社会调查对"新生代员工管理中存在的问题"的关注都相对较少。实际上，新生代员工在职场中存在的问题，一方面的确是由自身的"六宗罪"原因所致，但更为重要的是由组织管理不足所致。这意味着，组织可以通过管理理念和方式的转变，而解决上述六大问题。为此，本书还对12名新生代员工访谈，试图梳理员工视角下组织在新生代管理方面存在的问题。经过访谈，有七个方面的问题较为突出，成为员工眼中的组织管理"七宗罪"。

（一）分配不公，论资排辈现象普遍存在

"分配不公，论资排辈现象的存在"是新生代员工普遍反映的问题。在12名被访者中，有10人都提到了这个问题。对新生代员工来说，组织中的分配不公不仅体现在直接的薪酬上，还体现在培训机会、工作安排、职位晋升等方面。新生代员工对公平有强烈的诉求，相比均等，他们更看重公正，即付出与收入成比例。然而，企业中却存在着不公正的现象。此外，新生代员工有强烈的权利意识，崇尚自由和平等，因此，对论资排辈现象非常反感。这些广泛存在于组织中的分配不公和论资排辈现象，在很

大程度上削弱了新生代员工的工作动机和工作激情，降低了他们对组织的满意度、承诺感和认同度，甚至使其出现离职意愿和行为。一位国有企业员工说："我所在单位是个国企三级单位，公司不大，人数不多，但即使是这样也存在着论资排辈的现象。就连发福利和一些津贴，都要分个三六九等，更别说其他的了。请年假，也要先看一些老人，让他们先确定，然后，我们再捡漏。说实话，和我同时进来的几个人都觉得没意思。要不是工作稳定，可能我们都走了。"（F-10）

（二）激励方式单一，不能满足员工需求

12 名被访者，有 9 人提到了激励方式单一的问题。传统的激励侧重于物质性的薪酬激励，它曾在一段历史时期中发挥了重要作用。然而，新生代员工是一个追求多元化的群体，在激励方面亦是如此。一名 1990 年出生的制造行业的员工在访谈中表示："当然钱是非常重要的，谁也不嫌钱多。但我感觉这不是最重要的，毕竟钱也不是万能的。如果我干活，公司给我钱，那我们就是纯粹的交换关系。其实培训机会、弹性化工作，甚至优秀员工称号都能让我们的工作更带劲，也能让我们对企业更有归属感，让我们觉得自己确实是公司大家庭的一员。我觉得我们公司也可以学一学其他的地方，对表现优异的员工奖励旅游之类的。"（F-11）

以上是一名制造业基层员工对激励方式的看法。同样，一些学历高，从事专业技术工作的员工也表达了同样看法。如一名咨询公司的分析师说："我们上一个项目为公司赚了不少钱，公司给了一部分奖金，其他就没有了。但其实我们那个项目非常难做，大家没日没夜地加了一个多月的班，就想休息一下。我们私底下说，公司还不如少发点钱，给我们放几天假呢！"（F-06）

（三）不能容忍犯错，不尊重创新精神

也有一些被访者提到，公司在对待新员工上，不能容忍他们犯错误，不尊重其创新精神。新生代员工的一个典型特征是不受既定框架约束，喜欢尝试新事物，创造力强，这是他们的优势。但这种优势能得以发挥的条件是组织能鼓励尝试和容忍失败。然而，在很多企业，这个条件并不能得到满足。一名外资企业的咨询师告诉了研究者她自己的经历："我是去年毕业到这家公司来的，现在是项目助理，主要是跟着项目组做一些辅助性工作，收集一些资料之类的。可能是因为一直以来的习惯，助理就是按照项目经理的布置来做事。有一次，我发现了一个更好的办法，能让我们的

工作效率高很多。我就把这个想法告诉了经理，可经理说我自作主张，让我按他的要求做。其实我也是一片好心，想着怎么让大家的工作量减轻，但经理那样说，让我很受伤。从那件事之后，我明白了一个道理，那就是领导让怎么做就怎么做，反正做错了不怪我。"（F-07）

可想而知，这位员工的工作积极性受到了多大的打击，工作表现自然也会受到影响。

（四）不关心员工专业和心理成长，靠员工自己解决

不关心员工专业和心理成长是很多被访者一再强调的问题。归结起来，包括两点。

一是认为企业对新生代员工缺少职业生涯管理，让他们过早遭遇职业天花板，专业成长受到忽视。新生代员工的职业价值观使他们不再满足在一个职位甚至一个组织工作到退休，他们更看重其未来职业发展和自身持续竞争力，而不仅仅是维持现有的工作技能。可以说，新生代员工希望组织能够通过专业培训、职业生涯开发等一系列手段提高其技能和可雇佣性，但企业并没有意识到这一点。一位民营企业的员工打了一个非常形象的比喻："我感觉自己就像是一辆车，老板只会死命地开着你到处跑，但没想着为车做做保养。一旦车什么时候跑坏了，他们就会换辆新车。"（F-03）

二是认为企业对新生代员工的压力管理和关爱管理不到位，使他们的工作—生活关系难以得到平衡，心理成长受到了忽视。在访谈中，新生代员工普遍反映工作压力大，在工作与生活之间难以做到两全其美。可惜的是，除个别组织外，大多数组织并未给予实质性的关注和支持。实际上，对年龄普遍较小的新生代员工来说，更需要组织在心理方面的支持和关爱。

（五）沟通体系僵化，员工参与性得不到保证

组织的沟通方式和员工工作参与对新生代员工的心理和行为有重要影响。新生代员工在工作中喜欢友善的人际互动以及自由平等的沟通方式，厌烦烦琐的决策过程，喜欢能快速、明确地做出决策。在访谈中，有五人谈到了组织的沟通体系问题，其中还涉及新生代员工的工作参与机会问题。一名员工谈道："我们这些底层员工就像是食物链的最底层，高层的传给中层，中层的传给基层，基层的再传给我们底层，所有的信息都是自上而下传递的，没有自下而上的反馈。另外，就连同事之间的工作沟通都是先往上传，由领导转给另一个同事，既费事又费力，最重

要的是费心费神。这让我觉得特别没有参与感，其实很多事情我们也想参与，但这样的传达方式，我们的意见永远被忽视，看法也根本得不到重视。"（F-11）

还有员工谈到了沟通方式的问题："在我们公司，不管是信息还是工作安排，一般都是面对面的，但很多时候这种效率并不见得高。还有就是，像现在网络用得那么普及，QQ、微信沟通起来更方便、更快捷，但公司却不允许我们用。有的时候要楼上楼下地跑，其实发个短信，留个言就能办好，省下的时间完全可以干点别的。"（F-05）

（六）重管理、轻领导，管理和领导方式陈旧

管理与领导有着本质区别。与管理相比，领导是一种影响他人的过程，是用相应的理论和原则、职能和方法，影响、率领和引导组织内的成员，完成预定任务的活动过程，思考的是"为什么要这样做"。管理则侧重于做事，把事情做得既有效果又有效率，是以最终的工作产出为着眼点，通常考虑"如何做"和"什么时候完成"。杰克·韦尔奇曾告诫管理者要"多一点领导，少一点管理"。对于新生代员工，有效的方式是去领导，而不是管理。

一名员工表达了对这一现象的看法："现在很多领导不能算是领导者，而是简单管理者。举个例子，同样分配一个活，他既可以用自己的权力命令大家去做，全过程控制，遇到问题只告诉你这样做不对，那样做不对。他也可以用自己魅力让大家主动去做，放手让我们自己琢磨，给我们指导。这两种做法都能把工作做完，但我们喜欢第二种。"（F-12）

显然，这名员工已意识到了管理者和领导者的区别，并希望能在上级的领导下做事，而不是管理下做事。关于管理和领导方式，还有一名制造企业的员工表达了看法："我们上学的时候不是学过什么变革型领导、魅力型领导吗？20 世纪 80 年代，人家美国就谈这个了。现在都 21世纪了，我觉得现在大多数领导观点很落后。我们已经不是生产流水线上的工人了，但他们还是用老式方法管理新员工，各个方面都有矛盾。"（F-11）

由此可见，那些事必躬亲、不善授权，居功自傲、不听建言的领导者在新生代员工看来并不是有效的。实际上，在学术界，最近有研究讨论了传统领导方式对新生代员工的适用性（侯志林，2014）。一些研究也指

出，随着新生代员工自我意识的增强、权威和等级意识的减弱，以往有效的指示型和威权型领导方式对新生代员工群体来说不仅是无效的，反而是有很大负面效果的。

（七）组织对新生代员工存在误解，放大缺点，缩小优点

最后，一些新生代员工认为，尽管组织中新生代员工越来越多并逐渐成为主力军，但组织并没有意识到这个群体的独特性。一些新生代员工直言不讳地说："现在社会对'80后'有很多误解。一方面，说这个群体有多么好的优点；但另一方面，却把更多的关注点放在缺点上，甚至无限放大。其实，每个年代都有每个年代的特征，如果我们还和父辈一样，那恰恰说明这个社会是在静止的，静止就是倒退。虽然可能我们确实有些问题，但大多数'80后'是优秀的。总是听到别人说你们'80后'怎么样怎么样。我听了很不舒服，我觉得我没得到应有的理解和尊重。"（F-05）

还有一名1990年出生的员工说："我们'90后'经常被贴各种各样的标签，但就我自己的感觉来看，'90后'是有责任感、有工作能力的一个群体。我们自我意识强、有批判精神和有创造力，我们追求工作与生活的平衡，关注自身成长与未来发展。这并不是错，关键在于企业怎么引导我们，没有人是十全十美的，问题的关键是组织怎么发挥我们的优势。"（F-02）

从访谈不难看出，新生代员工认为管理者对"80/90后"员工存在明显的误读和偏见，这让他们的自尊心受到了伤害。实际上，这种误读确实存在。一些研究通过数据证实了社会大众对新生代员工存在的偏见。如刘苹等（2012）的实证研究表明，与"80后以自我为中心、自私、叛逆"等刻板印象相反，"80后"员工的反生产行为显著低于"80前"员工，但他们的组织公民行为却显著高于"80前"员工。作为组织管理者，应该辩证地看待新生代员工，不能仅仅通过家庭背景和成长环境来推断其典型特征，也不能从跳槽等表象行为来判断其价值理念和追求，应该在考虑到社会环境的前提下，了解新生代员工特征和组织现状，找到有效的管理措施。

六 新生代员工管理的八大对策与建议

综合文献分析、管理者访谈和社会调查，本书总结了新生代员工职场中存在的主要问题。借由员工访谈，梳理了组织在新生代员工管理方面存在的问题。实际上，这两个问题之间存在着密切联系。针对这些问题现状及产生的原因，本书从人力资源管理理念和实践方面提出对新生代员工进行管理的对策与建议，具体包括以下八个方面。

（一）充分考虑新生代员工特点，加强人本管理

新生代员工是一个具有典型特征的群体。针对这一群体的特点和习性，首要工作是加强人本管理，具体包括弹性管理、关爱管理和文化管理。其核心内容是改变对新生代员工的既有偏见，结合新生代员工特点和组织现状，扬长避短，发挥新生代员工的潜力，促进组织的可持续发展。

1. 实行弹性管理，给新生代员工一定的自主性

新生代员工的一个显著特征是"灵活多变"和"自我决定"。新生代员工不希望受到约束，渴望对事物拥有更多的决定权。弹性管理正是一种有效应对的策略。借助弹性管理，组织可以使新生代员工在一定条件的约束下，具有一定的自我调整、自我选择、自我管理的余地，以实现动态管理。这种弹性既体现在工作时间（如自由安排工作时间）、权力边界（在明确责任和义务的同时，授予适当权限）、工作方式（在确保工作任务能高效完成的前提下，自主选择工作的方式、方法、流程和工具）等方面，也体现在组织根据员工的不同需求，实施差异性化的管理策略上。弹性管理能帮助组织最大限度地激发新生代员工的组织参与意识和主人翁意识，提升他们的工作热情和主动性，激发其开创性和革新精神，为组织带来积极而显著的影响。

2. 推行关爱管理，向员工传递组织的关怀、包容和鼓励

在竞争日益激烈的职场环境中，新生代员工往往存在工作压力、工作—生活冲突、职业倦怠以及不和谐的人际关系等问题，这些问题不仅会造成组织的经济损失，还会对员工的生理、心理和人际关系方面产生消极作用，如身心健康水平的下降、自我价值感的丧失、工作动机的减弱等

（李超平等，2014）。新生代员工是成长于家庭、教育关爱环境中的一个群体，组织也应通过情感关怀、包容错误和鼓励创新等手段，在组织中推行关爱管理，树立关爱员工的意识，建立关爱员工的组织，制定关爱员工的制度，增强关爱员工的能力，营造相互关爱的氛围。通过对新生代员工的关爱管理，组织能够实现员工价值成长，促进员工快乐工作，提升员工生活品质和提高员工心理健康，最终达到提高组织绩效的目的（杨秋娜，2009）。

3. 重视文化管理，营造轻松愉快、和谐平等的工作氛围

文化管理是人本管理的最高境界，是通过文化和氛围的营造来起到管理的效果（Hartnell 等，2011）。一方面，相比硬制度，软文化更能塑造人、激励人和引导人，也更易于被新生代员工接受，因此，文化管理是一种有效的管理策略；另一方面，相比于对规章制度的低容忍性，新生代员工对消极文化（如组织政治、职场潜规则、复杂人际关系）有更强烈的排斥感。访谈也表明，新生代员工的负面情绪、态度和行为与消极的组织文化有密切联系。在这种情况下，组织更要注意文化的健康性和可接受性，通过仪式、活动、宣传等手段营造一种轻松愉快、和谐平等的人本主义文化和工作氛围，调动新生代员工的工作热情，获得高效工作成果。

（二）进行工作再设计，激发新生代员工的工作意义感

工作本身为员工带来的工作意义感和价值观对员工有重要影响（Rosso 等，2010）。实际上，有吸引力的工作特征不仅能降低新生代员工的离职意愿，还能提升他们对组织的满意度、承诺感和认同度，激发他们的工作动机和激情，最终促进高绩效的产生，它的重要性已超过薪酬、福利等物质因素（仁慈等，2009）。在组织中，尽管工作任务在一段时间内是固定的，但组织可以通过优化工作特征、进行工作轮换/工作扩大化/丰富化和提升工作时间的灵活性，增强新生代员工的工作意义感，从而实现改善其工作心态与绩效表现的目的。

1. 优化工作任务，提升工作本身对新生代员工的吸引力

根据工作特征模型，组织可以从技能多样性、任务完整性、任务重要性、工作自主性和工作反馈性等方面入手来优化工作任务。在技能多样性上，增加工作任务对不同类型技能的需求程度；在任务完整性上，呈现工作任务的前后关联事件，让员工对工作任务有清晰了解；在任务重要性方

面，强调工作任务对在组织中的重要价值，增强员工的工作价值感；在工作自主性方面，为员工提供充足的参与和决策机会，并在工作时间和方式方面对其予以一定的授权；在工作反馈性上，提供及时、准确和建设性的反馈信息，帮助员工更好地改进工作。

2. 开展工作轮换、工作扩大化和工作丰富化，消除员工在工作中的厌倦感

组织可以让新生代员工在垂直和水平两个方向上进行系统的工作轮换，尤其是开展水平轮换。这主要是因为，它能让新生代员工横向地调往工作技能要求类似的另一项工作，从而减弱单调工作带来的枯燥感（Parker，1998；朱飞，2013）。与此同时，组织还可以重新界定新生代员工的工作边界，扩展工作的广度和深度，让新生代员工的工作变得更有挑战性，消除他们在工作中的倦怠感。

3. 提升工作时间的灵活性，贴近新生代员工的个性化需要

新生代员工的职业价值观使得他们更希望平衡工作和生活的关系，这使得他们对工作时间有更个性化的需求。针对这种情况，组织可以根据实际需要，压缩和/或改变工作时间。如在访谈中，有员工提到是否可以像国外一些企业一样实行 4 天 10 小时的工作安排，以避开上下班高峰时间，增加休闲时间等。此外，组织也可根据实际情况，允许某些员工自行决定在何时上班。这种弹性工作设计不仅能改善新生代员工的旷工迟到现象、降低加班成本，还能激发他们的内在工作动机。

（三）建立良好的沟通机制，确保信息传递的有效性

1. 营造坦诚、平等的沟通氛围

新生代员工在工作中喜欢友善的人际互动，以及自由平等的沟通方式，多数人心里藐视权力和权威，厌恶传统的说教方式。因此，沟通机制的基本前提是沟通氛围的坦诚和平等（刘彧彧等，2011）。如果在沟通中还存在着各种隐含规则和等级观念，那么，组织中的沟通不仅不能发挥既定效果，反而会成为矛盾和冲突的导火索。

2. 构建全面、立体的沟通模式

传统的组织沟通模式是自上而下的单向沟通，这种沟通方式，容易导致新生代员工的消极和抵触情绪。组织应构建一套全面、立体的沟通模式，确保沟通模式的多样化、跨层次化和非正式化。沟通模式的多样化会使组织形成横纵相接、点面相连的沟通网络，便于信息的传递和反馈；沟

通模式的跨层次化满足了新生代员工的跨等级沟通需求，能激发他们的工作激情；沟通模式的非正式化则与新生代员工注重隐私、高自我意识等特征相适应。

3. 引入新颖、高效的沟通方式

根据社会发展趋势，组织还需要引入能满足新生代人际交往和信息需求模式的沟通方式（王强，2012）。随着网络信息技术的快速发展，传统的沟通媒介已不能满足工作的沟通需求。在这种情况下，内部论坛、微信、电子邮箱和 App 都成为不可缺少的沟通方式。组织应考虑如何将这些新颖、高效的沟通方式与组织原有沟通网络相结合，确保信息传递的顺畅、有序。

（四）采用多元化、个性化和公正化的激励策略，提升新生代员工工作动机

1. 由单一激励方式转变为多元激励策略

如前文指出的，新生代员工的典型特征之一就是多元化的需求。新近一项调查（高柯，2013）发现，新生代员工最看重的激励因素包括薪酬福利、工作关系、培训学习、工作胜任、工作条件、职位晋升、工作成就、团队合作、工作充实和社会地位。杨东进、冯超阳（2012）的研究则发现，"80 后"员工最在意的激励策略是职业发展、薪酬福利、领导特征、同事关系和制度环境。研究也指出，与基本工资、失业保险等福利待遇相比较，晋升机会、弹性化工作、培训机会对调动新生代员工工作积极性、增强他们对企业的归属感有更强的作用。由此可见，尽管薪酬福利类的物质激励仍然重要，但组织只通过薪酬、福利方面的激励手段已不能起到预期效果。本研究的访谈也发现，新生代员工普遍对组织的激励策略不满意，其中一个重要原因就是集中于物质激励。这意味着，组织应根据新生代员工的需求，由单一激励方式转变为多元化激励策略，既包括外在激励也包括内在激励，既包括物质激励也包括精神激励。

总体来看，组织可以从物质、情感、成就、机会和文化等多方面激励新生代员工。物质方面是最基本的，包括薪酬、福利和津贴等；情感方面包括弹性的工作时间、来自组织的关心和支持等；成就方面则是较高层次的，它包括工作自主性、工作价值、员工在工作中获得的认可感、意义感、尊重感、满足感和价值感等；机会方面则是更高层次的，它包括培训学习机会、职位晋升、职业发展和可雇佣性的提升等；而最高层次的激励是文化激励，通过构建积极向上的工作环境、雇主品牌和企业文化形象来激发员工的工作热情和动机，提升其工作表现。

2. 实行个性化和自助式激励策略

除了提供全方位、多元化激励策略，组织应该考虑每位新生代员工的实际需求，做到激励策略的个性化和自助化。与父辈们相比，新生代员工的需求具有明显的个人偏好。以往实证研究（张令、唐玉凤，2012）和本书的访谈均发现，性别、文化程度、工作性质、工作年限不同的新生代员工对激励因素重要性的认识，以及激励策略的选择上有显著差异。作为激励策略的实施者，组织可以根据员工的需要，让他们自己选择一些所需要的激励形式。如国内的百度、腾讯、阿里巴巴等一些互联网企业根据新生代员工的需要，设计并提供了弹性工作时间、在职培训等激励因素，这些个性化和自主化的激励策略在人才的保留、开发上发挥了重要作用，在很大程度上提高了员工的满意度、认同感和工作表现。

3. 平衡激励策略的公正性和均等性

需要注意的是，不管采用何种激励策略，组织应确保激励策略具有公平性，这是激励策略能够发挥既定作用的前提条件（Colquitt 等，2001）。与"80 前"员工相比，新生代员工对公平有更高的诉求，对不公平也更为敏感。公平包括公正和均等，前者体现了"多劳多得"，而后者则体现了"人人平等"。对组织而言，对两者都需进行考虑以达到平衡状态。具体而言，在情感、成就和文化激励方面应尽可能保证均等性，在物质和机会激励方面则体现出公正性，以发挥激励的作用。

（五）在绩效管理方面进行"三结合"，发挥绩效管理对新生代员工的牵引和激励作用

1. 将绩效管理的考核性导向与发展性导向相结合

组织应将绩效管理的考核性导向与发展性导向相结合，在为绩效薪酬提供绩效评估数据的同时，引导新生代员工了解自身不足、挖掘内在潜力和实现自我提升。长期以来，绩效管理一直发挥着考核性作用，即将考核结果用于识别优劣、职位调动、发放奖金等活动。实际上，绩效管理还具有发展性作用，即将绩效考核作为促进员工发展的一种手段，考核结果主要用于促进员工工作改进、提供培训需求依据、指导职业发展等（Kuvaas，2007；文鹏、廖建桥，2010）。针对新生代员工的特点，企业管理者应该将两种导向有机结合，在发挥绩效管理约束性的同时，也实现其牵引性。

2. 将绩效管理的个体性导向与团队性导向相结合

组织应将绩效管理的个体性导向与团队性导向相结合，在激发个体绩效表现的同时，强化新生代员工的集体意识和团队协作力。绩效管理在对象上可以划分为针对个体的绩效管理和针对团队的绩效管理。其中，前者有利于激发员工自身的工作积极性，也能加剧成员间的竞争，产生不和谐因素（Bamberger & Evi，2009）；后者有利于增强成员利益的一致性，若个体的相对贡献不能够加以重视，可能导致不公平，降低某些员工的工作积极性（Levy & William，2004）。考虑到目前绝大多数工作都是以团队形式完成的，采取团队性绩效管理能有效激发他们的集体意识和团队协作力。然而，企业也应考虑个体导向的绩效管理，提升新生代员工的工作意愿和积极性。

3. 将绩效管理与薪酬管理相结合

组织应将绩效管理与薪酬管理相结合，通过绩效薪酬策略激发新生代员工的工作积极性。绩效薪酬是有效运用经济资源将员工薪酬的不同构成部分与他们的实际贡献联系起来的一种薪酬方案（朱晓妹、唐宁玉，2003）。从访谈的情况看，一些被访的新生代员工指出，在其单位，绩效水平与薪酬水平关联性很低，尤其是国有企业和事业单位。这在很大程度上削弱了新生代员工的积极性。本书认为，要激发新生代员工的工作积极性，企业应当将绩效管理与薪酬管理结合起来，以提高他们的工作满意度，增加他们的组织承诺感和认同度，降低其离职意愿。

（六）重审领导功能、方式和情境，发挥领导的有效性

针对社会发展大背景和新生代员工特征，领导有效性的发挥需要组织做好三个转变。

1. 在领导功能上，从控制转变为影响

以往的领导功能强调的是对员工进行控制，以实现领导的有效性，针对现在新生代员工，则需要通过有效影响来实现。领导力本质就是影响力，其重点不是通过组织赋予的正式权力，而是通过社会学习、社会交换、社会认同和社会信息处理等一系列认知过程去促使下属自觉自愿做事。针对新生代员工，领导者应考虑如何通过自身魅力、个人感召力、智力激发、个别化关怀来发挥其影响功能，而非简单地施与控制。这要求组织管理者和领导者淡化自身权威，通过改变过去那种偏好控制和命令的常规管理方式，与新生代员工建立起相互支持、信任和尊重的伙伴关系。同时，采用恰当的授权和合适的辅导方式，以便激发员工自身潜能，为员工提供充分发展能力和自我成长的空间。

2. 在领导方式上，从旧式转变为新型

随着新生代员工职业价值观、个性、自我意识的转变，一些传统的领导方式逐渐失效。因此，组织尤其需要注意领导方式的转变和革新（侯志林，2014）。首先，长期以来，以中国儒家文化为依托，以"恩威并重、以德服人"为表现形式的家长式领导被视作是有效的，但随着新生代员工传统文化价值意识的减弱，这种领导方式正受到新生代员工的质疑。其次，随着新生代员工权力距离，以及等级意识的减弱，组织中存在的辱虐管理必须彻底避免（孙健敏等，2013）。最后，为适应社会大背景的需要，伦理型、真实型和公仆型等领导方式应成为组织鼓励的领导方式（王震等，2014）。

3. 在领导情境上，从通用转变为具体

正如领导学大师盖里·约克所说的，没有绝对有效的领导。与管理不同，领导是一个同时关注领导者、下属和情境三个方面的系统过程。这意味着领导要因人、因事和因时而异，体现出权变性。一些新型的领导方式也并非是放之四海而皆准的。如，尽管授权型领导能提高下属的参与度和自主性，但对那些有强烈的权威意识和等级观念的新生代员工来说，这种领导风格可能不如指示型领导有效（廖建桥等，2010）。因此，组织应充分考虑不同新生代员工的独特性，选择与之最匹配的领导风格，最大限度地发挥领导的有效性。

（七）加强培训开发与职业生涯管理，促进新生代员工的专业成长

文献分析、访谈和社会调查均发现，与父辈员工相比，新生代员工的一个显著特点就是对其职业发展的关注。可以说，组织对新生代员工群体职业发展的关注和重视程度直接影响了新生代员工在职场中的认知、态度和行为。因此，有效的培训开发与职业生涯管理是解决新生代员工职场问题的重要途径。

1. 坚持"二三四"原则，加强新生代员工的培训和开发

培训，是组织向员工提供工作所必需的知识、技能的过程。开发，是依据员工需求与组织发展要求，对员工的潜能开发与职业发展进行系统设

计与规划的过程。在如今的信息社会和知识经济环境下，组织应从培训扩展到开发，在确保员工具备工作所需的知识、技能和能力之外，更重要的是提升他们应对未来工作需要的胜任力。在这个过程中，组织应以组织发展和员工职业生涯发展为两个核心出发点，在制度层、资源层和运营层三个方面加强投入，确保培训需求分析、培训计划制订、培训活动组织实施和培训效果评估四个环节得以有效开展（彭剑锋，2011）。

2. 开展职业生涯管理，解决新生代员工的职业天花板问题，提高长期可雇佣性

除了侧重工作技能相关的培训和开发，组织还应实施旨在开发新生代员工职业发展潜力的一系列管理策略和方法，并确保组织职业生涯管理的系统性、双重需要性和内容丰富性。在系统性方面，职业生涯管理需要人力资源部、直线部门、员工以及外部专家等各方共同参与；在双重需要性方面，职业生涯管理必须同时满足组织和员工的需要，将组织的发展目标内化到员工职业路径发展中；在内容多样性方面，组织在开展职业生涯管理时，应采取差异化、个性化和多样化的手段和活动，其中，既包括针对新生代员工个人的培训、咨询、讲座、学习机会，也包括对组织的诸多人事政策和措施，如职业路径的设计、职业升迁制度等。总体来看，职业生涯管理的最终目的是在组织内解决新生代员工的职业天花板问题，在组织外提高新生代员工的职场竞争力和长期可雇佣性。

（八）重视压力管理，平衡新生代员工工作—生活关系

对新生代员工而言，尽管物质激励是重要的，但心理健康以及工作与生活的平衡可能对他们有更重要的意义。针对这一问题，组织应从以下两方面入手。

1. 开展员工心理援助计划（EAP），关注心理健康，增强员工抗压能力

新生代员工成长、工作和生活在中国社会、经济的重大变革期，承受着巨大的心理压力。在西方国家，组织开展的压力管理非常普遍，但国内企业并未给予足够重视。如目前超过80%的世界500强企业均实行了心理援助计划，而中国的世界500强企业实施心理援助计划的比例却不到1%。随着新生代员工工作压力和心理健康问题的普遍化，组织应为新生代员工群体提供符合中国国情的心理和行为健康方面的援助项目，通过提供专业指导、培训和咨询，进行危机干预，帮助员工解决心理和行为问题，维护新生代员工的身心健康（文静、樊韩波，2010）。具体地，组织

可以通过企业文化建设、参与管理、工作再设计减少工作压力源，通过关心管理计划、员工帮助计划等减轻工作压力带来的不良后果。

2. 推行家庭友好型人力资源管理，平衡新生代员工工作—生活关系

新生代员工与父辈员工的最大不同是他们对"工作—生活"关系有着更独特的认识和理解。关注个人工作与生活之间的平衡，不会为了工作而放弃生活已经成为新生代员工的独特标签。因此，组织应减少新生代员工工作—生活冲突感，更重要的，是采取各种措施实现新生代员工工作与生活的相互促进。家庭友好型人力资源管理是组织设计的用以帮助员工管理工作和生活需求的政策、福利和项目，它不仅关注员工的工作，也为员工的生活提供一定的支持，因而能在一定程度上解决新生代员工的工作—生活冲突（韦慧民、潘清泉，2012）。结合中国新生代员工的需求，组织在政策方面可以实行一定范围的弹性工作时间和远程办公，提供带薪年假、托儿中心的费用折扣、额外产假等福利，以及儿童/老人照顾、搬迁帮助、健康服务等。通过家庭友好型人力资源管理的推行，最终打造"家庭友好型雇主"，有效应对新生代员工在职场中的各种问题，让新生代员工工作得更幸福和更有尊严，进而使组织得到更健康的长远发展。

第十二章　中国企业国际化与战略性
人力资源管理变革

当前，中国企业国际化步伐提速，越来越多的企业将视野投向广阔的海外市场。在中国企业尚未完成人力资源管理市场化改革的背景下，国际化对人力资源管理提出了更大的挑战。在全新的制度环境和市场环境中，中国企业需要根据内外部因素，审时度势，调整人力资源策略，合理推进人力资源本地化，形成跨文化管理的新模式、新机制。

一　战略性人力资源管理理论综述

战略性人力资源管理发端于 20 世纪 20 年代的美国（Kaufman, 2001），并于 20 世纪 80 年代末取得理论层面的根本性突破。通过理论梳理，可以发现，战略性人力资源管理理论主要有以下几个研究视角。

（一）战略性人力资源管理的组织行为观

这一类观点认为，人力资源实践应该追随企业战略，在企业采取低成本、质量改善和创新战略时，企业的人力资源管理行为应该适应这种战略（Miles & Snow, 1984；Schuler & Jackson, 1987）。其核心观点在于，战略决定行为。Jackson 等（1989）实证检验了组织变量（行业、创新战略、生产技术、组织结构、组织规模与一体化等）与人力资源实践之间的关系，他们发现，人力资源行为的组织间差异和组织内差异同时存在，也就是企业战略确实影响人力资源行为。

（二）人力资源管理与企业战略的适配观

Lengnick‑Hall C. A. 和 Lengnick‑Hall M. L.（1988）提出了人力资源与战略的适配观，即在企业发展的常规阶段，人力资源管理与企业战略互相适应，但在企业转型阶段，这种适配很难实现，需要动态调整，尤其是在战略形成和战略实施阶段，企业都应该考虑自身人力资源特点来调整战略；Baird 和 Meshoulam（1988）将战略适配的概念扩展到了外部适配和内部适配两个方面，外部适配就是使企业的人力资源实践与企业战略相适应；内部适配则是企业人力资源行为之间的相互协调。他们还指出，人力资源与企业战略之间的适配随着企业生命周期的发展而变化。到了 20 世纪 90 年代，Milliman 等（1991）将"适配"的概念应用到了战略性国际人力资源管理方面，他们提出了适配的四种类型：国际人力资源管理职能和组织生命周期的适配；人力资源各项职能之间的适配；人力资源实践与企业跨国和跨文化环境的适配；公司人力资源职能与国外分支机构层级的适配。他们再次引入人力资源"灵活性"的概念，以界定企业根据外部环境变化及时有效调整人力资源策略的能力。在"水平适配"的概念基础上，Kepes 和 Delery（2007）基于多层次概念提出了四种内部适配类型：人力资源系统内部的垂直适配（单一政策、实践以及过程的适配）、人力资源领域活动之间的适配、人力资源活动领域内部的适配，以及不同人力资源系统之间的适配。

（三）战略性人力资源的资源基础观

一个研究分支将企业战略的资源观应用于人力资源管理领域，成为主要的研究范式。Taylor 等（1996）在资源基础观和资源依赖观的基础上，发展了一种跨国公司的人力资源系统决定因素模型，他们假定跨国公司可以采取三种战略管理其下属机构的人力资源，即输出、适应和整合。输出战略即在下属机构复制母公司的人力资源系统；适应战略是指人力资源系统适应当地环境而采取不同于母公司的人力资源管理模式；整合战略是在母子公司之间进行人力资源实践的相互借鉴与传播。这三种战略适用于不同的条件。知识基础观是资源基础观的延伸，Matusik 和 Hill（1998）将知识区分为公共知识和私有知识。人力资源的雇佣可以增加企业知识，也可以导致企业知识的流失。Boxall（1998）将人力资源优势分为两部分：人力资本优势和组织过程优势，前者通过更高素质的员工个体实现，而后者通过组织独特的工作方式和工作过程实现。

二 企业国际化战略与人力资源管理变革

企业国际化是组织突破原有的资源、地域限制而进行的全新文化情境中的管理实践活动，这就需要企业对既有的制度和管理体系进行变革，以适应跨国经营需求。围绕战略重组和组织整合，人力资源整合也必不可少。通常而言，跨国经营企业会成立总部人力资源中心和区域性人力资源职能中心。在组织调整的同时，人力资源管理体系的变革是关系国际化经营成败的重要内容。从实践情况来看，企业国际化过程中的人力资源管理变革重点依据国际化阶段、国际化经营战略、海外市场进入方式三个维度的变化而有所不同。

（一）国际化阶段与人力资源管理变革

对于正处于国际化战略准备阶段的企业，进行必要的人力资源储备是保障国际化战略顺利推进的关键。尤其是语言、涉外谈判、项目管理方面的人才，以及通晓当地文化、环境的人员，都是国际化项目成功推进所不可或缺的。同时，对涉及海外经营的中高级管理人员进行培训或组织内部学习，也是企业有效推进国际化业务的必要手段。在国际化初期阶段，企业已经在当地开始业务运营，参与海外业务的人员能够身临其境体验海外市场环境，向当地合作伙伴甚至竞争对手进行学习，此时，组织人力资源嵌入式的学习便非常重要，"干中学"作为一种人力资源培养方式，还需要相应的知识管理制度进行引导和规范。经过相当一段时间之后，企业的国际化经营有可能进入市场拓展的高速发展阶段。此时，由于业务的加速发展，企业会再次面临国际化人力资源缺口。如果不能创新人力资源政策，在绩效评价、人力资源吸引、人力资源保持以及组织授权等方面调整惯有的策略，则可能使企业陷入管理失效，进而导致海外战略失败。一些企业在此方面探索出一些经验。如联想收购 IBM 之后，人力资源薪酬体系就进行了调整。以往联想通过在员工收入中的奖金比例较高来体现高业绩导向，同时，为更好地吸纳一些海外高级人才，现在逐渐降低薪酬中奖金的比例，让员工在中等风险的环境中工作，以保证其生活品质。同时，为保持公司的竞争力和活力，以及薪酬水平和薪酬结构逐渐与国际接轨。随着企业国际化战略的深入推进，企业发展到全球战略布局阶段，此时的企业已经发展成为行业内具备较强竞争力的全球企业，具备领先的发展模式和企业文化。此时，本地化人力资源策略便可以与母公司的人力资源输出策略相结合，在文化整合基础上保障公司战略的实施。

（二）国际化经营战略与人力资源管理模式匹配

企业不同的国际化经营战略决定了母公司与海外子公司之间的结构弹

性和管控模式，因而，必然对人力资源管控和人力资源配置产生相应的要求。一般而言，企业国际化经营战略有以下四种：国际化战略、多国本土化战略、全球战略和跨国战略。其中，国际化战略要求母公司对海外子公司保持较高的控制，但在市场营销方面，则需要子公司保持较高的灵活性和独立性，以推进相对标准化的产品在当地落地。这就要求人力资源管控与之相适应，实行折中型操作管控。在人力资源配置方面，实行"部分管理人员外派、多数经营人才本地招聘"的方式，比较符合海外战略和管控目标。当企业较多地考虑产品差异化，对成本控制要求不是很高时，企业倾向于采取多国本土化战略。在该战略下，公司总部对海外子公司的控制程度比较低，子公司在经营上具有较大自主权，只需要总体上服从母公司的战略安排即可。因而，母子公司之间属于松散型战略管控，这要求子公司管理人员对市场当地的情况非常熟悉，具备灵活调整经营策略的能力。因此，在多国本土化战略类型下，母公司将较大的人力资源管理权限赋予海外子公司，除了少数关键岗位外，大部分人员实行本地招聘，以适应本地化经营的需要。随着企业国际化程度的提高，海外子公司的外派员工可能越来越少。对于那些产品在国际市场具有绝对差异化优势，竞争者较少的公司，会考虑采取全球战略，在世界各地建立相对标准化的经营机构和工作流程，以降低成本并突出该产品的优势，这类国际化的企业通常会把核心的研发、设计环节放在母国，而将装配和市场销售环节放到可以最大化降低成本的地区。由于公司在母子公司层面的内部制度和经营方式高度标准化，因此，经营绩效对人力资源的依赖较小，公司倾向于采取集中型流程管控。人力资源配置则主要是从降低成本角度考虑。在相当多的情境下，企业海外拓展要同时考虑产品差异化和低成本，因此，相对较为平衡的跨国战略就成为企业海外经营战略的现实选择。当然，该战略要求企业的国际化程度较高，海外经营经验较为丰富时才可以实施。在该情况下，母子公司之间存在双向互动关系，子公司本身已经成为独立的战略决策中心，其常常需要根据当地的经营环境做出战略调整，并反馈到母公司，甚而可能带动母公司战略调整。显而易见，在这种情形下，母公司只需要对子公司保持较为松散的投资管控即可，管理人员的本地化要求非常高，而一般的操作型员工则遵从市场竞争原则。

（三）企业海外市场进入方式与人力资源管理匹配

海外市场进入方式是企业将产品、技术、人力、管理经验等资源转移到其他国家的方式（Root，1987，1994），是企业海外市场进入战略的基础（Tse等，1997）。一个企业要进入本国以外的市场，有很多可供选择的方式。Root（1994）认为，将传统的市场进入模式分为贸易式进入、契约式进入和对外直接投资三大类。其中，对外直接投资又分为并购和绿地新建两种方式。随着资源承诺的不断深化，企业必须通过人力资源的合理配置，实现对物化资源的有效经营。在直接出口方式中，企业需要通过本地化员工实现销售终端的嵌入性问题，而在间接出口中，企业只需要通过母国国际业务部门进行销售业务对接即可。而对人力资源管理挑战比较大的是对外直接投资方式。企业海外市场不同进入模式的内在特性如表12-1所示。

表12-1　　　　　　　　　不同进入模式的内在特性

内在特性\进入模式	控制	资源承诺	传播风险	潜在收益
出口	低	低	低	低
许可协议	低	低	高	低
合资企业	中	中	中	中
全资子公司	高	高	低	高

　　通过总量分布和大型海外投资项目分布可知，中国制造业企业的海外投资区位是沿着三条线布局的：①在欠发达地区，大型制造业企业发挥相对比较优势，利用当地的低劳动力成本，获取更大范围内的规模经济收益，如广东志高空调目前已在泰国、马来西亚、尼日利亚等国建立了境外加工厂；②在发达国家，这些企业积极寻求合资或并购机会，以提升技术水平，凭借当地企业已有的销售网络渗透高端市场；③在传统避税区，这些企业通过当地组装、设立贸易窗口等实现"曲线出口"，以"投资之形"行"贸易之实"，以图规避贸易壁垒，其中包括中小规模的企业。

　　具体到不同的情况，中国企业欠发达地区投资属于"经验复制"，外派员工熟悉了当地市场之后，完全可以胜任销售工作，因此，除了车间工人之外，企业对本地化员工的需求并不必要。在发达国家，中国企业属于"学习型投资"，而需要学习的大量默会型知识是嵌入在当地员工头脑之中的，因此，不管是并购还是绿地新建，企业对核心员工的本地化要求都比较高。在并购形成合资公司的过程中，还存在人力资源整合的问题，如果处理不好，很容易引起人力资源冲突和战略不协调，使海外业务开展受阻。在新建投资中，企业需要独自承担国家风险，如果对当地情况不甚了了，也很容易导致经营受困。此外，企业还必须处理好员工本地化与成本控制之间的关系。如果企业的竞争战略严重依赖于低成本，则在发达国家的本地化投资更需谨慎。

专　栏

破碎的理想：福耀玻璃"美国建厂梦"

20 世纪 90 年代，福建福州福耀致力于为美国市场提供破损汽车玻璃的替换品。与市场和客户打交道，福耀很容易就产生了这样的印象：美国的汽车很多，汽车玻璃市场很大，如果在美国设厂，就能省下大笔运费，并绕开日后可能发生的反倾销壁垒。而在美国的南卡罗来纳州，政府不仅提供优惠的税收政策、低廉的地价和费用只有中国 1/3 的稳定电力供应，并且免费为企业招聘和培训员工……于是，福耀开始在南卡建设自己的工厂，一切似乎都进展得很顺利。福耀在南卡雇用了 10 多名员工——在成本开支中，这是最后一项了。但正是这项劳动力成本恰恰成为压垮福耀美国工厂的"致命稻草"。美国员工成本实在太高！单位时间效率不高，而工资却至少 12 美元/小时。于是 1998 年，福耀在美国的工厂变成了仓库：玻璃从中国运到南卡仓库，由当地的工人更换包装后，发给美国的客户。即便这样，到了 2001 年，由于无法承受高额的员工成本，福耀只好将仓库卖掉。这样，福耀的美国仓库又缩水成了销售处，办公地点移到了一座远离马路的低层写字楼，全体员工被压缩到只剩 12 人。

三　中国企业人力资源本地化策略

本地化人力资源管理有两种方式：直接并购当地企业并大量保留企业员工；雇用外籍经理和员工。中国在英国投资的企业中，外派高管都认为雇用本地经理人员对于企业迅速本地化非常重要。他们在指导并培训来自中国的经理人员，以及传播本地化管理模式和管理实践方面，承担着非常重要的责任，尤其是在海外投资机构的初创阶段，他们发挥着举足轻重的作用（Miao Zhang & Christine Edwards，2007）。

（一）中国企业进行人力资源本地化的优势

进入中国的跨国公司为了贴近中国市场、降低人工成本，大都实行人力资源本地化策略。而中国企业在进行海外投资时，通常会根据不同的投资区位和投资动因，调整自身的人力资源策略。在人力资源本地化方面，一些企业容易顾此失彼，受制于成本控制、技术寻求和自身战略等多重因素，难以很好地决策。归结起来，中国企业在海外实行人力资源本地化具有以下一些优势。

1. 通过本地化降低人工成本

当前，东南亚、非洲一些国家的平均薪酬水平比中国要低得多。毋庸置疑，在这些国家投资很大程度上是为了利用当地相对廉价的劳动力，人力资源本地化比外派员工能够节省工资和各种津贴开支。跨国投资和人力资源本地化为我国企业应对日益上升的用工成本提供了巨大的空间。

2. 通过员工本地化获得各类隐性知识

通常情况下，由于市场环境的差异，企业进行海外经营需要具备与当地市场相关的产品及市场知识，这些知识通过员工本地化就可以比较容易获取。尤其是企业在进入发达国家时，技术知识和市场知识都是企业需要逆向整合的重要资源。通过员工本地化，企业可以更快速、更经济地实现知识吸收。

3. 迅速融入当地环境，降低探索成本

当企业进入一个新的海外市场，通常需要对新的经营环境进行探索，学习应对各类经济和社会问题的知识。国内人员由于语言和文化方面的因素，很难在短期内熟悉海外情况。尤其是一些不成文的消费习惯、社会习俗等，若非当地居民，很难在短期内获得深入了解。通过雇用当地人员，企业可以迅速打开局面，避免一些不必要的探索成本。

4. 稳定当地员工队伍，增强组织认同感

一些企业完成海外并购以后，往往急于进行人员更替，实际上这种做法非常容易引起组织失序，尤其是在经营环境迥异的海外市场。相反，如果能够最大限度地保留原有人力资源，并保证其合理的薪酬水平，则可以稳定员工预期,增强其组织认同感,保证组织在并购初期的平稳过渡。

5. 融洽与各利益相关方的关系

要想取得海外经营的成功,企业需要与政府、客户、非政府组织等相关方建立并保持良好的关系。在此方面,本地人具有天然的优势,他们熟悉本国国情和当地行为方式,比较容易建立并改善与政府和客户的关系。人力资源本地化还有助于中国企业在海外消费者的心目中树立"本地企业"的形象,这使得消费者更容易接受企业的产品和服务。雇用当地人员,也比较容易被当地劳工保护组织所接受,避免因造成当地人失业而招致不必要的麻烦。

(二) 人力资源本地化的影响因素

显而易见,人力资源本地化并非总是最优的选择。人力资源本地化受制于多种因素,企业需要根据内外部条件来选择人力资源本地化模式。这些因素包括海外市场与母国的制度距离、跨国公司的海外经营经验、企业的国际化经营战略、人才资源的可获得程度、企业海外市场进入方式等。

1. 海外市场与母国的制度距离

制度距离是衡量海外市场与母国制度环境差异的重要指标。制度距离小的目标市场,与母国经营环境较为接近,则企业从国内派遣有经验的员工相对于培训当地的员工更经济。反之,对于制度距离较大的目标市场,本国员工难以在短期内适应当地环境,而人力资源本地化模式则较为合适。

2. 企业的海外经营经验

对于国际化程度较高的企业,其海外经营经验相应也比较丰富,国际化经营人才储备更为充足,则企业外派员工的可能性更大。而对于那些初涉海外市场的企业而言,为弥补国际化人才不足的劣势,更倾向于实施人力资源本地化。

3. 企业的国际化经营战略

如前文所述,根据企业自身的竞争优势和目标市场的不同,采取不同的国际化经营战略。在四种标准战略中,多国本土化战略和跨国战略对应着更高的人力资源本土化程度。雇用更多的本地人员,能够使企业经营战略保持更大灵活性。

4. 人力资源的可获得程度

能否获得企业所需要的本地人才是中国企业实施人力资源本地化策略

时所必须要考虑的因素。在海外，一些初进入的企业，由于国际知名度不高，经营前景不明朗，很难吸引到具有较高素质的经营管理者和技术人员，而太高的薪酬水平又会导致企业成本上升，竞争力下降。在这种情况下，激进的人力资源本地化是不可取的。

5. 企业海外市场进入方式

在合资或并购案中，原有人力资源的保留程度通常会成为交易合同的重要内容，企业最重要的任务之一就是整合人力资源。此时，在协议范围内，重新对人力资源进行规划和合理配置便成为工作的重点，是否外派以及派出多少管理人员和技术人员，需根据并购或合资标的的人力资源状况进行相机决策。而在新建投资情况下，企业需根据投资目的和自有人力资源状况提前进行人力资源布局，综合权衡战略目标和长期成本，以国际化思维推进人力资源管理。

（三）人力资源本地化路径选择

由于中国企业征战海外市场仍然缺乏经验，在人力资源本土化方面还需要探索更加多样化的策略与途径。当前，中国企业可以通过以下一些途径实现人力资源的本地化，提高本地化经营绩效。

1. 通过员工股票期权计划吸引高级管理、技术人员

企业要取得本土化经营的成功，关键岗位很难摆脱对当地员工的依赖。但由于中国企业作为国际化经营的后来者，其国际影响力还难以与传统的跨国公司相提并论，在人力资源市场中竞争力通常也不及这些跨国巨头。因此，中国企业如果想招聘到、留得住一些管理人员和技术骨干，就必须提高相应岗位的薪金待遇，通过实施员工股票期权计划等长期激励手段，保持对员工的吸引力。

2. 通过大学生资助模式吸引优秀毕业生

一些著名跨国公司，如通用电气、摩托罗拉、三星、IBM、宝洁等在中国一些名牌高等院校里，都设立了奖学金，挑选优秀大学生给予奖学金资助，为企业发展储备人才。一些企业通过推行教育计划培养优秀学生。如微软中国研究院推出的"微软学者计划"，每年从中国各大学挑选 10名计算机专业优秀博士生，授予"微软学者"称号，并资助其出国从事学术活动。大学生资助计划不仅能有效提升这些跨国公司的国际形象，还能够提前发现并培养企业所需的专门人才，一些具备较强实力的中国企业可以借鉴。

3. 通过猎头公司在人才市场上搜寻急需人才

刚刚进入海外市场的企业，对当地市场尚不熟悉，很难在短时间内招聘到本土人才。企业可以在母国委托猎头公司进行人才招聘。通过这种方式，包括留学归国人员在内的国际化人才都可以进入选聘的视野，而且，企业也可以较快地物色到所需的人才，避免由于信息不对称而在海外市场浪费时间和精力。

4. 通过并购方式获得海外经营人才

最近几年，中国企业逆向并购发达国家企业的情况屡见不鲜，如2014 年年初，联想集团终以 29 亿美元左右从谷歌收购摩托罗拉移动。摩托罗拉移动的 3500 名员工、2000 项专利、品牌和商标、与全球 50 多家运营商的合作关系都归入联想移动业务集团。除了专利、品牌和客户关系之外，联想获得的最宝贵资产就是熟悉当地经营环境的各类高素质人才。这种方式的人才本地化，是成本最低、效率最高的一种途径。

四 跨国经营中的文化距离与人力资源管理

目标市场的选择之所以会影响企业人力资源管理变革，主要是由于东道国与母国文化差距的存在，会导致原有的管理手段失效。按照 Hofstede（1980；1994）的理论，不同国家之间在权力差距、不确定性规避、个人主义与集体主义、男性主义与女性主义、短期倾向与长期倾向等方面存在差异，导致各国之间存在文化差距，并带来组织行为和人力资源管理制度环境的变化。在 Hofstede 研究的基础上，以豪斯（2004）为首的一批学者在一个称作 GLOBE 的项目中，对 61 个国家的文化从九个维度做了对比，从而将文化维度扩展为九个，即权力距离、不确定性规避、公共集体主义、群体集体主义、决断性、性别平等、未来取向、人本取向和绩效取向。同时，不同国家在涉及劳工保护方面的法律法规也千差万别，一些欧美国家的工会组织具有非常强的谈判能力，通常能对人力资源政策施加影响。这就意味着，当企业需要进行海外投资时，人力资源管理者必须对东道国的文化和制度环境进行详尽的了解和学习，尽快掌握当地的法律法规以及文化习俗，避免在管理中造成人力资源冲突和组织失效。

综合 Hofstede 研究和 GLOBE 项目成果，此处提取对于跨文化人力资源管理较为重要的指标进行具体分析。

（一）权力差距对人力资源管理的影响

与西方国家相比，中国是权力差距较大的社会。虽然，目前组织扁平化已成为许多中国企业变革的方向，但权力差距作为一种心理习惯和心理预期仍然影响着人们的组织行为，决策过程的金字塔结构仍然是主流。在美国这样权力差距更小的社会，员工的自决权需得到更多的关照，人们更喜欢在水平形组织内开展组织活动，员工倾向于承担更多的决策权。在绩效评价方面。前者更多是通过纵向的管理者对下属实施评价，针对员工个人的业绩、工作能力等进行绩效考核，而后者则倾向于通过多主体进行综合评价，参加考评者不一定就是其上级，也可能包括供应商、客户、下级、公众等。如企业英特尔首先提出并加以实施的 360 度反馈，作为最早被誉为"美国力量象征"的典范，正是这种权力距离小的文化在绩效考核中的体现。因此，中国企业向权力差距更小的国家进行投资时，需要建立符合当地员工心理习惯的组织结构和人力资源管理制度，以便削弱管理者的消极权力，同时缩小组织内部的权力差距，向不同层级的管理者配置合理的权力资源，最终建立低权力差距程度的组织。

（二）不确定性规避程度对人力资源管理的影响

中国是不确定规避程度比较高的国家，在这样的社会中，人们对稳定和安全的要求较高，而创新求变的意识不足。因此，在企业中，需要制定更多的创新激励制度。而在不确定性规避程度低的社会，人们崇尚自由和冒险，创新精神更足。相应地，企业管理者只需要合理的目标引导和必要的行为规范即可。同样，不确定性规避对人员招聘也会产生影响。在不确定性规避程度高的社会，企业在选拔人才方面更为稳妥，会更重视工作经历，倾向于员工推荐等方式；而在不确定性规避程度低的社会，则不拘泥于特定的形式，更相信"赛马机制"的作用。在员工招聘方面，可以综合多种做法，形成多样化的人力资源配置体系。

（三）集体主义倾向对人力资源管理的影响

在中国这样集体主义倾向高的社会，员工更乐于遵守组织规范，绩效考核更多注重对团队进行评价，所在的群体绩效不佳可能也会影响到个人的绩效成绩。因此，在这种文化氛围中，人们对团队的荣誉较为看重。反之，在个人主义倾向高的社会，人们更重视个体作用发挥对企业的作用，绩效评价更倾向于建立在个体之上，团队评价固然重要，个人绩效的评价也是薪酬激励的基础。因此，个人非常注重自身的能力发挥和在整个团队中的角色和作用。当然，这两种文化倾向在推动组织改进绩效方面各有利弊。因此，在进行海外投资时，企业应根据该文化维度进行制度体系和绩效评价体系的变革，以达到文化与组织目标的适配。

（四）人本取向对人力资源管理的影响

人本取向对员工激励产生重要影响。在人本取向高的社会，企业应该设计更加柔性化、更加多样化的激励手段。2008年新一轮国际金融危机以来，一些跨国巨头在缩减冗员的同时，也更注重留住核心员工，通过推行工作—家庭计划、弹性工作时间等激励手段，给员工更人性化的工作体验，就是人本化理念的具体体现。企业向发达国家投资，需要考虑本地员工在工作时间、带薪休假制度、奖金计划等方面的预期。

（五）短期取向对人力资源管理的影响

短期取向对人力资源管理的影响主要体现在劳动关系管理和薪酬管理方面。相对于西方国家，亚洲国家尤其是东亚国家，在民族文化秉性上长期取向更加明显，日本传统的年功序列制和终身雇佣制堪为这种文化的代表。在劳动关系管理方面，员工更期望与企业保持长期的雇佣关系。同时，由于员工对长期工作的预期，渐进的薪酬调整也符合员工的心理预期。而在短期倾向高的国家，员工更注重当下的工作体验，对于长期的工作合同会比较慎重。因此，他们对于薪酬的要求也是以追求实现即期价值为主。同时，由于这些国家消费倾向较高，员工比较重视现金薪酬的水平。某些情况下，期权等激励手段反而效果不佳。

五　跨国并购中的人力资源整合

当前，跨国并购已成为我国企业进入海外市场的重要方式，然而，由于信息不对称，并购这种方式本身风险就比较高，加之我国企业普遍海外经营经验匮乏，因而整体并购绩效欠佳。并购交易完成之后，企业就进入并购整合阶段，此阶段如处理不好，一些不错的并购交易也可能最终失败。人力资源整合是整合初始阶段最重要的内容。

（一）人力资源整合面临的障碍

1. 文化差异

企业成员受社会文化与企业文化的双重影响。首先，任何组织都是嵌入在特定的社会文化环境之中的，组织成员的思维方式和行为方式都会打上特定文化的烙印。由于长期的耳濡目染，社会文化对人的影响根深蒂固，短期内难以改变。各国间由于文化距离的存在，导致社会文化环境存在差异。其次，每一个企业都具有自身特色的企业文化，或强或弱，这些文化都会对员工形成一种内在的约束和引导，影响其行为方式。相较于社会文化，企业文化属于亚文化，是较容易改变和塑形的，但要在短期内改变企业文化的固有影响也非易事。

2. 被并购方员工的心理落差

由于工业化进程的差异，发达国家跨国公司并购中国企业已经让人们习以为常，而中国企业逆向并购海外知名企业，也就是通常所说的"蛇吞象"式并购，往往被认为整合难度更大，是因为并购实施方需面对被并购企业员工的心理落差问题。两企业的合并，会涉及管理层的调整、规章制度和业务流程的重新制定、组织结构的改变以及企业文化的宣贯。而被收购的员工要面对这些巨变和调整，难免会产生"不确定"感和抵触情绪，这必然会造成人力资源整合难度加大。

3. 整合专家缺乏

鉴于以上文化、组织行为、员工心理等层面的障碍，企业并购之后需要具备管理经验和沟通技巧的专门人员进行组织和人力资源整合。然而，在此方面，精通外语、通晓国外文化和习俗，又具备管理经验的整合专家恰恰是中国企业所缺乏的。而这种管理人员缺失的外在表现就是管理失序、组织冲突和效率下降。

4. 工会和劳工组织的压力

对欧美国家工会和劳工组织的强大影响力是任何想实施跨国并购的企业所不可忽视的，某些情况下甚至应该成为优先考虑的因素。因为如果不能与工会达成一致，企业有可能被来自对方的压力拖垮。2004 年，在 TCL 并购法国汤姆逊彩电业务过程中，按照法国当地工会的要求，工人和社会利益放在第一位，股东利益放在最后。因此，TCL 重组选择了一次性全部补偿再成立新公司，返聘部分自己需要的员工这一方式。TCL 老总李东生曾提到与工会谈判的艰难情况，并购后的两年时间内，TCL 都没能与工会达成一致意见。

专 栏

海外并购需特别关注工会力量

2012 年伊始，中国企业表现出对海外并购的极大热情。当年 1 月 31 日，三一重工携手中信产业基金，共同出资 3.6 亿欧元收购德国普茨迈斯特 100% 股权，"暗恋十八年，闪婚一夜间"是对三一重工此次收购的形象描述。

然而，宣布收购消息的当天，数百名德国普茨迈斯特工人便举行抗议活动，他们一是担心会失去工作机会；二是抗议一直被蒙在鼓里。15 天后，普茨迈斯特上海的约 500 名员工前往上海市松江政府抗议，为本来顺利的交易，平添了几分"阴影"。

相较于中国企业，欧美等西方国家的工会十分强势，很尽职地履行对员工的责任，这是值得我们学习的。但有的企业为了完成收购，在收购时签下"永不裁员"的条款，这样的条款是不现实的，结果使收购方处于非常被动的地位。

在国外，工会有两种类型，分别是劳工组织和劳资协会，在不同的国家，具体表现形式也有多种，如有代表行业的、代表公司的，甚至有些是直接隶属于国家政党的，如印度的国民大会党、澳大利亚的工党等。国外的工会在与公司签订协议的时候，不仅仅强调员工的办公环境和福利待遇，部分工会甚至对具体的工资水平也有详细的要求。如美国国际机械师及航天工人协会要求工会员工至少在工资上，比非工会员工多挣 28%；包含各种福利体系在内计算这一比例将会超过 36%；对于非洲籍美国人，这一比例将超过 37%；对于西班牙籍美国人，这一比例将高达 55%。因此，中国企业海外并购不能忽视工会的重要作用。

资料来源：《海外并购人力资本环节不可忽视》，http://www.hroot.com/contents/72/264210.html。

(二) 人力资源整合步骤

1. 人力资源尽职调查

人力资源尽职调查不但要对目标公司人力资源方面所存在的风险和负

债进行量化，而且为谈判议价和并购决策提供有关人力资源的依据，同时为可能的并购做好人力资源整合的准备，为整合策略的制定提供所需信息。如被并购的国外企业一般会要求中国企业在多年内维持其员工的现有薪酬与福利水平。如果在收购前的尽职调查中对被并购方的薪酬福利水平预估不足，那么，这一潜在的"成本"就可能成为并购后企业的一大财务负担。典型的人力资源尽职调查，包括组织运作、成本负债、合规性、文化与整合四个维度，涉及人员结构、职业健康安全、养老金、工会与劳资协议等十多项关注点。在工资和福利计划之外，还要重点关注目标企业员工的年龄结构、知识结构和技能掌握情况，深入了解专利知识和核心技术在员工中的掌握程度，掌握员工隐性能力的分布。

2. 目标并购协议审查

在并购合同中，涉及人力资源的内容包括人力资源接收方式、集体劳资协议，一些协议强调全盘接收，几年内不得裁员，这会导致企业成本上升。集体劳资协议的主要内容包括就业条件、劳动条件和调节劳资关系的规定等。主要条款包括劳动薪金、福利、职业培训、工时制度和休假规定、劳动保护和卫生保健以及就业、解雇和违纪处分等。对于那些内容非常详细的劳资协议，企业在并购前需要仔细审查，以免在日后因难以兑现具体条款而遭受工会组织的抗议和谈判压力。

3. 加强并购初期的有效沟通

通过派出人力资源专家对并购目标企业的员工实施有效沟通，可大大减轻并购过程中的员工对抗阻力，提高并购整合效率。因此，并购交易完成后，人力资源专员应迅速针对并购对员工产生的心理影响，及时与员工进行沟通，缓解员工压力。及时了解员工心理需求，设置回应机制，准确传递信息，减少员工对前途不明朗的担忧。

4. 并购后的组织架构与人员调整

随着目标市场的确认和业务结构的调整，企业完成海外并购后，首先需要对并购后的企业进行组织架构调整和人力资源重新布局。企业视本地化需求和并购时的劳资合同，并参考尽职调查的结果，来决定保留哪些人员，遣散哪些人员。尽早明确组织分工和岗位职责能够降低员工心理上的不确定性，减少组织内耗。对于核心人员的保留，不仅要支付足够的薪酬，更需要通过职业发展规划、培训和轮岗等方式来获得这些人员对新企业的承诺。对于那些需要解雇的员工，则需要足额支付遣散费。在一般欧洲企业中，公司如果需要裁员，一般需要支付 6—12 个月的薪酬。

5. 企业文化整合

在进行岗位匹配之后，企业需要对新进入的成员进行企业文化培训，统一发展愿景和核心价值观。一个具有号召力的愿景能够使人们精神振奋，提高工作积极性。当并购目标具有较强势企业文化的情况下，企业需要对其原有文化进行深入了解，对于那些可以促进企业目标实现的文化因素，可以予以保留和发扬，对于那些阻碍组织目标实现的文化因素，则需要逐渐弱化其影响。

（三）人力资源整合保障措施

1. 进行机制创新，理顺劳资关系

切实发挥劳动关系管理在跨国并购整合中的作用。吸收员工关系专员或委托专门的劳资管理专家参与并购谈判和并购后的整合，负责处理企业的员工安置、裁员、与工人代表谈判等方面的事宜；积极参与企业社会责任活动，树立良好的企业形象，消除国外员工对中国企业的偏见；建立应对劳资争端的反应机制，提高处理劳动关系突发事件的能力，尽量避免劳资纠纷，建立和谐的员工关系。

2. 建立科学的人力资源评价机制

不公平的人力资源评价机制会损害员工的工作积极性，其负面影响将产生"涟漪效应"，造成员工的不良心理预期，甚至导致"离职潮"的发生。在并购整合过程中，企业需要建立科学的人力资源评价机制，保持人才队伍的稳定。并购整合期不同于企业常规发展期，其员工还存在跨文化适应的问题，单纯以绩效为核心的人力资源评价机制不利于长期目标的达成。因此，应建立结果和过程双导向的评价机制，不但评价绩效，也评价行为和活动，为员工之间的磨合和相互适应创造缓冲期。

3. 做好跨文化整合与培训

对人才队伍进行了优化配置之后，企业需要进行深度整合工作，那就是通过对文化的整合促使员工思想认识和行为的一致化。要做到企业文化的有效整合，首先需要进行企业文化兼容性调查。根据调查获得的信息，通过科学分析和评估，了解其所属的类型、特点，确定企业文化整合的模式，并进行跨文化培训，逐步提高被并购目标企业员工的参与感和融入度。

参考文献

[1] Allen D. G. , Shore L. M. , Griffeth R. W. , "The Role of Perceived Organizational Support and SuPportive Human Resource practices in the Turnover Process", *Journal of Management*, 2003, 29 (1): 99 – 118.

[2] Amabile T. M. , Conti R. , Coon H. , Lazenby J. , Herron M. , "Assessing the Work Environment for Creativity", *Academy of Management Journal*, 1996, 39 (5): 1154 – 1184.

[3] Anderson N. , De Dreu C. K. W. , Nijstad B. A. , "The Routinization of Innovation Research: A Constructively Critical Review of the State of the Science", *Journal of Organizational Behavior*, 2004, 25 (2): 147 – 173.

[4] Applebaum E. , Bailey T. , Berg P. , Kalleberg A. L. , *Manufacturing Advantage: Why High – Performance Work Systems Pay off*, New York: Cornell University Press, 2000.

[5] Arthur J. B. , "Effects of Human Resource Systems on Manufacturing Performance and Turnover", *Academy of Management Journal*, 1994, 37 (3): 670 – 687.

[6] Bailey T. , *Discretionary Effort and the Organization of Work: Employee Participation and Work Reform since Hawthorne*, New York: Columbia University, 1993.

[7] Baltes B. B. , Briggs T. E. , Huff J. W. , Wright J. A. , Neuman G. A. , "Flexible and Compressed Workweek Schedules: A Meta – analysis of their Effects on Work – related Criteria", *Journal of Applied Psychology*, 1999, 84 (4): 496 – 513.

[8] Bamberger P. A. , Levi R. , "Team – based Reward Allocation Structures and the Helping Behaviors of Outcome – interdependent Team Members", *Journal of Managerial Psychology*, 2009, 24 (4): 300 – 327.

[9] Barney J. B. , "Firm Resources and Sustained Competitive Advantage", *Journal of Management*, 1991, 17 (1): 99 – 120.

[10] Barney J. B. , "Resource – based Theories of Competitive Advantage: A Ten – year Retrospective on the Resource – based View", *Journal of Management*, 2001, 27 (6): 643 – 650.

[11] Batt R. , "Managing Customer Services: Human Resource Practices, quit Rates, and Sales Growth", *Academy of Management Journal*, 2002, 45 (3): 587 – 598.

[12] Becker B. E. , Huselid M. A. , "Strategic Human Resources Management: where do we go from here?", *Journal of Management*, 2006, 32, (6): 898 – 925.

[13] Binyamin G. , Carmeli A. , "Does Structuring of Human Resource Management Processes Enhance Employee Creativity? The Mediating Role of Ppsychological Availability", *Human Resource Management*, 2010, 49 (6): 999 – 1024.

[14] Bondarouk T, Kees Looise J. , "HR Contribution to IT Innovation Implementation: Results of Three Case Studies", *Creativity and Innovation Management*, 2005, 14 (2): 160 – 168.

[15] Bou J. C. , Beltran I. , "Total Quality Management, High – commitment Human Resource Strategy and Firm Performance: An Empirical Study", *Total Quality Management & Business Excellence*, 2005, 16 (1): 71 – 86.

[16] Bowen D. E. , Ostroff C. , "Understanding HRM – firm Performance Linkages: The Role of the "Strength" of the HRM System", *Academy of Management Review*, 2004, 29 (2): 203 – 221.

[17] Cennamo L. , Gardner D. , "Generational Differences in Work Values, Outcomes and Person – organization Values Fit", *Journal Managerial Psychology*, 2008, 23 (8): 891 – 906.

[18] Chen S, Lin P, Lu, C, Tsao C. , "The Moderation of HR Strength on the Relationship between Employee Commitment and Job Performance", *Social Behavior and Personality*, 2007, 35 (8): 1121 – 1138.

[19] Choi, Hook – Seok, and Leigh Thompson, "Old Wine in a New Bottle:

Impact of Merbership Change on Group Creativity", *Organizational Behavior and Human Decision Processes*, 2005, 98 (2): 121–132.

[20] Christiansen J. A., *Building the Innovative Organization: Management Systems that Encourage Innovation*, Palgrave MacMillan, 2000.

[21] Chuang C. H., Liao H., "Strategic Human Resource Management in Service Context: Taking Care of Business by Taking Care of Employees and Customers", *Personnel Psychology*, 2010, 63 (1): 153–196.

[22] Collins C. J., Smith K. G., "Knowledge Exchange and Combination: The Role of Human Resource Practices in the Performance of High – technology Firms", *Academy of Management Journal*, 2006, 49 (3): 544–560.

[23] Colquitt J. A., Conlon D. E., Wesson M. J., Porter C. O. L. H., Ng K. Y., "Justice at the Millennium: A Meta – analytic Review of 25 Years of Organizational Justice Research", *Journal of Applied Psychology*, 2001, 86 (3): 425–445.

[24] Combs J, Liu Y. M., Hall A., Ketchen D., "How much do High Performance Work Practices matter? A Meta – analysis of Their Effects on Organizational Performance", *Personnel Psychology*, 2006, 59 (3): 501–528.

[25] De Leede J., Looise J. K., "Innovation and HRM: Towards an Integrated Framework", *Creativity and Innovation Management*, 2005, 14 (2): 108–117.

[26] Delaney J. T., Lewin D., Ichniowski C., "Human Resource Policies and Practices in American Firms", *U. S. Department of labor: U. S. Government Printing Office*, 1989.

[27] Delery J. E., Doty D. H., "Modes of Theorizing in Strategic Human Resource Management: Tests of Universalistic, Contingency, and Configurational Performance Predictions", *Academy of Management Journal*, 1996, 39 (4): 802–835.

[28] Delmotte J., De Winne S., Sels L., "Toward an Assessment of Perceived HRM System Strength: scale Development and Validation", *International Journal of Human Resource Management*, 2012, 23 (7): 1481–1506.

[29] Dunn, W., "The US Labour Market Recovery Following the Great Recession", *OECD Economics Department Working Papers*, No. 1015, OECD Publishing, 2013.

[30] Farndale E., Hope – Hailey V., Kelliher C., "High Commitment Performance Management: The Roles of Justice and Trust", *Personnel Review*, 2011, 40 (1): 5 –23.

[31] Frenkel S. J., Li M., Restubog S. L. D., "Management Organizational Justice and Emotional Exhaustion among Chinese Migrant Workers: Evidence from two Manufacturing Organizations", *British Journal of Industrial Relations*, 2012, 50 (1): 121 –147.

[32] Gary W. Florkowski, Miguel R. Olivas – Luja' n., "The Diffusion of Human – resource Information – technology Innovations in US and non – US Firms", *Personnel Review*, 2006, 35 (6).

[33] Gould – Williams J., Mohamed R. B., "A Comparative Study of the Effects of Best Practice HRM on Worker Outcomes in Malaysia and England Local Government", *International Journal of Human Resource Management*, 2010, 21 (5): 653 –675.

[34] Guest D. E., "Human Resource Management and Performance: A Review and Research Agenda", *International Journal of Human Resource Management*, 1997, 8 (3): 263 –276.

[35] Gupta A. K., Singhal A., "Managing Human Resources for Innovation and Creativity", *Research Technology Management*, 1993, 36 (5/6): 41 –48.

[36] Guthrie J. P., "High Involvement Work Practices, Turnover, and Productivity: Evidence from New Zealand", *Academy of Management Journal*, 2001, 44 (1): 180 –190.

[37] Guzzo R. A., Noonan K. A., "Human Resource Practices as Communications and the Psychological Contract", *Human Resource Management*, 1994, 33 (3): 447 –462.

[38] Hartnell C. A., Ou A. Y., Kinicki A., "Organizational Culture and Organizational Effectiveness: A Meta – analytic Investigation of the Competing Values Framework's Theoretical Suppositions", *Journal of Ap-*

plied Psychology, 2011, 96 (4): 677 – 694.

[39] Hofstede, Geert H., "Culture's consequences: International Differences in Work – related Values", *Beverly Hills*, CA: Sage, 1980.

[40] Hofstede, Geert H., "Management Scientists are Human", *Management Science*, 1994, 40 (1).

[41] House R. J., Hanges P. J., Javidan M., et al., *Leadership, Culture, and Organizations: The GLOBE Study of 62 Societies*, Beverly Hills: Sage Publications, 2004.

[42] Huselid M. A., "The Impact of Human Resource Management Practices on Turnover, Productivity, and Corporate Financial Performance", *Academy of Management Journal*, 1995, 38 (3): 635 – 672.

[43] Ichniowski C, Shaw K, Prennushi G., "The Effects of Human Resource Management Practices on Productivity: A Study of Steel Finishing Lines", *American Economic Review*, 1997, 87 (3): 297 – 313.

[44] Jackson, S. E., Schuler R. S. & J. C., "Rivero, Organizational Characteristics as Predictors of Personnel Practices", *Personnel Psychology*, 1989, 42 (4): 727 – 786.

[45] Jiang K., Lepak D. P., Hu J., Baer J. C., "How does Human Resource Management Influence Organizational Outcomes? A Meta – analytic Investigation of Mediating Mechanisms", *Academy of Management Journal*, 2012, 55 (6): 1264 – 1294.

[46] Jiang, J. W., Wang S., Zhao S. M., "Does HRM Facilitate Employee Creativity and Organizational Innovation? A Study of Chinese Firms", *International Journal of Human Resource Management*, 2012, 23 (9): 4025 – 4047.

[47] Jiménez – Jiménez D, Sanz – Valle R., "Could HRM Support Organizational Innovation?", *International Journal of Human Resource Management*, 2005, 19 (7): 1208 – 1221.

[48] John Milliman, Mary Ann von Glinow and Maria Nathan, "Organizational Life Cycles and Strategic International Human Resource Management in Multinational Companies: Implications for Congruence Theory", *The Academy of Management Review*, 1991, Apr., 16 (2): 318 – 339.

[49] Jones G, Wright P., "An Economic Approach to Conceptualizing the U-tility of Human Resource Management Practices", *Research in Personnel and Human Resources Management*, 1992, 10 (1): 271 – 299.

[50] Kaufman B., "Human Resources and Industrial Relations Commonalities and Differences", *Human Resource Management Review*, 2001 (11): 339 – 374.

[51] Kepes, Sven; Delery, John E, "HRM Systems and the Problem of Internal Fit", In Boxall, Peter et al., (Editor) Oxford Handbook of Human Resource Management, The Oxford, New York: Oxford University Press, 2007.

[52] Koch M. J., McGrath R. G., "Improving Labor Productivity: Human Resource Management Policies do Matter", *Strategic Management Journal*, 1996, 17 (5): 335 – 354.

[53] Krackhardt, Davidand Hanson, Jeffrey, "Informal Networks: The Company behind the Chart", *Harvard Business Review*, 1993, 71 (4): 104 – 111.

[54] Kreiner G. E., Hollensbe E. C., Sheep M. L., "Balancing Borders and Bridges: Negotiating the Work – home Interface Via Boundary Work Tactics", *Academy of Management Journal*, 2009, 52 (4): 704 – 730.

[55] Krueger, A. B. and A. Mueller. "Job Search, Emotional Well – Being, and Job Finding in a Period of Mass Unemployment: Evidence from High – Frequency Longitudinal Data", *Brookings Papers on Economic Activity, Spring*, 2011.

[56] Kuvaas B., "Different Relationships between Perceptions of Developmental Performance Appraisal and Work Performance", *Personnel Review*, 2007, 36, (3): 378 – 397.

[57] Lawler E. E., Mohrman S. A., Ledford G. E., "Employee Involvement and Total Quality Management", *San Francisco: Jossey – Bass*, 1992.

[58] Lengnick – Hal, C. A. & Lengnick – Hall, M. L., "Strategic Human Resources Management: A Review of the Literature and a Proposed Typology", *The Academy of Management Review*, 1988, 13 (3):

454 – 470.

[59] Lepak D. P. , Snell S. A. , "Examining the Human Resource Architecture: The Relationships among Human Capital, Employment, and Human Resource Configurations", *Journal of Management*, 2002, 28 (4): 517 – 543.

[60] Levy P. E. , Williams J. R. , "The Social Context of Performance Appraisal: A Review and Framework for the Future", *Journal of Management*, 2004, 30 (6): 881 – 905.

[61] Lloyd Baird and Ilan Meshoulam, "Managing Two Fits of Strategic Human Resource Management", *The Academy of Management Review*, 1988, 13, (1): 116 – 128.

[62] MacDuffie J. P. , "Human Resource Bundles and Manufacturing Performance: Organizational Logic and Flexible Production Systems in the World auto Industry", *Industrial and Labor Relations Review*, 1995, 48 (2): 197 – 221.

[63] Malcolm Warner, Seven Paradoxes of Chinese Human Resource Management. *Enterprise Management and Change in a Transitional Economy*, Nanjing University Press, 2008.

[64] Mats. Alvesson, *Knowledge Work and Knowledge – intensive Firms*, Oxford, NewYork: Oxford University Press, 2004.

[65] Mesmer – Magnus J. R. , Viswesvaran C. V. , "How Family – friendly Work Environments Affect Work/family Conflict: A Meta – analytic Examination", *Journal of Labor Research*, 2006, 27 (4): 555 – 574.

[66] Messersmith J. G. , Patel P. C. , Lepak D. P. , Gould – Williams J. S. , "Unlocking the Black Box: Exploring the Link Between High – performance Work Systems and Performance", *Journal of Applied Psychology*, 2011, 96 (6): 1105 – 1118.

[67] Miao Zhang & Christine Edwards, "Diffusing 'Best Practice' in Chinese Multinationals: the Motivation, Facilitation and Limitations", *Int. J. of Human Resource Management*, 2007, (December) .

[68] Miles R E, Snow C C. , "Designing Strategic Human Resources Systems", *Organizational Dynamics*, 1984, 13 (1): 36 – 52.

[69] Miles, R. E. & Snow, C. C., "Designing strategic Human Resources Systems", *Organizational Dynamics*, 1984, (Summer): 46 – 52.

[70] Osterman P., "How Common is Workplace Transformation and Who Adopts it?", *Industrial and Labor Relations Review*, 1994, 47 (2): 173 – 188.

[71] Parker S. K., "Enhancing Role Breadth Self – efficacy: The Roles of Job Enrichment and Other Organizational Interventions", *Journal of Applied Psychology*, 1998, 83 (6): 835 – 852.

[72] PasiPyöriä, "Informal Organizational Culture: The Foundation of Knowledge Workers' Performance", *Journal of Knowledge Management*, 2007, 11 (3): 16 – 30.

[73] Pereira C. M. M., Gomes J. F. S., "The Strength of Human Resource Practices and Transformational Leadership: Impact on Organizational Performance", *International Journal of Human Resource Management*, 2012, 23 (20): 4301 – 4318.

[74] Pfeffer J., *Competitive Advantage through People: Unleashing the Power of the Workforce*, Cambridge, MA, Harvard Business School Press, 1994.

[75] P. Boxall, "Achieving Competitive Advantage through Human Resource Strategy: towards a Theory of Industry Dynamics", *Human Resource Management Review*, 1998, 8, (3): 265 – 288.

[76] Rabl T., Jayasinghe M. M., Gerhart B, Kuehlmann T. M., "How Much does Country Matter? A Meta – analysis of The HPWP Systems – business Performance Relationship", *Paper Presented at the Annual Meeting of Academy of Management*, San Antonio, 2011.

[77] Rashmi H. Assudani., "Dispersed Knowledge Work – implications for Knowledge Intensive Firms", *Journal of Knowledge Management*, 2009, 13 (6): 521 – 31.

[78] Root, F. R., *Entry Strategies for International Markets*, Lexington Books, D. C. Health and Co., Lexington, Mass, 1987.

[79] Root, F. R., *Entry Strategies for International Markets*, Lexington: New York, 1994.

[80] Rosso B. D., Dekas K. H., Wrzesniewski A., "On the Meaning of

Work: A Theoretical Integration and Review", *Research in Organizational Behavior*, 2010, 30, (1): 91 – 127.

[81] Sampson, "Rachelle C: R&D Alliances and Firm Performance: The Impact of Technological Diversity and Alliance Organization on Innovation", *Academy of Management Journal*, 2007, 50 (2): 364 – 386.

[82] Scandura T. A. , Lankau M. Relationships of Gender, "Family Responsibility and Fexible Work Hours to Organizational Commitment and Job Satisfaction", *Journal of Organizational Behavior*, 1997, 18 (4): 377 – 391.

[83] Schuler R. S. , Jackson S. E. , "Linking Competitive Strategies with Human Resource Management Practices", *Academy of Management Executive*, 1987, 1 (3): 207 – 219.

[84] Schuler R. S. , Jackson S. E. , "Linking Remuneration Practices to Innovation as a Competitive Strategy", *Asia Pacific Journal of Human Resources*, 1988, 26 (2): 6 – 20.

[85] Schuler, R. S. & Jackson, S. E. , "Linking Competitive Strategies with Human Resource Management Practices", *The Academy of Management Executive*, 1987, 1 (3): 207 – 220.

[86] Schumpeter, J. A. : *The Theory of Economic Development, An Inquiry into Profits, Capital, Credit, Interest, and the Business Cycle*, Cambridge: Harvard University Press, 1934. Reprint 1983.

[87] Sels L. , De Winne S. , Maes J. , Delmotte J. , Faems D. , Forrier A. , "Unravelling the HRM – performance Link: Value – creating and Cost – increasing Effects of Small Business HRM", *Journal of Management Studies*, 2006, 43 (2): 319 – 342.

[88] Sharon F. Matusik and Charles W. L. Hill, "The Utilization of Contingent Work, Knowledge Creation, and Competitive Advantage", *The Academy of Management Review*, 1998, 23, 4, (Oct.): 680 – 697.

[89] Sharpe D. L. , Hermsen J. M. , Billings J. , "Factors Associated with Having Flextime: A Focus on Married Workers", *Journal of Family and Economic Issues*, 2002, 23 (1): 51 – 72.

[90] Shipton H. , West M. A. , Dawson J. , Birdi K. , Patterson, M. ,

"HRM as a Predictor of Innovation", *Human Resource Management Journal*, 2006, 16 (1): 3 - 27.

[91] Snell S. A., Dean J. W., "Integrated Manufacturing and Human Resource Management: A Human Capital Perspective", *Academy of Management Journal*, 1992, 35 (3): 467 - 504.

[92] Stanton P., Young S., Bartram T., Leggat S. G., "Singing the Same Song: Translating HRM Messages across Management Hierarchies in Australian Hospitals", *International Journal of Human Resource Management*, 2010, 21 (4): 567 - 581.

[93] Sully Taylor, Schon Beechler and Nancy Napier, "Toward an Integrative Model of Strategic International Human Resource Management", *The Academy of Management Review*, 1996, Oct., 21 (4): 959 - 985.

[94] Taylor, Alva, and Henrich R, "Greve: Superman or the Fantastic Four: Knowledge Combination and Experience in Innovative Teams", *Academy of Management Journal*, 2006, 49 (4): 723 - 740.

[95] Teresa M., *Amabile: A Model of Creativity and Innovation in Organization*, In B. M. Staw and L. L. Cummings (Eds). *Research in Organizational Behavior*, Greensich, CT: JAI Press, 1988(10): 123 - 167.

[96] Teresa M., "Amabile: How to Kill Creativity", *Harvard Business Review*, 1998, (*September - October*): 77 - 87.

[97] Thomas W. Lee, StevenD. Maurer., "The Retention of Knowledge Workers with the Unfolding Model of Voluntary Turnover", *Human Resource Management Review*, 1997, 7 (3): 247 - 275.

[98] Thomas, H. D., David, W. D. L., Michael, C. B. "Successful Knowledge Management Projects", *Sloan Management Review*, 1998, 39 (2): 43 - 57.

[99] Tse, David K., Yigang Pan & Kevin Y. Au., "How MNCs Choose Entry Modes and Form Alliances: The China Experience", *Journal of International Business Studies*, 1997, 28 (4).

[100] Walton R. E., "From Control to Commitment in the Workplace", *Harvard Business Review*, 1985, (3/4): 77 - 84.

[101] Wei L. Y., Sun X. H., "HRM Practices and Employees' Perform-

ance: Testing the Mediating Effect of Affective Organizational Commitment & Job Satisfaction", *Ninth Wuhan International Conference on E – Business*, 2010.

[102] Weick, K. E, "Sensemaking in Organizations", *Thousand Oaks*, CA: Sage, 1995.

[103] Whitener M. , "Do High Commitment Human Resource Practices Affect Employee Commitment? A Cross – level Analysis Using Hierarchical Linear Modeling", *Journal of Management*, 2001, 27 (5): 515 – 535.

[104] Wong M. , Gardiner E. , Lang W. , Coulon L. , "Generational Differences in Personality and Motivation: Do They Exist and What are the Implications for the Workplace?", *Journal of Managerial Psychology*, 2008, 23 (8): 878 – 890.

[105] Wright P. M. , McMahan G. C. , "Theoretical Perspectives for Strategic Human Resource Management", *Journal of Management*, 1992, 18 (2): 295 – 320.

[106] Wright P. M. , Snell S. A. , "Toward an Integrated View of Strategic Human Resource Management", *Human Resource Management Review*, 1991, 1 (3): 203 – 225.

[107] Wu P. C. , Chaturvedi S. , "The Role of Procedural Justice and Power Distance in the Relationship between High – performance Work Systems and Employee Attitudes: A Multilevel Perspective", *Journal of Management*, 2009, 35, (5): 1228 – 1247.

[108] Xiao Z. , Bjorkman I. , "High Commitment Work Systems in Chinese Organizations: A Preliminary Measure", *Management and Organization Review*, 2006, 2 (3): 403 – 422.

[109] Youndt M. A. , Snell S. A. , "Human Resource Configurations, Intellectual Capital, and Organizational Performance", *Journal of Managerial Issues*, 2004, 16 (3): 337 – 360.

[110] Zhou Y. , Liu X. Y. , Hong Y. , "When Western HRM Constructs Meet Chinese Contexts: Validating the Pluralistic Structures of Human Resource Management Systems in China", *International Journal of Hu-*

man Resource Management，2012，23（19）：3983－4008.

[111] ［德］马克斯·韦伯：《经济与社会》，林荣远译，商务印书馆 1997 年版。

[112] ［德］马克斯·韦伯：《社会科学方法论》，杨富斌译，华夏出版 社 1999 年版。

[113] ［加］罗杰·马丁：《重思决策工厂》，《哈佛商业评论》（中文版） 2014 年第 1 期。

[114] ［美］W. 理查德·斯格特：《组织理论》，黄洋、李霞、申薇等 译，华夏出版社 2002 年版。

[115] ［美］彼得·F. 德鲁克：《21 世纪的管理挑战》，机械工业出版社 2005 年版。

[116] ［美］彼得·F. 德鲁克：《后资本主义社会》，上海译文出版社 1998 年版。

[117] ［美］道格拉斯·雷迪、琳达·希尔、罗伯特·托马斯：《贝莱德 的卓越人才战略》，《哈佛商业评论》（中文）2014 年第 1 期。

[118] ［美］克莱尔·布朗：《创造力管理和控制知识员工》，转引自 D. 休斯·惠特克、罗伯特·E. 科尔：《成功的引擎——日本的创新 与技术管理》，北京大学出版社 2008 年版。

[119] ［美］马克·L. 菲尔德曼、迈克尔·F. 斯普拉特：《并购》，海南 出版社 2003 年版。

[120] ［美］迈克尔·波特、［日］竹内广高、榊原鞠子：《日本还有竞 争力吗》，中信出版社 2002 年版。

[121] ［美］帕蒂·汉森：《并购指南：人员整合》，中信出版社 2004 年版。

[122] ［美］帕蒂·麦考德：《Netflix 颠覆传统 HR》，《哈佛商业评论》 （中文版）2014 年第 1 期。

[123] ［美］塔尔科特·帕森斯：《现代社会的结构与过程》，梁向阳译， 光明日报出版社 1988 年版。

[124] ［美］汤姆·狄马克、提摩西·利斯特：《脑力密集产业的人才管 理之道》，台北：经济新潮社 2012 年版。

[125] ［美］特蕾莎·阿马比尔、科林·费希尔、茱丽安娜·比乐默： 《IDEO 让互助文化深入人心》，《哈佛商业评论》（中文版）2014 年第 1 期。

［126］［美］托马斯·H. 达文波特：《思考生存——如何优化知识员工的绩效和成果》，商务印书馆 2007 年版。

［127］［美］托马斯·H. 达文波特、劳伦斯·普鲁萨克：《营运知识——工商企业的知识管理》，江西教育出版社 1999 年版。

［128］［美］威廉·拉佐尼克：《车间的竞争优势》，中国人民大学出版社 2007 年版。

［129］［美］詹姆斯·P. 沃麦克、丹尼尔·T. 琼斯、丹尼尔·鲁斯：《改变世界的机器》，商务印书馆 1999 年版。

［130］［日］八幡成美：《认定职业训练学校的技术技能者培养现状（2）》，Hosei University Repository（日本法政大学知识库），2010 年第 11 期。

［131］［日］今野浩一郎：《个人与组织的成果主义》，日本中央经济社 2003 年版。

［132］［日］今野浩一郎：《技能传承与劳务管理的课题》，《日本劳动研究杂志》1999 年第 11 期。

［133］［日］林悦子：《技术革新下的人才培养战略与组织》，《日本劳动研究杂志》1995 年第 11 期。

［134］［日］马俊：《技能形成的激励体系——日本电机企业 M 公司的案例研究》，《日本劳动研究杂志》1997 年第 11 期。

［135］［日］楠木建：《创新支持者：日本企业技术开发领袖的职业生涯与组织相互作用的分析》，《日本劳动研究杂志》1998 年第 8 期。

［136］［日］三轮卓已：《促进软件技术人员知识创造的人力资源管理》，《京都管理评论》2011 年第 10 期。

［137］［日］三轮卓已：《经营咨询师的自律型职业生涯现状分析——知识获取、人际网络、职业志向的多样性》，《京都产业大学论集》（社会科学系列）2009 年第 26 期。

［138］［日］三轮卓已：《知识型员工的人力资源管理理论与课题——先行研究与企业案例分析》，《京都管理评论》2013 年第 20 期。

［139］［日］三轮卓已：《知识型员工的职业志向与组织间流动——软件技术人员与咨询师的比较分析》，《京都管理评论》2012 年第 17 期。

［140］［日］森口千晶：《日本型人事管理模式与高度增长》，《日本劳动

研究杂志》2013 年第 5 期。

[141] ［日］森野边荣次郎：《丰田的人才战略》，钻石社 1989 年版。

[142] ［日］生驹昇：《支撑物造的技能集团》，《电装技术评论》2001 年第 2 期。

[143] ［日］守岛基博：《支持知识创造的人才管理》，《一桥商业评论》2011 年第 1 期。

[144] ［日］守岛基博：《知识创造与人才管理》，《组织科学》2002 年第 1 期。

[145] ［日］藤本隆宏：《汽车产业的技术人才培养》，《日本劳动研究杂志》1998 年第 8 期。

[146] ［日］藤本隆宏：《日本的物造哲学》，东洋经济新闻社 2004 年版。

[147] ［日］藤村博之：《汽车企业的劳动与人才培养》，《日本劳动研究杂志》1996 年第 12 期。

[148] ［日］田中秀树：《技术人员的工作管理与人力资源管理——电器机械 A 公司研究开发管理部门的案例》，《日本劳动研究杂志》2013 年第 4 期。

[149] ［日］小池和男：《工作的经济学》，东洋经济新报社 1991 年版。

[150] ［日］小池和男、猪木武德：《人才形成的国家比较——东南亚与日本》，东洋经济新报社 1987 年版。

[151] ［日］野中郁次郎：《知识创新型企业》，载彼得·F. 德鲁克等《知识管理》，中国人民大学出版社、哈佛商学院出版社 1999 年版。

[152] ［日］中部产政研：《制造技能及其形成——以汽车产业现场为例》，《中部产政研》2000 年版。

[153] 白晓君：《新生代员工的人力资源管理策略》，《价值工程》2013 年第 1 期。

[154] 陈坚、连榕：《代际工作价值观发展的研究述评》，《心理科学进展》2011 年第 11 期。

[155] 陈建峰、王创理：《对"80、90 后"相关管理问题的思考》，《企业科技与发展》2013 年第 21、22 期。

[156] 陈剩勇、曾秋荷：《国有企业"双轨制"用工制度改革：目标与策略》，《学术界》2012 年第 1 期。

[157] 程德俊、蒋春燕、戴万稳：《所有制特征、人力资源战略与企业绩效：战略柔性的视角》，南京大学出版社《南大商学评论》2006年第 1 期。

[158] 程德俊、赵曙明：《资源基础理论视角下的战略人力资源管理》，《科研管理》2004 年第 5 期。

[159] 储冬红、郭睦庚：《经济全球化下的人力资源管理策略探析》，《科技与管理》2014 年第 1 期。

[160] 丁夏齐、龚素芳：《国内 80 后员工组织行为研究述评》，《人力资源管理》2011 年第 11 期。

[161] 杜涛：《80 后员工心理契约的实证研究：以陕西省民营企业为例》，《经营管理者》2012 年第 9 期。

[162] 范秀成、英格玛·比约克曼：《外商投资企业人力资源管理与绩效关系研究》，《管理科学学报》2003 年第 6 期。

[163] 房宏君：《基于 SSCI 和 CSSCI 的人力资源管理研究热点计量与比较》，《科技管理研究》2013 年第 7 期。

[164] 房宏君、戴艳军：《基于知识图谱的国际科技人力资源研究综述》，《科技进步与对策》2010 年第 5 期。

[165] 干春晖：《并购案例精粹》，复旦大学出版社 2005 年版。

[166] 高柯：《80 后知识型员工激励因素偏好研究》，《管理工程师》2013 年第 3 期。

[167] 巩志娟、贾卫兰、许慧英：《"80 后"职场表现视角下的当代大学生价值观教育思考》，《岱宗学刊》2011 年第 4 期。

[168] 郭庆松：《公共部门人力资源管理研究存在的问题和发展趋势》，《中国行政管理》2007 年第 5 期。

[169] 国家统计局人口和就业统计司：《中国人口和就业统计年鉴 2013》，中国统计出版社 2013 年版。

[170] 贺小刚：《战略人力资源管理与高科技企业核心能力的关系研究》，《科研管理》2007 年第 1 期。

[171] 侯志林：《传统领导风格对新生代员工的适用性》，《现代妇女》（理论版）2014 年第 1 期。

[172] 贾建锋、赵希男、范芙蓉：《知识型员工行为能力的因素结构研究》，《科学学研究》2009 年第 12 期。

[173] 江海燕：《基于双因素激励理论的 80 后员工激励问题研究》，《山西财政税务专科学校学报》2013 年第 5 期。

[174] 江卫东：《国有大中型企业人力资源管理职能探析》，《科学学与科学技术管理》1999 年第 12 期。

[175] 蒋春燕、赵曙明：《人力资源管理实践与组织绩效的相关分析》，《经济管理》2005 年第 4 期。

[176] 蒋建武、赵曙明：《心理资本与战略人力资源管理》，《经济管理》2007 年第 9 期。

[177] 劳动和社会保障部：《赴美国、加拿大考察培训和就业情况报告》，《职业技能培训教学》2000 年第 2 期。

[178] 李超平、喻晓、仲理峰：《组织中的关爱：概念界定、结果与影响因素》，《心理科学进展》2014 年第 5 期。

[179] 李春波：《俄罗斯自然垄断型企业人力资源管理的启示》，《俄罗斯中亚东欧市场》2009 年第 11 期。

[180] 李凤香：《员工工作价值观代际差异研究》，博士学位论文，南开大学，2011 年。

[181] 李红霞、胡雅婷：《事业单位机构编制工作改革研究》，《中共宁波市委党校学报》2013 年第 4 期。

[182] 李建钟：《事业单位分类改革中岗位和人员总量调控办法研究》，《第一资源》2012 年第 5 期。

[183] 李军、刘学：《新生代员工的成长环境和特点探析》，《湖湘论坛》2013 年第 6 期。

[184] 李丽林、鲍晓鸣：《高绩效工作系统与雇员工作满意度的关系研究：基于 Meta 分析的探讨》，《中国人力资源开发》2012 年第 8 期。

[185] 李敏、刘继红、Frenkel S. J.：《人力资源管理强度对员工工作态度的影响研究》，《科技管理研究》2011 年第 19 期。

[186] 李书玲、韩践、张一弛：《员工的素质能力在 HPWS 与企业竞争优势关系中的中介作用研究》，《经济科学》2006 年第 6 期。

[187] 李燕萍、侯烜方：《新生代员工工作价值观结构及其对工作行为的影响机理》，《经济管理》2012 年第 5 期。

[188] 李燕萍、龙玎：《国内外高承诺人力资源管理理论综述及其运用研

究》，《科技进步与对策》2014 年第 4 期。

[189] 厉以宁：《中国经济双重转型之路》，中国人民大学出版社 2013 年版。

[190] 梁欣如、葛海娟：《国际人力资源管理研究的演进和热点》，《经济与管理》2013 年第 1 期。

[191] 廖建桥、赵君、张永军：《权力距离对中国领导行为的影响研究》，《管理学报》2010 年第 7 期。

[192] 廖运凤：《中国企业海外并购》，中国经济出版社 2006 年版。

[193] 林新奇：《市场化呼唤现代人力资源管理》，《光明日报》2008 年 5 月 8 日。

[194] 林新奇：《新中国人力资源管理变革的路径和走向》，东北财经大学出版社 2012 年版。

[195] 林泽炎：《中国企业人力资源管理制度建设及实施概况》，《中国人力资源开发》2004 年第 9 期。

[196] 刘冰：《经济增长区域差异中的人力资源因素》，《当代世界社会主义问题》2004 年第 4 期。

[197] 刘曹慧：《团队建设对降低 80 后员工离职率的重要性探讨：基于 A 公司的案例分析》，《现代商贸工业》2013 年第 1 期。

[198] 刘国光：《改革开放前的中国的经济发展和经济体制》，《中共党史研究》2002 年第 4 期。

[199] 刘红霞：《"80 后"与"80 前"员工组织承诺的比较研究》，《中国青年研究》2010 年第 5 期。

[200] 刘建丽：《中国制造业企业海外市场进入模式》，经济管理出版社 2009 年版。

[201] 刘军梅：《经济全球化与转型国家的制度变迁》，《世界经济研究》2002 年第 5 期。

[202] 刘苹、郑沙沙、吴继红：《代际差异对员工行为的影响研究："80 后"与"80 前"的对比》，《中国行政管理》2012 年第 5 期。

[203] 刘善仕、刘辉健、翁赛珠：《西方最佳人力资源管理模式研究》，《外国经济与管理》2005 年第 3 期。

[204] 刘善仕、刘婷婷、刘向阳：《人力资源管理系统、创新能力与组织绩效关系：以高新技术企业为例》，《科学学研究》2008 年第 12 期。

[205] 刘善仕、彭娟、邝颂文：《人力资源管理系统、组织文化与组织绩效的关系研究》，《管理学报》2010 年第 9 期。

[206] 刘善仕、巫郁华：《电信运营企业人力资源管理系统与组织绩效关系研究》，《管理学报》2008 年第 1 期。

[207] 刘善仕、周巧笑、黄同圳、刘学：《企业战略、人力资源管理系统与企业绩效的关系研究》，《中国管理科学》2008 年第 3 期。

[208] 刘彧彧、黄小科、丁国林、严肃：《基于上下级关系的沟通开放性对组织承诺的影响研究》，《管理学报》2011 年第 3 期。

[209] 卢肖、孙秀荣、刘远志：《80 后员工人格特征探讨分析》，《科技和产业》2012 年第 10 期。

[210] 罗洁、邹晓明：《全球化下的人力资源管理探析》，《东华理工大学学报》（社会科学版）2010 年第 3 期。

[211] 苗仁涛、周文霞、刘军、李天柱：《高绩效工作系统对员工行为的影响：一个社会交换视角及程序公平的调节作用》，《南开管理评论》2013 年第 5 期。

[212] 苗小洛：《金融危机发生后美国人力资源管理的新动向》，《决策咨询通讯》2009 年第 4 期。

[213] 裴春秀：《企业社会责任运动中的人力资源管理对策》，《北京工商大学学报》（社会科学版）2006 年第 3 期。

[214] 彭纪生、袁勇志、孙文祥：《不同所有制企业人力资源管理的比较研究——基于苏州地区企业调研的实证分析》，南京大学出版社《南大商学评论》2006 年第 1 期。

[215] 彭剑锋：《人力资源管理概论》（第二版），复旦大学出版社 2011 年版。

[216] 乔兵：《浅谈企业对 80 后员工管理的问题与对策》，《时代金融》2013 年第 6 期（下）。

[217] 乔坤、周悦诚：《人力资源管理实践对组织绩效影响的元分析》，《中国管理科学》2008 年第 S1 期。

[218] 秦晓蕾、杨东涛：《"80 后"员工工作价值观差异性对人际促进影响比较研究》，《现代管理科学》2010 年第 10 期。

[219] 任慈、赵亮、魏亭：《"80 后"新员工工作特征对其离职倾向的影响》，《价值工程》2009 年第 12 期。

[220] 舒熳、张三保：《用工双轨制下的同工不同酬：动因、效应与改革》，《中国人力资源开发》2014 年第 19 期。

[221] 宋典、汪晓媛、张伟炜：《战略人力资源管理的新发展——基于HRM 氛围的过程范式》，《科学学与科学技术管理》2013 年第3 期。

[222] 宋国学：《俄罗斯企业的人力资源开发实践》，《俄罗斯中亚东欧市场》2011 年第 7 期。

[223] 宋萌：《美国人力资源管理新发展趋势》，《标准科学》2010 年第2 期。

[224] 宋培林、林亚清：《被感知承诺型人力资源管理、组织信任和员工个人绩效关系的实证分析》，《管理学家》（学术版）2010 年第9 期。

[225] 宋欣：《"80、90 后"员工现状调查》，《现代企业文化》2012 年第 19 期。

[226] 苏中兴：《高绩效人力资源管理系统的内容与机制：基于中国背景的研究》，博士学位论文，中国人民大学，2007 年。

[227] 苏中兴：《转型期中国企业的高绩效人力资源管理系统：一个本土化的实证研究》，《南开管理评论》2010 年第 4 期。

[228] 孙健敏：《幸福社会：提升幸福感的多元视角》，中国人民大学出版社 2014 年版。

[229] 孙健敏、宋萌、王震：《辱虐管理对下属工作绩效和离职意愿的影响：领导认同和权力距离的作用》，《商业经济与管理》2013 年第3 期。

[230] 孙瑞：《不同所有制企业员工心理契约差异化研究》，博士学位论文，东北师范大学，2006 年。

[231] 唐贵瑶、魏立群、贾建锋：《人力资源管理强度研究述评与展望》，《外国经济与管理》2013 年第 4 期。

[232] 陶向南、高瑛：《中国国有企业劳动人事制度的沿革及其未来展望》，《江南学院学报》2001 年第 9 期。

[233] 王丹：《回顾企业用工制度改革》，《企业管理》2008 年第 9 期。

[234] 王继承：《劳动用工"双轨制"模式成因、弊利与政策含义》，《重庆理工大学学报》（社会科学）2010 年第 4 期。

[235] 王沛、刘峰：《社会认同理论视野下的社会认同威胁》，《心理科学进展》2007 年第 5 期。

[236] 王强：《信息时代提高组织沟通有效性的研究》，《中国管理信息化》2012 年第 24 期。

[237] 王石磊、彭正龙、高源：《中国式领导情境下的 80 后员工越轨行为研究》，《管理评论》2013 年第 8 期。

[238] 王文周、仇勇、赵戒：《微型高新技术企业技术人员激励问题》，《财经问题研究》2013 年第 6 期。

[239] 王晓莉：《"80 后"员工跳槽情况的调查研究》，《中外企业家》2010 年第 2 期（下）。

[240] 王亚柯、罗楚亮：《经济转轨背景下中国劳动力市场发育》，《中国人民大学学报》2012 年第 3 期。

[241] 王元元、余嘉元、李杨、潘月强：《知识型员工认知负荷对绩效的影响：有调节的中介效应》，《科技进步与对策》2013 年第 2 期。

[242] 王震、宋萌、孙健敏：《真实型领导：概念、测量、形成与作用》，《心理科学进展》2014 年第 3 期。

[243] 王震、孙健敏：《人力资源管理实践、组织支持感与员工承诺和认同：一项跨层次研究》，《经济管理》2011 年第 4 期。

[244] 韦慧民、潘清泉：《家庭友好人力资源实践的问题与应对策略》，《中国人力资源开发》2012 年第 1 期。

[245] 魏水英：《"80 后"青年的时代特征：历史社会化的产物》，《中国青年研究》2009 年第 7 期。

[246] 文静、樊韩波：《员工帮助计划（EAP）及其在中国的发展之路》，《社会心理科学》2010 年第 1 期。

[247] 文魁、吴冬梅：《异质人才的异常激励》，《管理世界》2003 年第 10 期。

[248] 文鹏、廖建桥：《不同类型绩效考核对员工考核反应的差异性研究：考核目的视角下的研究》，《南开管理评论》2010 年第 2 期。

[249] 吴敬琏：《大中型企业改革：建立现代企业制度》，天津人民出版社 1998 年版。

[250] 吴晓荣、王少东、贾虎：《基于生命周期视角下的企业战略人力资源管理》，《企业经济》2011 年第 4 期。

[251] 伍晓奕：《新生代员工的特点与管理对策》，《中国人力资源开发》2007 年第 2 期。

[252] 武力、肖翔：《中国共产党关于国有企业发展与改革的探索》，《湖南社会科学》2011 年第 2 期。

[253] 席酉民、韩巍、尚玉钒：《面向复杂性：和谐管理理论的概念、原则及框架》，《管理科学学报》2003 年第 4 期。

[254] 席酉民、尚玉钒、井辉、韩巍：《和谐管理理论及其应用思考》，《管理学报》2009 年第 1 期。

[255] 肖鸣政：《人力资源管理模式及其选择因素分析》，《中国人民大学学报》2006 年第 5 期。

[256] 谢晋宇：《人力资源管理模式：工作生活管理的革命》，《中国社会科学》2001 年第 2 期。

[257] 谢宣正、薛声家：《企业人力资源管理人员薪酬满意度实证研究》，《科技管理研究》2009 年第 9 期。

[258] 谢玉华、张群艳：《新生代员工参与对员工满意度的影响研究》，《管理学报》2013 年第 8 期。

[259] 邢周凌：《承诺型人力资源管理系统与组织绩效的关系研究：基于中部六省高校的实证分析》，《管理评论》2009 年第 11 期。

[260] 熊通成：《事业单位非在编人员工资的现状、问题及对策——基于六省市部分事业单位问卷调查的分析》，《第一资源》2014 年第 1 期。

[261] 徐步：《美国 2010 年人口普查反映出的一些重要动向》，《国际观察》2012 年第 3 期。

[262] 徐国华、杨东涛：《制造企业的支持性人力资源实践、柔性战略与公司绩效》，《管理世界》2005 年第 5 期。

[263] 徐振梅、王锐兰：《职场 80 后：HRM 研究的新焦点》，《人才资源开发》2008 年第 7 期。

[264] 阎海峰、陈灵燕：《承诺型人力资源管理实践、知识分享和组织创新的关系研究》，《南开管理评论》2010 年第 5 期。

[265] 杨东进、冯超阳：《"80 后"员工组织激励维度测量及其对人才策略的启示》，《未来与发展》2012 年第 8 期。

[266] 杨东涛、曹国年：《人力资源管理实践对组织绩效影响的实证研

究》,南京大学出版社《南大商学评论》2006 年第 4 期。

[267] 杨洁:《企业并购整合研究》,经济管理出版社 2005 年版。

[268] 杨秋娜:《关爱员工从具体做起》,《企业文明》2009 年第 8 期。

[269] 杨宜勇、杨河清、张琪:《回顾与展望:中国劳动人事社会保障 30 年》,中国劳动社会保障出版社 2008 年版。

[270] 杨战兵:《高新技术企业知识型员工激励机制的实证研究》,《科技进步与对策》2008 年第 5 期。

[271] 姚先国:《劳动力的双轨价格及经济效应》,《经济研究》1992 年第 4 期。

[272] 叶风云、汪传雷:《知识型员工战略行为能力与信息行为能力多维分析》,《中国科技论坛》2013 年第 1 期。

[273] 尤佳、孙遇春、雷辉:《中国新生代员工工作价值观代际差异实证研究》,《软科学》2013 年第 6 期。

[274] 喻剑利、曲波:《社会责任标准体系下的我国中小企业人力资源管理策略》,《科技进步与对策》2010 年第 9 期。

[275] 曾湘泉、苏中兴:《改革开放 30 年回顾:人力资源管理在中国的探索、发展和展望》,《中国人才》2009 年第 2 期。

[276] 曾湘泉、王剑:《社会伙伴关系理论与我国人力资源管理实践》,《中国人民大学学报》2007 年第 3 期。

[277] 张德:《中国企业人力资源管理变革的方向》,《中国人才》2004 年第 11 期。

[278] 张弘、赵曙明:《人力资源管理实践与企业绩效:沪深两市生产制造型企业的实证研究》,《预测》2006 年第 4 期。

[279] 张徽燕、李端凤、姚秦:《中国情境下高绩效工作系统与企业绩效关系的元分析》,《南开管理评论》2012 年第 3 期。

[280] 张建卫、刘玉新:《工作家庭冲突与退缩行为:家庭友好实践与工作意义的调节作用》,《预测》2011 年第 1 期。

[281] 张令、唐玉凤:《"80 后"员工激励因素的比较分析》,《现代商贸工业》2012 年第 10 期。

[282] 张敏:《人力资源管理体系强度与企业战略调整》,《中国人力资源开发》2004 年第 9 期。

[283] 张瑞娟:《人力资源管理实践对组织创新的作用机制研究》,硕士

学位论文，中国人民大学，2011 年。

[284] 张瑞娟、孙健敏：《人力资源管理实践对员工离职意愿的影响：工作满意度的中介效应研究》，《软科学》2011 年第 4 期。

[285] 张三保、舒熳：《中国企业用工"双轨制"：回顾与前瞻》，《学术与实践》2014 年第 10 期。

[286] 张树良、唐裕华、张志强、高峰、王雪梅：《主要新兴经济体国家人才战略浅析》，《科技管理研究》2012 年第 7 期。

[287] 张望军、彭剑锋：《中国企业知识员工激励机制实证分析》，《科研管理》2001 年第 11 期。

[288] 张学和、宋伟、方世建：《组织环境对知识型员工个体创新绩效影响的实证研究》，《中国科技论坛》2012 年第 10 期。

[289] 张雪莹：《印度的企业文化与人力资源管理》，《中国石化》2009 年第 4 期。

[290] 张一弛：《我国企业人力资源管理模式与所有制类型之间的关系研究》，《中国工业经济》2004 年第 9 期。

[291] 张一弛、黄涛、李琦：《高绩效工作体系人力资源管理措施的结构整合与内涵回归》，《经济科学》2004 年第 3 期。

[292] 张一弛、李书玲：《高绩效人力资源管理与企业绩效：战略实施能力的中介作用》，《管理世界》2008 年第 4 期。

[293] 张志学、秦昕、张三保：《中国劳动用工"双轨制"改进了企业生产率吗？——来自 30 个省份 12314 家企业的证据》，《管理世界》2013 年第 3 期。

[294] 赵步同、曹家和、彭纪生：《国内学者对企业人力资源管理的比较研究》，《科技进步与对策》2008 年第 3 期。

[295] 赵步同、彭纪生：《民企、国企、外企人力资源管理模式的比较研究》，《科技管理研究》2008 年第 9 期。

[296] 赵瑞美、徐玲：《科技人才雇佣柔性与技术创新绩效关系实证研究》，《科技进步与对策》2013 年第 1 期。

[297] 赵曙明：《人力资源管理研究》，中国人民大学出版社 1999 年版。

[298] 赵曙明：《人力资源经理职业化的发展》，《南开管理评论》2003 年第 5 期。

[299] 赵曙明：《我国三种不同所有制企业的人力资源管理》，《中国工业

经济》1998 年第 10 期。

[300] 赵曙明：《中、美、欧企业人力资源管理差异与中国本土企业人力资源管理应用研究》，《管理学报》2012 年第 3 期。

[301] 赵曙明：《中国人力资源管理三十年的转变历程与展望》，《南京社会科学》2009 年第 1 期。

[302] 赵晓军：《事业单位人事制度改革研究》，《社会科学管理与评论》2012 年第 2 期。

[303] 赵延晟、赵有靠：《高绩效工作系统与企业绩效：中国金融业的实证研究》，《北京理工大学学报》（社会科学版）2010 年第 12 期。

[304] 中国社会科学院工业经济研究所：《2009 中国工业发展报告》，经济管理出版社 2009 年版。

[305] 周石：《80 后员工职业价值观分析》，《管理世界》2009 年第 4 期。

[306] 朱飞：《人力资源管理》，机械工业出版社 2013 年版。

后　记

本书是在国家社会科学基金结项报告成果的基础上，经过近一年时间修改而成的。

2011年，在各方面的指导支持下，经过逐步研究积累和三次申报，我终于得到国家社会科学基金一般项目的资助；项目名称是《转型期中国企业人力资源管理变革研究》（批准号：11BJL016）。因为十分珍视，主观上试图努力体现或代表"国家社会科学"研究的水平。由于我的学术编辑主业需要占用大量的、主要的精力，每一个月都不敢懈怠，而且不管是过年还是过节；在日常较少有大量时间做专门研究的条件下，只好在时间上申请延长一年。我的上述想法，得到了课题组成员的认同和支持。

研究成果以"良好"等级结项，真诚感谢各位鉴定专家的宝贵意见，我们在随后的修改中已认真加以吸取，但有些意见建议限于能力，一时还难以消化采纳。

本成果又有幸获得院创新工程出版资助，由衷感谢专家和多方面的指导意见。

在课题研究的过程中，国内调研过很多地方和企业，这里不一一列示。但国外的文献中缺少针对此课题的第一线调研，好在课题组成员中有些对国外的情况比较熟悉。

课题组七位成员及工作单位分别是：中国社会科学院工经所刘湘丽、刘建丽、周文斌；中国社会科学院研究生院赵卫星、杨小科；北京物资学院劳动科学与法律学院唐华茂；中央财经大学商学院王震。

唐华茂教授和极富经验的刘纯舫老师参与了统稿，中国社会科学出版社总编室主任陈彪编审和责任编辑侯苗苗老师给予了大力支持和不少方便。还有院内外、所内外许多领导老师、同学同事朋友等都给予了直接或间接的关心、帮助、支持，恕不在此一一致谢。

最后想说，我本人对企业人力资源管理的一点研究，源于对一般人力资源管理问题的关注，对宏观人力资源和人口问题的关注。记得读研究生期间，第四次人口普查数据公布，我以现在难以找回的热情很快请相关专业的老师给全校作了题为《第四次人口普查与中国人口问题》的讲座——这是读研三年里以我为主操办的唯一一次学术讲座。现在人力资源管理研究成了我终身的职业，我将继续深入对人的关注、对人学的关注，紧密结合中国经济管理的实践，不断累积心得和研究，力争做好这份志业。

本书肯定还会有些错误、不妥、不精细处，敬请不吝赐教。有关意见建议可发送到我的电子邮箱 zhouwb@ cass. org. cn。

周文斌

2016 年 3 月 26 日谨记